Laure Wyss:
Schriftstellerin und Journalistin

D1705511

Laure Wyss:
Schriftstellerin und Journalistin

Herausgegeben von
Corina Caduff

Mit Beiträgen von
Gret Haller, Beatrice von Matt, Elsbeth Pulver,
Tobias Kästli, Lothar Baier, Monica Nagler,
Corina Caduff, Hugo Loetscher, Regula Stähli,
Ingeborg Kaiser, Madeleine Gustafsson,
Sabine Wen-Ching Wang und Irena Sgier.
Ansprachen für Laure Wyss von
Niklaus Meienberg, Josef Estermann,
Adolf Muschg und Heiner Spiess.
Sowie »Biographische Notizen« von
Laure Wyss

Limmat Verlag
Zürich

Das Erscheinen des Buches wurde mit einem Beitrag
des Gönnervereins des Limmat Verlags unterstützt.

Für den Umschlag wurde ein Foto
von Ruth Vögtlin, Zürich, verwendet.

INHALT

Ansprachen an Laure Wyss

Bilder   173

Lektüren

Biographische Notizen von Laure Wyss

VORWORT

Ob sie eine Strafgefangene in Hindelbank besucht, ob sie in Rom am Grab der schwedischen Königin Christina steht oder ob sie in Tunesien ein Kind interviewt: Laure Wyss schaut hin und schreibt auf. Am Anfang ihres Schreibens steht stets die eigene Wahrnehmung, das eigene Sehen und Hören, und immer gilt diese Wahrnehmung dem Menschen. Das Recherchieren an Ort und Stelle ist für die Reporterin der Print-Medien ebenso charakteristisch wie für die Literatin: um das Buch über Königin Christina zu schreiben, reist Laure Wyss nach Stockholm und Rom, weil sie die Gebäude sehen will, in denen die eigenwillige Monarchin im 17. Jahrhundert gelebt hat; mit der gleichen Selbstverständlichkeit begibt sie sich in Gefängnisse und Gerichtsstuben, sie besucht die ausländische Familie im Hause nebenan, oder sie geht zurück an die Orte ihrer Kindheit. Dabei registriert sie, was nicht jedem auffällt, denn sie hat einen besonderen Blick und ein feines Ohr für das Unausgesprochene, für das scheinbar Nebensächliche, und: sie steht seit Jahrzehnten radikal und unermüdlich ein für die von der Gesellschaft Ausgegrenzten und Benachteiligten.

Auch heute noch ist Laure Wyss unterwegs; bevor sie sich ans Schreiben ihres bislang jüngsten, noch unveröffentlichten Textes *Schweiz, Europa?* gemacht hat, ist sie nach Brüssel und Straßburg gereist, hat sich ins Parlament des Europarates gesetzt und etliche Schweizer Grenzübergänge besichtigt. – Hingehen, hinschauen, sich positionieren und schreibend dokumentieren: ein Verfahren, das aus der vergangenen Zeit der großen Sozialreportagen herrührt und das Laure Wyss in die schnellebige Medienzeit sowie auch in ihr literarisches Schreiben hinübergerettet hat, ein Verfahren, mit dem sie sich in der Geschichte der Schweizer Publizistik und Literatur einen festen Ort und markanten Namen erschrieb.

Laure Wyss ist 1913 in Biel geboren. Im Alter von 32 Jahren tritt sie 1945 – nach Auslandaufenthalten in Paris, Berlin und Stockholm – ihre erste Redaktionsstelle beim »Schweizerischen Evangelischen Pressedienst« an. In den 50er Jahren arbeitet sie beim »Luzerner Tagblatt«, dann beim Schweizer Fernsehen, wo sie an die hundert Sendungen realisiert; schließlich folgen die goldenen Anfangszeiten des »Tages-Anzeiger-Magazins«, das Laure Wyss 1970 mitbegründet und für das sie auch nach ihrer Pensionierung 1975 noch bis Ende der 70er Jahre verschiedenste Sozialreportagen schreibt. Sie ist 63 Jahre alt, als ihre erste Buchpublikation erscheint, die Frauen-Protokolle von 1976. Heute liegen insgesamt zehn Titel von ihr vor. Einige davon lassen sich eindeutig als Erzählungen, als Gedichte, als Roman bezeichnen. Andere hingegen – z. B. *Ein schwebendes Verfahren* (1981) und *Liebe Livia* (1985), zwei Bücher über Gerichtsfälle, oder jetzt auch der neue Text über die Schweiz in Europa – widersetzen sich jeglicher Gattungsbezeichnung. Doch Textsorte hin oder her, eines trifft immer zu: »Laure Wyss erfindet nicht, sie sucht die Realität. Radikal: so daß es weh tut.« (Beatrice von Matt) Genau das scheint es zu sein, was Laure Wyss keine Ruhe läßt, was sie aus dem Haus treibt, was sie zu den anderen und auch zu sich selber bringt: ein existentielles Interesse an der Realität. Daß dieses Interesse auch der eigenen Lebensgeschichte gilt, bezeugen autobiographische Erzählungen wie *Mutters Geburtstag* (1978) oder *Tag der Verlorenheit* (1984). Laure Wyss selbst hat sich übrigens nie als berufene Schriftstellerin verstanden und nennt sich ganz prosaisch »Bücherschreiberin«[1], was nicht zuletzt eine Tätigkeit sei, mit der man Geld verdienen könne. Überhaupt interessiert sie sich für die eigene Poetik wenig: »Es geht mich nichts an, wie ich schreibe.«[2] Nur *was* sie zu sagen habe, sei für sie von Belang. Und natürlich gibt es da noch etwas: die Lust am Erzählen. Laure Wyss ist eine große Geschichtenerzählerin; das Erzählen als Her-Geben, als Mit-Teilen ihrer Wahrnehmungen und Überzeugungen scheint ihr ganz eigenstes Bedürfnis zu sein – »ich fand es immer wichtig, auch die eigenen Erfahrungen zur Verfügung zu stellen, soweit sie auch sehr viele andere Menschen angehen.«[3] Was sie damit auch zur Diskussion stellt, ist ihre engagierte Haltung – man denke an ihr Eintreten für Ausländer, Kinder, Alkoholiker, an ihre Plädoyers für das Frauenstimmrecht oder an ihre Kritik am Strafvollzug. Solches Engagement, mit dem sie der Sensibilität der Zeit oft voraus war, bedeutet aber nicht, dass Laure Wyss als Aktivistin zu titulieren wäre – sie ging mit ihren Anliegen nicht auf die Straße, sie war nie Mitglied einer Partei und gehörte keinen Interessenverbänden an. Stattdessen hat die unabhängige Denkerin geschrieben, und mit ihren Texten hat sie sich etwas verschafft, was nur wenigen gelingt: Anerkennung, Anerkennung von den Benachteiligten selbst, für die sie sich einsetzt, sowie Anerkennung von Chefredaktoren, Intellektuellen und auch Politikern – und zwar, ohne dabei Kompromisse einzugehen. Dies hat wohl maßgeblich dazu beigetragen, daß ihr Name weit über die Journalisten- und Literatenszene hinaus bekannt und geschätzt ist. Laure Wyss ist nie den Weg des geringsten Widerstands gegangen, und kompromißlos ist sie bis heute geblieben – von Altersmilde keine Spur, im Gegenteil: Die 83jährige weiß sich gegen Ungerechtigkeiten zu empören.

Laure Wyss – ein Name, der für vieles steht. Die einen schätzen die politisch bewußte Journalistin, die andern die bestechend einfach erzählende Schriftstellerin, bisweilen figuriert sie auch als Galionsfigur der Linken und der Frauenbewegung. Vereinnahmungen aber hat sie sich stets entgegengestellt, sicher zu verorten ist sie nur in einem Punkt: in ihrem kategorischen und beispiellosen Anti-Opportunismus.

In diesem Band mit Texten zu Laure Wyss kommen, so entspricht es der Bekanntheit und dem Interesse an ihr, Verfasserinnen und Verfasser unterschiedlicher Provenienz zu Wort: Politiker, Schriftstellerinnen und Schriftsteller, ein Historiker, eine Soziologin, Literaturkritikerinnen und -wissenschaftlerin-

9

nen, ältere und jüngere, manche, die Laure Wyss persönlich kennen, und manche, denen sie einzig von der Textlektüre her bekannt ist. – Beatrice von Matt liefert einen Überblick über die literarischen Texte, während Elsbeth Pulver ein verborgenes Leitmotiv bei Laure Wyss ausmacht:»vor Gericht«, ein Motiv, das nicht nur in den Gerichtsreportagen bedeutsam ist. Irena Sgier fragt, inwiefern und ob Laure Wyss überhaupt als Grenzgängerin zwischen Literatur und Journalismus bezeichnet werden kann. Mit dem Gedichtband *Lascar* – er erschien 1994, die Kritik nahm diese ersten lyrischen Texte von Laure Wyss kontrovers auf – beschäftigt sich Ingeborg Kaiser, und die schwedische Literaturkritikerin Madeleine Gustafsson nimmt sich des Christina-Buches an. – Erkennt sich die heutige junge (Frauen)-Generation in den Texten von Laure Wyss wieder? Dieser Frage geht die 23jährige Sabine Wen-Ching Wang nach, deren Lektüreprojekt sich als eine Art Antwort, gleichsam als Gruß aus der Enkelinnengeneration beschreiben ließe: Anhand von Passagen aus verschiedensten Laure Wyss-Texten präsentiert sie Szenen aus dem Leben einer jungen Aktivistin im Zürich der 8oer und 9oer Jahre – eine Suche nach Ähnlichkeiten, die aber auch Unterschiede zuläßt.

Was aber ist dem vorliegenden Band an Lektüren vorausgegangen, wie sieht es mit der Rezeption der Wyss-Texte aus, wie sind diese von der Literaturkritik besprochen worden? Welche Deutungsmuster tauchen dabei wiederholt auf, welche Bilder der ›Autorin Laure Wyss‹ werden beschworen oder abgewehrt? Regula Stähli schreitet den Weg der Rezeption kritisch ab, angefangen bei der ersten Buchveröffentlichung von 1976 bis hin zu Adolf Muschgs Laudatio anläßlich der Verleihung des Max-Frisch-Werkjahres 1993 und zum Christina-Buch (1994). – Neben all diesen Textgeschichten kommt auch die praktische Medienarbeit von Laure Wyss zur Sprache: Ein Gespräch mit ihr und der Regisseurin Doris Werner gibt Einblick in ihre Fernseharbeit. Hugo Loetscher erinnert sich an Laure Wyss als

Redaktorin des »Tages-Anzeiger-Magazins« – »eigentlich ein Hebammenberuf«[4], wie Laure Wyss das Redaktorendasein nennt. Als ›Hebamme‹ wirkte sie zum Beispiel bei Gret Haller, die auf Veranlassung von Laure Wyss hin ihren ersten Zeitungsartikel schrieb und die hier unter anderem darüber berichtet. Der Band enthält zudem einen Dokumentationsteil mit bislang unveröffentlichten Ansprachen an Laure Wyss, Ansprachen, die ihre institutionelle Integration in den renommierten Kulturbetrieb dokumentieren: Vernissage-, Preisverleihungs- und Geburtstagsreden von Niklaus Meienberg, Josef Estermann, Adolf Muschg und von Limmat-Verleger Heiner Spiess.

Wenn man sich mit der Arbeit von Laure Wyss auseinandersetzen will, dann ist auch ein Blick auf ihre früheren biographischen Orte geraten: Inwiefern hat ihre Familie, hat ihre Kindheit und Jugend in Biel sie geprägt? Wie hat sie die nationalsozialistische Zeit in Deutschland und Schweden erlebt, was hat sie zum Schreiben veranlaßt? Tobias Kästli schreibt über das Biel ihrer Kindheit. Lothar Baier spricht mit Laure Wyss über ihre Studienzeit in Paris und im Berlin der 30er Jahre; Monica Nagler, Kulturjournalistin und Vorsitzende des schwedischen PEN, verfolgt die Spuren des Stockholmer Aufenthaltes zwischen 1937 und 1942. Und auch Laure Wyss selbst hat das Wort: In Form einer Chronik verfaßte sie für diesen Band ihre *Biographischen Notizen*. Dafür sei ihr herzlich gedankt.

Dieser vom Limmat Verlag initiierte Band ist, wie jeder Sammelband, ein Ort der (weiterzuführenden) Diskussion und eine Hommage an Laure Wyss. Er ist aber nicht eine jener Hommagen, mit denen man eine Person würdigt, nur um ihre Arbeit nachher guten Gewissens vergessen zu können. Daß das in diesem Falle sowieso kaum möglich ist, dafür sorgt allein schon Laure Wyss selber: Sie plant bereits ihre nächsten Projekte.

Corina Caduff

1 Siehe ihre *Biographischen Notizen* in diesem Band, S. 232.
2 Laure Wyss: Schreiben, mein Handwerk. In: WoZ 6.8.93. Auch in: Christine Tresch (Hg.): Schreibweisen. Autorinnen und Autoren aus der Schweiz über ihre Arbeit. Zürich 1994, S. 29–32
3 Laure Wyss im Gespräch mit Astrid Deuber-Mankowsky. WoZ 18.6.93
4 Ebd.

Zeitläufte:
Begegnungen, Orte, Rezeption

Gret Haller
Begegnungen mit Laure Wyss

Ostersonntag, 7. April 1996: 19.57 Ankunft von Bern in Zürich, Gepäck ins Schließfach, bereit für den Direktflug zurück nach Sarajevo, Ostermontag früh, Flugplatz Dübendorf. Zwei Telefonate erledigen, dann zu Laure Wyss, Winkelwiese 6, oberhalb vom Pfauen, neben dem Obergericht. »Ich habe aber kein Brot«, hat sie mich schon vorgewarnt ... macht nichts, ich liebe Knäkkebrot, und überhaupt, ich komme ja nicht wegen dem Essen.

Laure erzählt von ihrer Reise nach Finnland – »die Finnen sind großartige Leute« – die Lesung aus dem Christina-Buch in Helsinki, der Schweizer Botschafter und seine tiefsinnige Einführung, der Botschaftsrat, der die Tischrede mit Absicht seiner Frau überläßt, der zuvorkommende Swissair-Manager.

Oder ihre große Freude über das 1993 zugesprochene Werkjahr, einfach so in den Schoß gefallen, spät anerkannt, nach so vielen Jahren des Sich-durchsetzen-Müssens. Das ist der große Bogen in Laure Wyss' Leben, er ist in jedem Gespräch spürbar.

»Aber sag einmal, wie ist es da, wo du jetzt bist, ist ja verrückt, und muß faszinierend sein.« Ich erzähle von dem Verrückten und dem Faszinierenden und von dem ganz Einfachen, wie es sich beispielsweise lebt, wenn man in der Wohnung nur von 9 bis 12 Uhr Wasser hat, und auch das nicht immer. Dazwischen dann gleichsam die Tagesaktualität: ein Schweizer Journalist, der meine Arbeit verfälschend dargestellt hat. In die Pfanne gehauen, sage ich – im Gespräch mit Laure gibt es immer alles zugleich, die sehr gewählte Sprache und die durchaus ungewählte. Wir entscheiden beide frei, was zum Thema paßt. Für mich eine endlich gefundene, für Laure die hart erkämpfte Freiheit.

Zurück zur Tagesaktualität. Vertrauensbruch, ist mir zum ersten Mal passiert, und so unerfahren bin ich ja nicht mit den

Medien ... Du warst die erste Journalistin, der ich wirklich begegnet bin. Du hast mich zum Schreiben gebracht. Später schrieb ich dann weniger, sondern hatte eher eine passive Beziehung zu Journalistinnen und Journalisten. Aber wirklich fast immer erfreulich: Verständigung darüber, welches die vitalen Interessen der beiden Beteiligten sind. Dann das Gespräch, das im beidseitigen Interesse liegt. Beide, die Medien und das ›Objekt‹ der Medien – in meiner Erfahrung also ich selber – können etwas hinüberbringen, das ihnen wichtig ist. Dieses Verfahren, zwanzig Jahre erprobt, hat zum ersten Mal versagt.

»Damals, viel früher, als ich am Fernsehen begonnen habe: höchstens Honorare, kein Lohn, und das machte uns eben doch viel freier. Stell dir vor: Eine Sendung über ledige Mütter wollte ich machen, einfach so. Da sagte mir der Chefredaktor – damals gab es noch nicht diese ganze Hierarchie –, ich solle noch einen Pfarrer einbeziehen. Ich fand einen, den ich einbeziehen wollte, er war selber lediger Vater. Da hat sich niemand mehr eingemischt. Frei waren wir damals, machten gute Sendungen, und wir verdienten fast nichts. Vor allem ich als Frau verdiente fast nichts. Aber heute ... da haben die ihren Standard, und da brauchen sie ihren Verdienst ... frei sind die nicht mehr!«

Und jetzt will Laure genau wissen, wie das war mit dem Journalisten, und sie wird hellhörig: »Wenn das wirklich so ist, wie du es erzählst, dann geht es um Fragen des journalistischen Handwerks.« Laure Wyss, die Journalistin, da gibt es keine Halbheiten.

Er ist halt ein 68er, sage ich lächelnd. Schwarz-Weiß, Bipolarität, keine Analyse ohne klares Feindbild und Aggression dagegen. Das war 1968. Viele von diesen Männern waren beziehungsgestört. Vertrauensverhältnisse: das gab es nicht, das war sogar politisch verdächtig. Darum entdeckte die Frauenbewegung – oder jedenfalls ein Teil von ihr – gerade die ›Macht der Beziehungen‹ wieder. Nicht umsonst folgte die Frauenbewegung 1975 als Antwort auf 1968. Ich habe seinerzeit 1968 verpaßt, war erst 1975 reif für die Politik. Gut, ich muß da einschränken: Heute bin ich natürlich geprägt von Carola Meier-Seethaler ... kennst du sie? Ich stutze und halte einen Moment ein. Die beiden Frauen, Laure und Carola, passen nicht zusammen, wirklich nicht. »Ich kenne teilweise ihre Bücher, sie selber kenne ich nicht.« Warum war es mir auch nur in den Sinn gekommen, Laure danach zu fragen? Dennoch will ich die Sache erläutern: Bei Carola Meier-Seethaler fand ich endlich – etwa 1989 – die theoretische, historische Grundlage für das, was ich seit langem politisch umsetze, und was tiefste Prägung meines familiären Umfeldes sein mag. Seither tue ich dies bewußter ... und deshalb effizienter. Laure fragt nach, manchmal kritisch, manchmal mit einem unterstützenden Beispiel, letztlich ganz die Journalistin, die herausfinden will, was stimmt und was nicht stimmt.

Und schon sind wir im Gespräch, das sich wie eine Spirale dreht, eine Runde weiter. Weißt du, sage ich, was mich an der Geschichte mit diesem Journalisten fast am meisten beschäftigt, ist, daß ich den Eindruck habe, ich würde mich in der Situation mit ihm wieder gleich verhalten, was immer auch herauskommt. Ich will diese Offenheit behalten. In der gegenwärtigen Intensität meiner Existenz weiß ich genau, was ich zu tun habe, was anzustreben ist, obwohl es vielleicht nicht gehen wird. Zum ersten Mal in meinem Leben ist das, was ist, so real und wichtig, daß das, was die Leute Falsches darüber erzählen mögen, die Sache selbst gar nicht erschüttern kann. Eine neue Stufe von Unabhängigkeit.

Genau das war es doch, was Laure immer getan hat, und was mich in den vorangehenden Jahren an ihr manchmal beängstigte. Sag mir bitte: Wann kommt im Leben dieser Punkt? Du hast ihn offensichtlich längst erreicht. Aber wie, und wann, und warum? Laure steht auf, um ein Glas Wasser zu holen. Und als sie zurückkommt an den Eßtisch, der ein Familienerbstück ist, ihre Antwort: »Weißt du, echte Kreativität gibt es nur in der Einsamkeit ... und in der Verzweiflung.«

Das Gespräch geht weiter, ernst, witzig, Lachen, gute Worte über liebenswürdige Leute, böse Worte über eingebildete Leute. Mit Laure kann ich über bewundernswerte Leute in richtige Begeisterungsstürme fallen. Aber mit ihr kann ich auch über wirklich unsympathische Leute – oder genauer: über Leute, die wir beide wirklich unsympathisch finden – wie mit niemandem sonst böse reden, so böse, daß es eine Lust ist. Wahrscheinlich liegt es an mir selber. Lange hat mich dieses so Absolute an Laure beängstigt, daß sie so hart über Leute oder Vorkommnisse urteilen konnte. Überwundene Angst ist ein sehr tragfähiger Boden.

Spät breche ich auf, vom Pfauen Richtung Klusplatz. Meine Mutter ist nicht zu Hause, sie ist über Ostern zu meinem Bruder gefahren, ich habe mit ihr telefoniert. Aber die Tante ist zu Hause, sie hat auf mich gewartet, und erzählen soll ich, natürlich auch hier. Gehört sich eigentlich auch, bei Mutter Nummer zwei. Eine Zeitlang empfand ich Carola als meine dritte Mutter, gleichsam die geistige. Bei Laure … wäre ich noch nie auf die Idee gekommen, sie als Mutter zu betrachten. Zeitlich wäre es naheliegend, ihr Geburtsjahr liegt zwischen dem meiner Mutter und dem meiner Tante. Warum eigentlich bin ich noch nie auf diese Idee gekommen?

Weil ich Laure in einer Phase meines Lebens kennengelernt habe, als es galt, die überkommenen, verfälschten Mutterbilder endlich über Bord zu werfen, um – viel später – die echte, lebenserhaltende und damit politische Macht des Mütterlichen entdecken zu können.

1973, der Verlag hatte meine Dissertation* zur allfälligen Rezension druckfrisch an verschiedene Redaktionen versandt. Das mache man immer so, wurde mir gesagt, manchmal passiere etwas, oft auch nicht. Wäre nicht eine Anfrage aus Basel ge-

---

* Die UNO-Menschenrechtskonventionen und die rechtliche Stellung der Frau in der Schweiz. Zürich 1973

kommen, hätte ich wohl nichts unternommen. So aber – ich gehörte schließlich nach Zürich und nirgendwo sonst hin – wagte ich nach langem Überlegen den Schritt, telefonierte Laure Wyss und hatte den Eindruck, ich tue damit etwas fast Verbotenes. Die Frau, die ich nur vom Lesen des »Tagi-Magazins« kannte, war kurz und freundlich, sagte mir, sie habe die Dissertation bis jetzt nicht gesehen, werde der Sache aber nachgehen und ich solle wieder anrufen, am besten schon anderntags.

Eine begeisterte Frau Wyss bat mich am nächsten Tag zu sich aufs Büro, sie sei von meinen Ideen fasziniert und habe sie über Nacht mit Spannung gelesen, ich müßte unbedingt etwas schreiben dazu. Ich, selber schreiben? Ja wie denn? Einfach so, das, was hier stehe, etwas vereinfachen, mehr für die interessierte Leserschaft des Magazins. Ich solle es einmal versuchen, wir würden es dann gemeinsam ansehen. Also schrieb ich meinen ersten Zeitungsartikel. Erstmals nicht nur die Überlegung, daß das Geschriebene richtig sein müsse, wie ich es in der Juristerei gelernt hatte, sondern auch der Gedanke an die Leser, wie es ankommen könnte und warum. Ein glückliches und kreatives Gefühl, das ich nicht gekannt hatte, und Laure Wyss hatte mich dazu ... verführt. So hätte ich es wohl damals noch nicht ausgedrückt.

Der Artikel erschien Anfang 1974, wir telefonierten aus diesem Anlaß wieder miteinander. Ich erinnere mich nicht mehr an die Höhe meines Honorars, aber genau erinnere ich mich des Ausspruches: »200 Franken zusätzlich, Frauen bekommen bei mir immer 200 Franken mehr, das ist so.« Ich glaube, es war das erste Mal, daß ich jemanden Regeln in die Welt setzen sah. Bisher war ich davon ausgegangen, Regeln bestünden einfach, man habe sie ausfindig zu machen und sich ihnen anzupassen, um möglichst wenig Aufsehen zu erregen. Da war also jemand, der (später würde ich sicher sagen ›die‹, aber so weit war es damals längst nicht) selber Regeln aufstellte, von denen ich erst noch nicht wußte, ob sie ›zulässig‹ waren.

Eine Veranstaltung an der Volkshochschule führte mich im nächsten Jahr wieder mit Laure Wyss zusammen. Vorsichtig erwähnte ich etwas von meiner neuen Situation. Man mag mir auch angesehen haben, daß etwas mit mir nicht ganz stimmte. Ihre Reaktion, »wir müssen uns sehen, das ist ja schrecklich.«

So ging ich also eines Samstags vom Pfauen zur Winkelwiese, und ich fragte mich, warum diese Frau, die ich sehen wollte, ausgerechnet in Zürich wohnte, dieser Stadt, die ich unbedingt hinter mir lassen mußte. Links das Mädchengymnasium, das ich sechseinhalb Jahre besucht hatte und von dem ich heute sehr genau weiß, was ich ihm alles zu verdanken habe, das ich aber an jenem Samstag voller Bitterkeit im Blickfeld hatte. Rechts das Obergericht, wo ich vor drei Jahren das Rechtsanwaltsexamen hinter mich gebracht hatte, eines der wenigen Dinge, die zur Zeit in meinem Leben noch hielten, was sie versprochen hatten.

Vor dem Haus an der Winkelwiese stand ein SAAB. Laure Wyss wird mir an diesem Tag ihre schwedische Vergangenheit erzählen. »In einem Saab fühle ich mich einfach sicher, das ist mir seit Schweden immer geblieben.« Wir machten einen langen Spaziergang über den verschneiten Uetliberg. Laure – irgendwann an diesem Tag waren wir zum vertraulicheren Du übergegangen – fragte mich, was denn mit mir passiert sei.

Anfang 1975 hatte ich eine Stelle in der Bundesverwaltung angetreten und hatte kurz darauf alle Brücken zu Zürich abgebrochen. Irgendwie hatte ich mich – später als andere – aufgemacht, mehr das zu werden, was ich selber sein mochte, und von dem ich nur wußte, daß es etwas anderes war als bisher. Spät versuchte ich, über mächtige Vorgaben meiner protestantischen Vergangenheit und meiner protestantischen Mutterstadt hinwegzukommen, und damit verbunden gelangte ich zur Einsicht, daß dieser Schritt ohne das Ende einer bald siebenjährigen Ehe nicht möglich sein würde. Den ersten Monaten der Befreiungseuphorie folgte bald der Protest meiner Seele: So schnell wollte sie meine ersten 27 Jahre nicht weglegen. In der endlich zugelassenen Erfahrung einer Depression war ich auch mit dem Gedanken konfrontiert, daß ich den jähen Sprung vielleicht gar nicht überleben würde.

Laure fragte nach, hartnäckig. Und immer wieder die nachdenkliche Zwischenbemerkung » ... und dafür bist du von Zürich nach Bern gegangen?« Daß ich meinen Weg suchte, fand ihre volle Unterstützung. Aber sie konnte sich einfach nicht vorstellen, daß ich dies im Wechsel von Zürich nach Bern versuchte, hatte sie doch ihr familiärer Befreiungsweg aus dem Kanton Bern nach Zürich geführt. Ihr Berndeutsch, das mir jetzt gleichsam ›befreiend‹ in den Ohren klang, war Zeugnis dafür.

Laure erzählte mir dann auf diesem langen Spaziergang ihren Weg, die Familie, Schweden, ihre Ehe, Rückkehr, die schwierige Existenz als alleinerziehende Journalistin. Staunend hörte ich ihr zu, und es war mir nur eines klar: So viele Schwierigkeiten in einem Leben würde ich nie bewältigen können, dazu war ich von Natur aus zu schwach. Ich mußte froh sein, den Sprung nach Bern zu schaffen, vielleicht. Laure lachte mich aus. Sie tat es mit genau der Behutsamkeit, die nötig ist, um einen Menschen im Loch unten daran zu erinnern, daß über dem Loch doch ein kleines Stück Himmel zu sehen wäre. Die Behutsamkeit bestand auch im Verständnis dafür, daß der Blick auf dieses Stück Himmel zur Zeit einfach nicht möglich war.

»Du kannst mich jederzeit anrufen, am Tag und in der Nacht ... bitte tu's, wenn es nötig ist.« Ich weiß nicht mehr, ob ich Laures Hilfe in Anspruch genommen habe. Jedenfalls lernte ich in jener Zeit, mir helfen zu lassen.

Wir sahen uns in der Folge verschiedentlich. Ich hatte erstaunt zugeschaut, wie ich nach einigen Monaten aus dem dunklen Loch herausgekommen war, Ausbrechen aus dem Cocon, verwundert über die Verwandlung in der Zwischenzeit, noch blinzelnd in der Überfülle von Licht, nicht sicher, ob das Fliegen wirklich möglich sei. Und im Wissen, daß sich viele Leute um den Cocon gekümmert hatten, so auch Laure.

An einem Geburtstagsfest im kleinsten Kreise, zu dem sie mich eingeladen hatte, begegnete ich ihren nächsten Freundinnen und Freunden. Ich hatte Laure zuvor angerufen, es gehe mir nicht besonders gut, ob ich trotzdem kommen solle. Natürlich, war die Antwort, jeder und jede hätten Platz, das sei doch so normal wie irgend etwas. So lernte ich, daß ich mich auch in etwas bedenklichem Zustand ›in Gesellschaft‹ wagen durfte. Laure war mir Garantie genug. Und ich machte die Erfahrung, daß es in ›der Gesellschaft‹ auch für Individuen Platz gab, denen es nicht so gut ging.

Aber in Begegnungen mit Laure schien es mir in den folgenden Jahren manchmal umgekehrt, als stünde nun sie am Rande eines dunklen Loches. Wie war das möglich? Diese starke Frau? War vielleicht die Suche eines eigenen Weges untrennbar mit solchen Situationen verbunden? Sicher nicht für alle Leute. Aber Laure hatte mir ja gesagt, daß sie solche Momente auch gut kennen würde. Sie hatte Verschiedenes abzuschließen im Leben, sie hatte neue Anfänge zu finden. Auch mit dem Schreiben.

»Weißt du, echte Kreativität gibt es nur in der Einsamkeit … und in der Verzweiflung.« (7.4.96)

Später begegneten wir uns fast ein Jahrzehnt lang immer nur zufällig. Gelegentlich einmal an einer Veranstaltung, zu der wir beide eingeladen worden waren. An eine solche in Gwatt am Thunersee erinnere ich mich. »Warum Frauen schreiben« oder so ähnlich lautete die Fragestellung. Ich schrieb ja nur nebenbei, nicht berufsmäßig, und so versuchte ich, mich eher zurückzuhalten. Auf der Rückfahrt erzählte Laure von ihrem Christina-Projekt. Ich hatte von dieser Frau noch nie gehört.

In der Folge meiner Abwahl aus dem Berner Gemeinderat sprachen wir einmal miteinander. Und ich höre noch heute ihre Worte:»Siehst du jetzt, die Berner, ich hab's ja immer gesagt!« Ich mochte ihr nicht recht geben, aber gewehrt habe ich mich nicht sonderlich.

Wurden Gespräche etwas länger und vertrauter, und kamen wir über die eingangs meist angesprochene Frage meiner gegenwärtigen politischen Situation hinaus, so erzählte Laure oft von Konflikten. Leute, die sie enttäuscht hätten, Leute, auf die ja doch kein Verlaß sei. Manchmal versuchte ich abzuschwächen. Die Art, in der sich Laure von früheren Vertrauten loszulösen schien, beunruhigte mich. So konnte man sich mit zunehmendem Alter doch nicht von allem absetzen. Ich las Laures Bücher immer mit einer großen Vertrautheit und mit Bewunderung, und immer dachte ich, jetzt schreibe ich ihr, und tat es dann doch nicht.

Aber in ein nahes Gespräch kamen wir in diesen Jahren nicht. Es war nicht die Zeit dazu. Auch war ich damals völlig in die aktive Politik involviert, meine ›Freuden und Leiden‹ kamen ganz aus diesem Bereich, und ich wußte nie so recht, ob dies von Leuten außerhalb dieser Lebensrealität akzeptiert werde. Heute weiß ich, daß Laure dies immer verstanden hat, damals war ich nicht so sicher. Aber damals machte mir vor allem auch ihre Abgrenzungstendenz Angst. So begegneten wir uns wohlwollend, herzlich, aber nicht in den Tiefen, wo das letztlich Kreative wohnt.

Auch das ist Laure Wyss. Die klare Erkenntnis, ob es Zeit für etwas sei oder nicht. Die Notwendigkeit, der eigenen Stimmung zu folgen. Aber dann die Freiheit, der eigenen Stimmung und auch dieser Notwendigkeit zu folgen.

Es muß Anfang 1994 gewesen sein, das Jahr, in dem ich Nationalratspräsidentin war, ein Jahr voller neuer Erlebnisse, aber außerhalb der Politik mitgeprägt durch Ereignisse, die mich erstmals wieder in einer ähnlichen Weise wie 1975 an den Rand des dunklen Loches brachten. Vielleicht mit dem Unterschied zu früher, daß ich selber wenigstens theoretisch um das kleine Stück Himmel wußte, das über dem Loch zu sehen wäre. Und in den Jahren dazwischen hatte ich gelernt, mich nicht mehr dagegen aufzulehnen, im Wissen darum, daß die Auflehnung das Loch notwendigerweise tiefer graben würde.

In einem der vielen Rückzüge in die Berg-Einsamkeit, durch die ich die Situation zu bewältigen versuchte, schaltete ich – wie oft – das Radio ein ... und hörte die mir wohlbekannte Stimme von Laure Wyss. Sie wurde interviewt und sprach über ihr Leben und über *Lascar*. Während ich zuhörte, wurden auch unsere früheren Gespräche lebendig. So vieles, das Laure im Leben bewältigt hatte, und ich sollte nun scheitern? An diesem Abend schrieb ich den Brief. Und etwa zwei Wochen später erhielt ich eine lange Antwort, ermutigend und in vielem wieder die Behutsamkeit, die ich 1975 kennen gelernt hatte. Einige Tage später mit separater Post *Lascar*.

Lascar lag – längst gelesen und gelegentlich wiederaufgeschlagen – auf meinem Nachttisch, bis ich Anfang Dezember 1994 recht überstürzt von Bern nach Straßburg zog, wo ich nun für fünf Jahre als Schweizer Botschafterin beim Europarat zu wirken hatte.

Laure meldete sich bei mir, wünschte mir alles Gute, und ich versprach, mich meinerseits bald zu melden. Ihr Abschiedsgeschenk, die Christina, war das erste Buch, das ich in Straßburg las. Ich konnte mir manchmal ein fast selbstironisches Lächeln nicht verkneifen. Da war doch etwas, das mich in meiner damaligen Situation besonders betraf: Nach einer intensiven Zeit der nationalen Politik plötzlich hinausmüssen, weil etwas Neues einfach stärker geworden ist als das, was den bisherigen Arbeits- und Bezugsrahmen ausgemacht hatte. Und die Überwindung des Protestantismus ließ mich ebenfalls dann und wann lächeln, auch wenn ich nicht erkennen konnte, ob da überhaupt Parallelen bestanden.

Genau zwanzig Jahre nach meinem großen Sprung weg von Zürich hatte ich nun auch Bern verlassen, die Schweiz, um über dieses Land hinaus tätig zu werden. Allerdings wohnte ich nur etwa eine Stunde von Basel weg, ein ›bescheidener‹ Auslandaufenthalt. Aber beim Lesen des Christina-Buches fragte ich mich, ob Laure in meinem Leben eigentlich immer dann zugegen sei, wenn es eine Schwelle zu überschreiten galt. Diese Vermutung sollte sich viel schneller bestätigen als ich geahnt hätte.

Im Mai des nächsten Jahres löste ich mein Versprechen ein. Als ich meinen SAAB vor dem Gartentor an der Winkelwiese 6 abstellte, genau dort, wo vor zwanzig Jahren der ihre gestanden hatte, mußte ich laut lachen. Mein Autokauf war berufsbedingt gewesen, da Schweizer Botschafter ihre Autos für den Dienstort selber mitbringen müssen. Und als ich mich auf Empfehlung einer Freundin und SAAB-Liebhaberin in Eile für diese Marke entschieden hatte, war mir Laures Geschichte wirklich nicht mehr präsent gewesen. Laure hatte inzwischen kein Auto mehr.

Der Abend wurde lange und intensiv. Natürlich mußte ich von meinen neuen Berufserfahrungen erzählen, und dies tat ich mit viel Vergnügen. Neu war weniger die Schreibtischarbeit – den Europarat kannte ich schon aus meinen ersten Berner Jahren als Bundesbeamtin und später aus der Perspektive der Schweizerischen Parlamentarierdelegation. Neu war für mich die Rolle als Gastgeberin in einem großen Haus, das der Eidgenossenschaft gehörte, wo ich gezielt auszuloten begann, welche der vielen vorgegebenen Formen sinnvoll und deshalb einzuhalten waren, und welche durchaus abgewandelt werden konnten. Laure fragte auch hier nach, diese Auseinandersetzung mit Formen schien sie zu faszinieren.

Unser Gespräch betraf aber auch Dinge, für welche die Zeit erst jetzt reif geworden war. Auf Laures Frage zeichnete ich die Geschichte nach, die mich in den vergangenen Jahren gelegentlich aus der Fassung gebracht hatte. Und ich erfuhr eine Geschichte aus ihrem Leben, die ähnliche Elemente enthielt. Jetzt war ich es, die nachfragte. War es wohl gesellschaftlich bedingt, daß Frauen von einer gewissen Unabhängigkeit in gewissen Bereichen immer wieder auf Granit stießen? Auf den Granit hämmern bringt nichts ... tanzen müßte man auf diesem Granit.

Und heute, da ich diese Begegnung mit Laure Wyss aufzeichne, bin ich versucht, wieder eine ganz andere Schlußfolgerung zu ziehen:»Weißt du, echte Kreativität gibt es nur in der Einsamkeit ... und in der Verzweiflung.« (7.4.96)
Der Abend endet durchaus nicht beschwert, sondern mit einer neuerlichen Geschichte. Mein beruflicher Rollenwechsel bringt uns auf die Parlamentarische Delegation im Europarat, der ich bis vor einigen Monaten angehört hatte. Ihr gegenwärtiger Präsident, ein thurgauischer Nationalrat ...»natürlich, den kenne ich. Ich hatte eine Auseinandersetzung mit ihm«. Wie und warum? frage ich.»Eingeladen war ich bei ihm zu einem Vortrag, das Honorar lächerlich klein. Also flocht ich in meine Ausführungen über schreibende Frauen auch meine Erlebnisse mit Honoraren ein und schloß mit dem Honorar, das man mir für dieses Referat angeboten hatte. Der Erfolg war umwerfend.«

Einige Monate später erhalte ich in Straßburg einen Brief von Laure. Sie hat einen Auftrag angenommen, eine Broschüre zur Schweiz in Europa zu schreiben. Sie möchte den Europarat besser kennenlernen. Nach einer Diskussion am Telefon vereinbaren wir, daß Laure während der nächsten Session der Parlamentarischen Versammlung Ende Januar 1996 nach Straßburg kommen soll und daß ich versuchen wolle, ihr einige Kontakte zu organisieren.

Laure ist im Januar 1996 dann auch wirklich in Straßburg. Vorangegangen war ein Telefonat:»Geht das überhaupt noch, bist du dann noch da?« Ja, ich bin noch da. Aber inzwischen steht fest, daß ich Straßburg nach etwas mehr als einem Jahr, Anfang Februar, verlassen werde, um – wiederum gewählt für fünf Jahre, und zwar durch die OSZE – als Ombudsfrau für Menschenrechte nach Sarajevo zu gehen. Noch macht mir der bevorstehende Wechsel ziemlich Angst. Werde ich dem gewachsen sein? Vor einem Jahr erst den Grenzübertritt bei Basel geschafft, und nun in den Balkan, an den Rand von Krieg und Frieden? Die Ereignisse überstürzen sich so rasch, daß ich wenig Zeit habe, solchen Gedanken nachzuhängen. Einladungen, die noch vorgesehen waren, muß ich entschuldigend absagen. Nur die Schweizer Parlamentarier, das lasse ich mir nicht nehmen, es wird gleichsam meine Abschiedseinladung sein. Und deshalb will ich keine anderen Leute dazu einladen, obwohl da noch mancherlei Verpflichtung wäre.

Aber Laure ist dabei. Ahnungslos hatten wir ihren Besuch vor mehreren Monaten geplant, und jetzt liegt auf meinem Weg wieder eine Schwelle. Der Abend wird etwas feierlicher als jeweils sonst mit den Parlamentarierinnen und Parlamentariern. Dankesworte, zunächst meine, dann die des Delegationspräsidenten. Viele gute Wünsche begleiten mich, und noch selten habe ich so klar gespürt, daß gute Wünsche nicht leere Worte sind, sondern ihre Wirkung haben werden. Ich werde sie brauchen, die Wünsche jedes und jeder einzelnen. Und Laure ist dabei, sie unterhält sich vorzüglich mit ihrem Tischnachbarn, dem thurgauischen Delegationspräsidenten, und manchmal versuche ich zuzuhören und herauszufinden, ob die beiden wirklich bei der Honorargeschichte angeknüpft haben oder nicht.

Der Abend endet gemütlich in kleinstem Kreis. Mit Laure und mit meinem langjährigen welschen Partei- und Europaratskollegen. Am anderen Morgen werden die Zügelmänner kommen und meine persönlichen Sachen einpacken. Laure sitzt auf dem Corbusier-Sofa unter dem Bild des Berner Malers Lauterburg, das ich vor etwa einem Jahr im Bilderarchiv des Bundesamtes für Kultur entdeckt hatte und das eine sehr würdige alte Frau in ihrer Blumenveranda darstellt. Das Bild wird hierbleiben, es gehört der Eidgenossenschaft. Vielleicht wird es ein

Nachfolger oder eine Nachfolgerin auch abhängen und zurücksenden. Unversehens überschneiden sich im Gespräch verschiedene Lebensbögen. Meine beiden buchstäblich ›letzten Gäste‹ sind sich an diesem Abend zum ersten Mal begegnet. Politisches, Persönliches und Philosophisches verweben sich: Am folgenden Tag wird die Parlamentarische Versammlung zur Aufnahme Rußlands in den Europarat Stellung nehmen.

Wie war das nun schon wieder mit den Müttern? Ist sie nun eine oder ist sie keine? So kann nur eine fragen, die daran ist, kürzlich Vergangenes zu beschreiben, und die dabei das längst Vergangene vergißt.

Laure Wyss hat mir seit der ersten Begegnung gezeigt, daß man (oder frau) Maßstäbe selber setzen muß. Und zwar ohne Rücksicht darauf, ob einem dies Anerkennung verschafft oder nicht. Daß es manchmal nicht nur richtig, sondern sogar genüßlich sein kann, sich genau diese Anerkennung zu verscherzen, sofern es einen tieferen Sinn hat und nicht Selbstzweck ist. Und daß man (oder frau) auch mit zunehmendem Alter die Möglichkeit behalten muß, sich von Vertrautem loszusagen.

Solche Dinge lernt man nur bei gesellschaftlichen Querdenkern. Und in Zeiten des Patriachates lernt man solches unter anderem ... bei Müttern.

Ich bin daran, meinen SAAB zu verkaufen. In Bosnien braucht es ohnehin Vierradantrieb, solange die Straßen noch so aussehen wie jetzt. So dreht sich das Rad weiter, wahrscheinlich in Spiralform.

Sarajevo/Schlans, im April 1996

Rezeptionsgeschichten

Als Laure Wyss 1976 ihr erstes Buch veröffentlicht – *Frauen erzählen ihr Leben. 14 Protokolle –*, steht sie kurz vor ihrer Pensionierung. Die Journalistin und Redaktorin beim Schweizer Fernsehen hatte sich in der schweizerischen Medienlandschaft einen Namen gemacht und sich in einer Männerdomäne als eine der ersten Frauen etabliert. Zu ihrem 65. Geburtstag stellen über ein Dutzend Berufskolleginnen und -kollegen – darunter Jürg Federspiel, Mariella Mehr, Hugo Loetscher und Niklaus Meienberg – ein Magazin mit dem Titel *Der Festtag* (20. Juni 1978)[1] zusammen, worin sie der Jubilarin je einen exklusiven Beitrag widmen. Es galt, der Journalistin Laure Wyss zu gratulieren und ihr für die kommende Zeit alles Gute zu wünschen. Noch im selben Jahr erscheint dann Laure Wyss' erster literarischer Text *Mutters Geburtstag. Notizen zu einer Reise und Nachdenken über A. Ein Bericht*, womit sich die erfolgreiche Medienfrau als Schriftstellerin einführt und auf sich aufmerksam macht. Seither hat die Autorin sieben Publikationen vorgelegt, die sich ihrer Themen und Fragestellungen in immer anderen, nur in wenigen Fällen eindeutig zu bestimmenden Erzähl- und Textformen annehmen und sich darin erproben. Verschiedene Texte zeichnen sich gerade dadurch aus, daß sie literarisches Schreiben in eigentümlicher Weise mit journalistischem, recherchierendem zu verbinden verstehen. So hat Laure Wyss viele nicht allein damit überrascht, daß sie sich nach ihrer Pensionierung nicht zur Ruhe setzte oder zumindest kürzer trat, sondern schriftstellerisch tätig geworden ist und in regelmäßigen Abständen Bücher publiziert. Auch ihre Texte haben immer wieder Anlaß und Anstoß dazu gegeben, Bilder, die man sich von der Journalistin und Schriftstellerin Laure Wyss und ihrem Schreiben gemacht hatte, zu überdenken.

Daß (und die Art und Weise wie) die Autorin in ihren Büchern wiederholt die eigene Person und Lebensgeschichte thematisiert und sich in verschiedenen Texten selbst in der Position der berichtenden, fragenden und reflektierenden Erzählerin einbringt, bestimmt ebenso die Wahrnehmung der Schriftstellerin wie ihre Stellungnahmen zu aktuellen Themen in Beiträgen, die sie weiterhin u.a. für das »Tages-Anzeiger-Magazin«, die »Züri Woche«, die »Schweizer Illustrierte« oder als Stammautorin der »WochenZeitung« verfaßte und verfaßt. Daneben vermitteln Aussagen zur eigenen Person und zum Verständnis des eigenen Schreibens in Interviews, Gesprächen oder bei Lesungen Sichtweisen und Rezeptionsmuster, die von der Leserschaft und der Literaturkritik aufgenommen werden, dabei jedoch eine unterschiedliche Gewichtung erfahren können.

Laure Wyss' Herkommen aus dem Journalismus, ihre politischen Überzeugungen und ihr Selbstverständnis als schreibende Frau bilden so wichtige Eckpunkte für die Wahrnehmung der Autorin und ihrer Texte.

Für die Darstellung und Analyse der Rezeption, die in diesem Beitrag geleistet werden soll, sind folgende Fragestellungen leitend: Wie reagieren Literaturkritik und Leserschaft auf die einzelnen Veröffentlichungen? Lassen sich Veränderungen oder Verschiebungen in der Wahrnehmung der Autorin ausmachen? Besteht in der Öffentlichkeit ein einheitliches Bild der Schriftstellerin, oder sind verschiedene Wahrnehmungsmuster beschreibbar?

Zunächst soll die Aufnahme der einzelnen Texte skizziert werden[2]; in einem zweiten Teil möchte ich zentrale Aspekte der Rezeption in einem literatur- und diskursgeschichtlichen Kontext diskutieren.

I

Solidarisierung und Lebenshilfe

Mit ihrem Erstling *Frauen erzählen ihr Leben. 14 Protokolle* (1976) tritt Laure Wyss zu einer Zeit hervor, als sich in der Schweiz vermehrt Frauen »gleichsam aus dem Nichts heraus«[3] als Autorinnen zu profilieren beginnen. Unter dem Einfluß der neuen Frauenbewegung melden sich seit Anfang der 70er Jahre immer mehr Frauen schreibend zu Wort und machen ihre Situation und Erfahrungswelt zum Thema. In der Schweiz setzt damit die literarische Emanzipation der Frauen gleichzeitig mit ihrer politischen ein.[4] Verena Stefans Buch *Häutungen*, das zum Kultbuch der deutschen Frauenbewegung avanciert, und Gertrud Leuteneggers *Vorabend* – beides Erstlingswerke, die 1975 erscheinen – erzielen eine ungeheure Breitenwirkung und werden intensiv und auch kontrovers diskutiert. Neben Texten, in denen persönliche Erfahrungen aufgearbeitet werden, entsteht in der ersten Hälfte der 70er Jahre auch eine Fülle von Dokumentar-, Reportage- und Protokolliteratur, die aufklärerische Intentionen verfolgt und zur Solidarisierung der Frauen beitragen soll. So heißt es auch in Laure Wyss' Vorwort zu ihrem Protokollband: »Kann man aber nicht manches einsehen durch Erfahrungen und aus den Erfahrungen anderer?«[5]

Das Buch wird trotz der vorhandenen Skepsis gegenüber der sogenannten Frauenliteratur in der Presse wohlwollend aufgenommen. Meta Völk warnt im »Berner Bund« vor Pauschalurteilen in bezug auf »Literatur von Frauen über Frauen«, die in letzter Zeit sprunghaft angestiegen sei und von der bereits – selbst in Frauenkreisen nicht selten – die Meinung vorherrsche, sie habe nichts Neues mehr zu bieten. Sie stellt fest, daß Aufzeichnungen von Frauenleben zwar keine Neuigkeit darstellen, glaubt jedoch, daß dieser Band eine »echte Lebenshilfe für viele«

bietet.[6] Laure Wyss wird als sensible Fragestellerin beschrieben, auf Kritik stößt jedoch die fehlende sprachliche Bearbeitung der Frauenprotokolle, die von der Autorin mit dem Anspruch auf Authentizität gerechtfertigt werde.[7] Ausdrücklich erwähnt wird dagegen die Befähigung der bekannten Journalistin für die als heikel betrachtete Aufgabe – so etwa im Fazit von Jolanda Eckmann: »Ein zweischneidiges Unterfangen, wenn nun Unbefugte beginnen, ›Berichte, die das Leben schreibt‹, zu verfassen. Ein wertvolles Selbstporträt unserer Gesellschaft jedoch, wenn eine unbestechliche Autorin wie Laure Wyss sich in den Dienst dieser Sache stellt.«[8]

Weder Erbauungs- noch Kampfschrift

In *Mutters Geburtstag. Notizen zu einer Reise und Nachdenken über A. Ein Bericht* (1978) meldet sich die Autorin nun in eigener Sache zu Wort. Dieser Schritt von der Protokollantin, die anderen zur Sprache verhilft, zur Schriftstellerin, die sich schreibend mit ihrem eigenen Leben auseinandersetzt, wird von der Kritik herausgestrichen. An der Schwelle zum Alter wende sich die Autorin unzähliger Reportagen über Probleme, Leiden und Schwierigkeiten ihrer Mitmenschen nun sich selber zu, leihe für einmal ihre Stimme nicht den andern, sondern sich selbst.[9] Der Text wird den Leserinnen und Lesern vorgestellt als ehrliche, schonungslose Selbstbefragung einer klugen und gewinnenden Frau. Wiederum fällt das Stichwort »Lebenshilfe«, aber auch sprachliche und literarische Qualitäten werden hervorgehoben. Was bei der Besprechung des Textes besonders auffällt, sind die verschiedentlichen Bemühungen der Rezensentinnen und Rezensenten, den autobiographischen Bericht ins richtige Licht zu rücken, ihn nämlich von der modischen ›Bekenntnisliteratur‹ und von programmatischen Texten ›militanter Feministinnen‹ abzugrenzen. Dies bedeutet, daß eine Annäherung an den Text vielfach ex negativo erfolgt. So wird z. B. angemerkt, das Buch halte keine peinlichen privaten Enthüllungen und Bekenntnisse bereit oder die Autorin habe es verstanden, die Gefahr eines verbitterten Pamphlets zu bannen.[10] Auch durch den Einsatz literarischer Mittel zur Distanzierung und Verfremdung des autobiographischen Materials unterscheide sich der Text wohltuend von authentischer ›Bekenntnisliteratur‹. Der »Berner Bund« beschreibt die erfolgreiche Gratwanderung der Autorin folgendermaßen: »All das wird erzählt mit einer distanzierten Zurückhaltung, in der doch Betroffenheit mitschwingt, ohne verbittertes Selbstmitleid und ohne ideologische Verallgemeinerung, doch mit einem nachhaltigen Zorn auf die gesellschaftlichen Mechanismen, die einer Frau ihren Alleingang unnötig erschweren.«[11] Es sind Lebensklugheit und Erfahrungsreichtum der Autorin, die in verschiedenen Voten positiv abgehoben werden von ideologisch-theoretischen Schlagworten: Peter Meier spricht von einer aus reicher Lebenserfahrung gewonnenen Kenntnis der Autorin, die verbindlicher sei als ein Kampfruf, und Heinz Stierli betont, daß es sich um ein stilles Buch handle, das aber um vieles radikaler sei als »so manches Strohfeuer eines theoretisch-schreierischen Machwerks«.[12] Bei der Durchsicht der Rezensionen fällt immer wieder die unterschiedliche Behandlung und Beurteilung des gesellschaftskritischen und feministischen Gehalts des Textes ins Auge. Liselotte Suter wehrt sich z. B. gegen die ihrer Ansicht nach verharmlosende Äußerung Klara Obermüllers am Radio, *Mutters Geburtstag* sei ein »ergreifender« Text. Sie stützt ihre Kritik mit der Äußerung der Autorin, die den Begriff ebenfalls gerne durch »zornig« ersetzt haben wollte.[13] Auch an einer Autorenlesung fühlt sich ein Leser / Zuhörer dazu veranlaßt, gegen den Gesprächsleiter, der die Ideologiefreiheit und Unvoreingenommenheit des Textes besonders herausstreicht, einzuwenden, *Mutters Geburtstag* sei kein »Erbauungsheftli«, sondern »hochpolitische Literatur«.[14] Meier und Stierli, die beide Laure Wyss' Buch mit allem Nachdruck von der Nähe zur Frauenbewegung – und damit von feministischen Positionen – abzurücken bemüht sind, versuchen, den kritischen Ton, den sie als »Ressentiment« etwa »gegen die Privilegien, die unsere Gesellschaft dem Mann gewährt« deuten, auf ihre Weise für das Lesevergnügen fruchtbar zu machen. Stierli: »Mich stört solches Schreiben aus Ressentiment überhaupt nicht, verleiht es dem Text doch Würze, die Farbe des spontanen Gefühls, der temperamentvollen Aufwallung.«[15]

Was sich mit *Mutters Geburtstag* in der Wahrnehmung der Autorin aber vor allem ändert, ist das vorher scheinbar festgefügte Bild der starken, selbstbewußten, emanzipierten und erfolgreichen Frau. Dieses Bild erfährt nun Korrekturen. Der Text thematisiert bisher verborgene Seiten der Persönlichkeit, präsentiert eine »Innen-Ansicht«[16], die gerade Schwächen und Unsicherheiten offenlegt. Durch die Art ihres Auftretens habe Laure Wyss selbst zum Bild der »Frau, die es geschafft hat« beigetragen, führt Klara Obermüller aus und fügt an, daß die Journalistin von vielen als dominierend wahrgenommen worden sei. Das Eingeständnis von Schwäche, Hilflosigkeit und Schutzbedürfnis sei nicht nur ein Gebot der Ehrlichkeit und gut für sie selbst, sondern auch wichtig für ihre zukünftigen Leserinnen: »Es sind Töne, die in der heutigen emanzipationswütigen Frauenliteratur Seltenheitswert haben. Daß sie von einer Frau kommen, die Emanzipation wirklich gelebt hat, die sich selbst als Feministin bezeichnet und deren journalistischer Einsatz vor allem den Frauen gegolten hat, gibt ihnen Bedeutung.«[17] Wie an der Argumentation Obermüllers zum Ausdruck kommt, wird die starke und selbstbewußte Frau dadurch, daß sie in ihrem Buch ihre Sehnsüchte und Ängste zur Sprache bringt, ›menschlicher‹, was sie als Identifikationsfigur und Vorbild für ihre Leserinnen geeigneter erscheinen läßt. Bei der Besprechung der schnell nötig gewordenen Neuauflagen (1981: Luchterhand, 1990 und 1995: Limmat) wird dem Bericht Zeitlosigkeit und Gültigkeit attestiert.

Frauenbuch oder Literatur?

Für ihr schriftstellerisches Werk wird Laure Wyss 1982 mit dem Preis der »Schweizerischen Schillerstiftung« ausgezeichnet. Mit dem Hinweis auf diesen Literaturpreis veröffentlicht die »Neue Zürcher Zeitung« kurz vor Erscheinen des Romans *Das rote Haus* (1982) einen Vorabdruck des Textes im Bund »Kunst und Literatur«.[18] Für den Roman, der bald auf verschiedenen Bestseller-Listen figuriert, erhält die Autorin im April 1983 eine literarische Auszeichnung des Kantons Bern.

In der Presse wird der Text als differenzierte Auseinandersetzung mit dem Altern gewürdigt, erneut handle es sich um eine Rückschau, einen Versuch der Erinnerung gelebten Lebens. Dem Erzählstil wird nicht nur dokumentarische Genauigkeit, sondern auch literarisches Gestaltungsvermögen bescheinigt.[19] Obwohl der Roman auf autobiographischem Hintergrund beruhe, sei er von modischer Selbstbespiegelung weit entfernt.[20] Mit Hilfe des Erzählverfahrens, drei verschiedene Frauen in je einem Teil sprechen zu lassen und in der dritten Person zu schreiben, wird laut Obermüller die nötige Distanz zur eigenen Person gefunden, um sich ehrlich und schonungslos an die eigene Geschichte heranzutasten.[21] Auch Niklaus Schlienger versucht in der »Basler Zeitung«, dem Erfolgsrezept der Schriftstellerin auf die Spur zu kommen und zu beschreiben, wie diese es schafft, das Lesepublikum zu überzeugen und für sich einzunehmen. Sein Fazit: »Da klagt eine Frau nicht, daß sie eine Frau sei, wozu Anlaß genug bestünde, sondern erzählt uns einfach, wie sie es trotzdem schafft. Sie kann es ohne Gejammer, aber auch ohne Siegesgeheul, und darum wahrscheinlich wirkungsvoller.«[22]

In der »Neuen Zürcher Zeitung« wird zwar eingewendet, es handle sich bei diesem Text nicht – wie der Untertitel vorgebe – um einen Roman, die drei Teile bildeten aber gleichwohl ein literarisches Ganzes.[23] Obermüller sieht in der gewählten Form ebenfalls keinen kompositorischen Mangel, nicht die Unfähig-

keit, einen geschlossenen Roman zu schreiben, sondern gerade
»die Redlichkeit der Autorin, die nicht in eine künstliche Ordnung bringen wollte, was sie selbst als disparat erlebte«.[24]

Auch dieses Buch gibt Anlaß, die Frage der Ein- oder Zu-
ordnung zu stellen:»Haben wir Laure Wyss damit endlich
enttarnt? Ist sie eine Frauenautorin, eine Pionierin der Eman-
zenliteratur?« wird beispielsweise gefragt und angemerkt, die
Schriftstellerin wisse, daß sie mehr von Frauen als von Männern gelesen werde – und zwar, wie eingeschoben wird, »in
Auflagen, um die sie mancher Männerautor beneiden dürfte«.[25]
»Ein Frauenbuch?« – diese Frage setzt André Ratti an den Anfang seiner Rezension, um sie umgehend und mit Vehemenz
zu verneinen. Dem Roman von Laure Wyss soll das Schicksal
von Frauenbüchern erspart bleiben. Sein Plädoyer:»Ein Frauenbuch? Nein, ganz entschieden, das ist es nicht, und wenn
man es wie mit so vielen andern dort verstecken will, damit
es keiner liest, so lege ich hiermit Protest ein.«[26] Alles was
Laure Wyss publiziert habe, trage den unverwechselbaren
Stempel einer ungewöhnlichen Persönlichkeit. Diese will nun
Ratti für die Leserinnen und Leser näher umreißen, wobei er
sich hoffnungslos in seinen geschlechterphilosophischen Überlegungen verstrickt:»Ich kenne keine andere Journalistin ihres
Formats in der Schweiz. Dabei ist sie nicht einmal eine Eman-
ze, obwohl sie sich vehement für die Rechte der Frauen einsetzt. Sie ist mehr: ein schreibender Mensch, der durch Le-
bensumstände dazu gezwungen worden ist, auch ›ihren Mann‹
zu stellen.« Dabei läßt es Ratti aber nicht bewenden. Obwohl
er weiß, daß er sich auf unsicherem Terrain bewegt, doppelt er
nach:»Dies mag jetzt wieder chauvinistisch-männlich und
mißverständlich klingen, aber wäre Frau Wyss als Mann auf
die Welt gekommen, sie hätte genauso auch ›ihre Frau‹ gestellt.
Damit genug über dieses leidige und hoffentlich bald einmal
überflüssige Thema.«[27]

Wie stark die Wahrnehmung des Textes und seiner Autorin

in der Literaturkritik divergiert, läßt sich durch die Gegenüberstellung von zwei Lektüren zeigen. Judith Boehringer macht in den »Luzerner Neusten Nachrichten« auf die tröstliche und zuversichtliche Aussage des Buches aufmerksam und glaubt am Ende etwas zu spüren, »was man ›Weisheit des Alters‹ nennen könnte«.[28] In der »Neuen Zürcher Zeitung« wird dagegen gerade das Unversöhnliche des Textes thematisiert. So werden im Buch Enttäuschung und Bitterkeit der Autorin konstatiert, und ihre Auseinandersetzung mit der zürcherischen Gegenwart wird als scharfe Kritik gewertet.[29]

Selbstreflexion und/oder Mitgefühl?

Liebe Livia. Veras Tagebuch von Januar bis Dezember (1985) stellt eine persönliche Auseinandersetzung der Autorin mit dem Freiheitsentzug und der Einzelhaft dar, ein Thema, dem sich Laure Wyss bereits in ihrer journalistischen Arbeit gewidmet hat. Der Text schildert die Beziehung und Freundschaft zu einer jungen, wegen Terrorismus verurteilten Strafgefangenen, welche die Autorin als Gerichtsberichterstatterin der »Züri Woche« kennengelernt hat. Das Buch wird breit rezipiert und findet großen Absatz.

Einmal mehr, so führt Charlotte Peter in der »Züri Woche« aus, habe Laure Wyss mit dieser Publikation eine schriftstellerische Hürde geschafft: Der Text sei weder ein Sensationsbericht, eine vordergründige Anklage oder sentimentale Schnulze noch verteidige er den Terrorismus.[30] »Die Zeit« zählt *Liebe Livia* mit Texten von Margarethe von Trotta, Markus Imhoof und George Tabori zu den neueren Versuchen, sich mit dem Terrorismus auseinanderzusetzen. Das Besondere an Wyss' Buch sei allerdings, daß es nicht theoretisiere, sondern den menschlichen Aspekt in den Mittelpunkt rücke. So gibt es laut Anne Frederiksen auch Anregung »zur Auseinandersetzung mit dem eigenen Leben, der eigenen Freiheit, die nicht selten nur eine sogenannte ist«.[31] Nach Ansicht der »Neuen Zürcher Zeitung«

gelingt es Laure Wyss mit ihrem Text, ihr Engagement zu vermitteln: »Die Autorin [...] versteht es, mit ihrer leisen, empfindsamen Erzählweise Betroffenheit zu wecken, ein Licht in eine Ecke unserer Gesellschaft zu werfen, von der man weiß, daß sie existiert, die man aber lieber nicht zur Kenntnis nehmen möchte.«[32] Die Rezensentin für die Kantonale Kommission für Schul- und Gemeindebibliotheken Luzern kann die Lektüre – »gerade in der Adventszeit« – sehr empfehlen: »Ein Buch, das sehr zum Denken und Mitfühlen anregt und versucht, unsere Herzen zu öffnen für weniger glückliche Menschen, für sogenannte Außenseiter der Gesellschaft.«[33] In dieser Lesart wird die Tendenz deutlich, die Herausforderung zur Selbstreflexion, die in der Kritik verschiedentlich als besondere Qualität des Berichts hervorgehoben wird, zum vorweihnachtlich verordneten Mitgefühl für gesellschaftlich Randständige zu verkürzen.

Während Madeleine Günthardt in der »Neuen Zürcher Zeitung« feststellt, die Autorin nehme in ihrem Bericht nicht Partei[34], macht Beatrice Eichmann-Leutenegger auf die Gemeinsamkeiten der jungen Strafgefangenen und der Schriftstellerin aufmerksam. Nach Eichmann-Leutenegger betrachten beide die bürgerliche Gesellschaft mit kritischem Blick. Die eine habe sich nur schreibend gegen die gesellschaftlichen Verhältnisse gewehrt, die andere dagegen habe gehandelt. Die Bewunderung der älteren Frau für die Gesinnungstäterin, die im Text zum Ausdruck komme, scheint ihr allerdings problematisch zu sein. Auch Salomé Kestenholz weist auf die Gefahr der Idealisierung der jungen Frau hin.[35]

Die Grand Old Lady des schweizerischen Journalismus

Der Band *Was wir nicht sehen wollen, sehen wir nicht* (1987), herausgegeben von Elisabeth Fröhlich, ruft die journalistische Arbeit von Laure Wyss in Erinnerung. Die Herausgeberin stellt darin eine Auswahl journalistischer Texte zusammen, die, wie sie in der Einleitung ausführt, erlebte Zeitgeschichte und die ge-

sellschaftlichen Entwicklungen der letzten vierzig Jahre dokumentieren.

Die Presse bescheinigt der »Grand Old Lady des schweizerischen Journalismus«[36] einhellig, die Zeit habe ihren Texten nichts
anhaben können. Die Autorin wird vorgestellt als »unbestechliche Kämpferin für die Benachteiligten« und »frühe Streiterin
für die Emanzipation«. Für Lotta Suter zeigen gerade die Edito-
rials und Einleitungen zu Arbeiten anderer Autorinnen aus dem
»Tages-Anzeiger-Magazin«, die im umfangreichsten Teil mit dem
Titel »Diskriminierung hat viele Gesichter« abgedruckt sind,
»wieviel Vermittlungsarbeit ›Frauenthemen‹ in den 70er Jahren
in einem der fortschrittlichsten Organe bürgerlicher Öffentlichkeit (noch?) brauchten«.[37] Laure Wyss habe Frauenanliegen in
den Medien Raum gegeben und mit »viel Gspüri« Leserinnen
und Leser dafür zu gewinnen gesucht. Die Autorin auf ihr Engagement für die Frauen festzuschreiben greift für Elsbeth Pulver
zu kurz. Laure Wyss' feministisches Interesse gehe »immer mit
dem menschlichen« zusammen. Ihre journalistische Arbeit stehe
im Dienst einer Aufklärungsarbeit, die von einem unverbesser-
lichen Willen, die Welt durch Schreiben zu verändern, getragen
werde.[38] Die »nüchterne/ernüchternde« Sprache der Autorin
führt laut Suter zweckmäßig und ohne Umwege dorthin, »wo
wir sehen sollen (ob wir wollen oder nicht)«.[39]

Lebensweisheit? Resignation? oder literarischer Widerstand?

Mit *Das blaue Kleid* legt Laure Wyss 1989 einen Erzählband vor,
der große Beachtung findet und einmal mehr zum Bestseller
wird. Nach ihrem dokumentarischen Bericht *Liebe Livia* tritt
sie nun mit Geschichten an die Öffentlichkeit, die von Frauenleben, Alter, Einsamkeit und Tod handeln. Der Band wird als leises, eindringliches Buch aufgenommen. Die erfahrene professio-
nelle Beobachterin nähere sich ihren Protagonistinnen mit viel
Liebe und Respekt aus der Sicht und der Erfahrung des Alters
und erzähle ohne didaktische Absichten in subtiler und nuan-

cenreicher Sprache vom Leben. Wenn eine Autorin wie Laure Wyss Erzählungen publiziert, stellt sich für die Kritik sofort auch die Frage nach dem sozial- und zeitkritischen Gehalt der Texte. In der »WochenZeitung« wird festgehalten, daß gegenüber den journalistischen Arbeiten in diesem Band das »direkt Politische«, die gesellschaftlichen Rahmenbedingungen »etwas an den Rand der Beobachtung gerückt« seien. Die Lebensweisheit, die aus den Geschichten spreche, lehre uns jedoch viel über die heutige soziale Wirklichkeit und übers Altwerden.[40] Hanns Schaub glaubt, im Erzählband in bezug auf die soziale Anklage eine gewisse Resignation der Autorin ausmachen zu können.[41] Für die feministischen Frauenzeitschriften, die Laure Wyss vor allem als kämpferische Gesinnungsgenossin kennen, stellt sich diese Frage noch dringlicher: Die Schweizer Zeitschrift »Emanzipation« fragt direkt: »Kann, was wie Kapitulation erscheint, Widerstand sein?«, um dann in den Geschichten eigenständige Formen von Widerstand zu entdecken.[42] Eva Pfister merkt in Alice Schwarzers »Emma« ebenfalls an, daß manche Leserin bei der Lektüre der Erzählungen auf den ersten Blick vielleicht befremdet sein könnte, gesteht dem Erzählband jedoch die gleiche Kraft und Radikalität zu, mit der die Autorin an ihre politischen und sozialen Themen herangegangen sei. Diesmal ziele Laure Wyss aber auf andere Tabus: »Auf Lebenslügen, die sich unmerklich einschleichen im Laufe eines langen Lebens.«[43]

Sybille Ehrismann stellt in ihrer Besprechung eine literarische Entwicklung der Autorin fest: Die klare, eindeutige Schilderung und Parteinahme der früheren Texte wird ihrer Ansicht nach mit dem Band *Das blaue Kleid* durch eine ruhige und distanzierte Betrachtung von Leben abgelöst. Die »Ruhe« und »Verklärung«, »dieses Französische«, das sie in den Texten ausmacht, komme auch in der poetisch versinnlichten Sprache zum Ausdruck, die an Weite und Atmosphäre gewonnen habe.[44] In der »Neuen Zürcher Zeitung« bestimmt Thomas Kropf die Stärke der Autorin dagegen gerade in der »knappe[n], präzise[n], völlig unsentimentale[n] Darstellung des – zumindest auf den ersten Blick – so einfachen Lebens [...]«.[45] Der Rezensent kann sich in seiner Besprechung der Frauengeschichten ein Nebengefecht mit dem Feminismus nicht verkneifen. So führt er im Feuilleton aus: »Frauen stehen im Mittelpunkt von Laure Wyss' Geschichten: Frauen, die nicht mit einem emanzipatorischen Anspruch auftreten – dafür sind sie viel zu leise, viel zu wenig kopfzentriert auch – die diesen Anspruch vielmehr leben [...].«[46]

Spielerisch oder harmlos?

1994 veröffentlicht Laure Wyss – für alle überraschend – Gedichte, die im Band *Lascar* zusammengestellt sind. Obwohl sie damit, wie verschiedentlich festgehalten wird, die Erwartungen vieler Leserinnen und Leser unterläuft, die sie als aufklärerische und zeitkritische Autorin schätzen, werden in kurzer Zeit über tausend Exemplare verkauft – für einen Lyrikband ein Rekord. Für die Reaktion vieler treuer Leserinnen und Leser auf die »rhythmische Prosa«[47] mag wohl die Besprechung in Form eines Leserbriefes – unter der Rubrik Stadtbibliothek im »Stadt-Anzeiger« Glattbrugg abgedruckt – charakteristisch sein: »Liebe Laure Wyss [...] ›Lascar‹, den Braun- oder Plüschbären, möchte ich gerne persönlich kennenlernen oder eine Suppe essen bei José. ›Die liebe Katze‹ ist auch meine Katze, und auf diese Weise mit dem Tod zu reden ist mein Wunsch. Mit Ihren wie immer klar und ohne Ballast daherkommenden Worten lassen Sie uns teilnehmen an Ihrer Sicht auf das Leben und geben uns Anstöße für unser eigenes Nachdenken. Daß Sie uns auch Ihr Lachen hören lassen und Ihre Lust am Spielerischen bei der Entdeckung der Bären, wissen wir Leserinnen und Leser zu schätzen, und so glauben wir, Sie persönlich wieder etwas näher kennengelernt zu haben. Liebe Laure Wyss, herzlichen Dank für Ihr Schreiben!«[48] Daß sich die Schriftstellerin in die Sparte der Lyrik vorwagt, wird von der Literaturkritik sehr unterschiedlich aufgenommen.

Heinz Schafroth schwärmt von *Lascar* als dem »schönsten, gelöstesten und weisesten Buch« der Autorin. Auch in ihren Gedichten sei sich Laure Wyss nicht untreu geworden, sei Engagement spürbar, jedoch überwiege der gelassene, heitere Ton. Für Schafroth stellen die Gedichte »Literatur« dar, die den Beweis erbringt, daß »Degagement nicht das Gegenteil von Engagement ist, sondern eine verschwiegenere oder auch verschmitztere Form davon«.[49] Auch Eichmann-Leutenegger läßt ihrer Begeisterung für den Band, der die Autorin von einer neuen Seite zeige, freien Lauf: »Was für ein Vergnügen, diese lyrischen Aufzeichnungen zu lesen!« Die Texte sind ihrer Ansicht nach geprägt von einer »Freude am Verschlungenen, am Kapriziösen und Phantastischen, an der Narretei und südlicher Heiterkeit«.[50] Ganz anders beurteilt dies Samuel Moser in der »Süddeutschen Zeitung«. Das neue Buch hinterläßt bei ihm einen zwiespältigen Eindruck. In *Lascar* seien Texte versammelt, mit denen sich Wyss, wie sie selber im Nachwort andeute, von ihrem »›Markenzeichen‹ der ungebrochenen Aufklärerin« freischreiben wolle. Doch einige der Gedichte sind Moser immer noch zu deutlich, etwas zu programmatisch und auch, wie er kritisch vermerkt, »zu harmlos«. In den besten ihrer Texte sei Wyss die Mürrische – und hier liegen seiner Meinung nach auch ihre Fähigkeiten als lakonisch beobachtende Prosaistin.[51] Auch Oliver Classen glaubt, daß die Autorin dem Anspruch der Gattung auf radikale Verdichtung nur in wenigen Fällen gerecht geworden sei, und sieht in diesem »kleine[n] literarische[n] Ausrutscher« ein »Fanal zur Rückbesinnung auf die eigenen Qualitäten«, die für ihn ebenfalls in Wyss' engagiert-einfühlsamer Erzählweise liegen.[52]

Laure Wyss' »Nebenbei-Buch«[53] *Lascar*, das Texte vereint, die nach Aussage der Autorin nie für eine Publikation gedacht waren, rangiert im März 1995 auf der Bestenliste der Sendung »Kultur« des Schweizer Fernsehens DRS – von Schweizer Literaturkritikerinnen und -kritikern ausgewählt – und wird in der Sendung »Reflexe-Thema« im Schweizer Radio DRS 2 vorgestellt.

Die Schriftstellerin und die Königin

Nach fünfjähriger Arbeit erscheint ebenfalls 1994 Laure Wyss' einstweilen letztes Buch *Weggehen ehe das Meer zufriert. Fragmente zu Königin Christina von Schweden.* In der Literatursendung »52 Beste Bücher« auf DRS 2 wird ein Gespräch mit der Autorin über den neuen Text gesendet, der auch für die »SonntagsZeitung« zu den »stärksten Schweizer Büchern 1994« zu zählen ist.[54] Die Publikation, die als eine eindrückliche, sorgfältig recherchierte und facettenreiche Annäherung an eine große Frauenfigur besprochen wird, hält sich während mehrerer Monate auf den Hit- und Bestsellerlisten.

Für Elsbeth Pulver scheint in der »Neuen Zürcher Zeitung« ein leises Staunen über die Stoffwahl nicht fehl am Platz. Mit den Mächtigen dieser Welt habe die Autorin bislang wenig oder nichts verbunden, so daß der Text im Werk von Laure Wyss etwas Neues darstelle. Ohne Anspruch auf Objektivität und Wissenschaftlichkeit stelle die Autorin ihre Fragmente zu einem Porträt zusammen, wobei die Leserinnen und Leser in den Arbeitsprozeß einbezogen würden.[55] Gerade die im Text formulierten Fragen und die Bezüge und Betrachtungen zur Gegenwart halten auch für Erika Wittwer den Bericht offen für die Assoziationen der Lesenden.[56] In der »Deutschen Tagespost« hebt Stefanie Haas hervor, daß es sich beim Text über Königin Christina nicht um ein historisches Buch handle, sondern um ein »Gespräch zweier Frauen über eine dritte, die ebenso ungewöhnlich wie unfaßbar« sei, wobei Laure Wyss »weder zwanghaft feministisch noch zeitgemäß psychoanalytisch« verfahre.[57] Zahlreiche Rezensentinnen machen aufmerksam auf die Sympathie der Autorin für die Königin, die im Text spürbar werde. Für Tove Soiland ist der Bericht »getragen von der Faszination für diese Frau, die ihr geistiges Streben über alle Konventionen und Pflichten setzt«.[58] Und Barbara Sommer stellt in »Cash« fest, die Autorin schreibe »mit feministischer Sympathie, aber ohne verfälschende Ideologie«.[59] Im »Tages-Anzeiger« und in der »Neuen Zürcher Zeitung« wird dagegen einmal mehr die Distanz des Textes zur ›Frauenliteratur‹ lobend hervorgehoben. Meier betont in seiner Besprechung mit dem Titel: »Keine feministische Ikone«, daß der Text »allfällige[n] Versuchungen zu feministischer Hagiographie«[60] erfolgreich entgegensteuere, und auch Pulver begrüßt die explizite Distanzierung der Autorin von einem »schwesterlichen«, anbiedernden Umgang mit der Frauenfigur, wie er in der ›Frauenliteratur‹ praktiziert worden sei.[61]

II

Die Jahre von 1960 bis 1990 werden in der Literaturgeschichtsschreibung der Schweiz als »Jahrzehnte des Aufschwungs« beschrieben, wobei die »Stunde der Autorinnen« am Jahr 1975 – dem Zeitpunkt der Debüts von Gertrud Leutenegger und Verena Stefan – festgemacht wird.[62] Seit 1975 sind praktisch jedes Jahr Erstlingswerke von Frauen erschienen, so daß nun auch in der deutschen Schweiz, wie Elsbeth Pulver ausführt, von »Schriftstellerinnen im Plural« gesprochen werden kann.[63] Die neue Frauenbewegung als relevanteste soziale Bewegung der 70er Jahre hat diesen literarischen Aufbruch vorbereitet und getragen. Dabei veränderte und prägte sie nicht nur die Literatur, sondern auch den literarischen Markt sehr stark. Die ersten Bücher von Laure Wyss, die mit ihrer journalistischen Arbeit die politische und literarische Emanzipation der Frauen in der Schweiz unterstützte und mittrug, sind aus diesem Kontext heraus entstanden. Der Frage nach der Zugehörigkeit der Autorin und ihrer Texte zu der aus der neuen Frauenbewegung hervorgegangenen ›Frauenliteratur‹ wird deshalb in der Literaturkritik immer wieder besondere Aufmerksamkeit gewidmet. Wie sich beobachten läßt, bemühen sich seit Erscheinen der ersten Publikation zahlreiche Rezensentinnen und Rezensenten, die Texte von Laure Wyss – auch wenn sie Übereinstimmungen in bezug auf Themen und Verfahrensweisen feststellen – von dem, was sie als ›Frauenliteratur‹ bestimmen, abzuheben. Es sind dementsprechend gerade die Unterschiede, die von vielen stark akzentuiert werden. In einigen Fällen wird dabei – indirekt – ein regelrechter Kampf gegen das Schreckgespenst ›Feminismus‹ ausgefochten. In andern Kritiken ist hinter den Abgrenzungsversuchen der Wunsch auszumachen, auch Leserinnen und Leser für eine Lektüre zu gewinnen, die der Frauenbewegung kritisch oder zurückhaltend gegenüberstehen: Mögliche Vorurteile oder Widerstände gegenüber den Texten der für ihr Engagement bekannten Autorin sollen abgebaut werden. Wie bei André Rattis Rezension »Nicht nur ein Frauenbuch« besonders deutlich wird, soll durch eine Abgrenzung verhindert werden, daß Laure Wyss' Texte in die Frauenecke abgeschoben und damit vom bürgerlichen Literaturbetrieb und Teilen der Leserschaft gar nicht zur Kenntnis genommen werden. So hat sich Ratti dem Ziel verschrieben, einer Gettoisierung des Textes und seiner Autorin entgegenzutreten. Bei seinen Ausführungen kann er von einem weit verbreiteten Verständnis von ›Frauenliteratur‹ ausgehen, wie es auch in den Argumentationen zahlreicher Besprechungen zum Ausdruck kommt. ›Frauenliteratur‹, zuerst in der Formel ›Literatur von, über, für Frauen‹ zu fassen versucht und damit bereits auf frauenspezifische Themen und eine Ausrichtung auf ein weibliches Publikum festgelegt, wird in der Öffentlichkeit meist mit einer ihrer populären Erscheinungsformen, der sogenannten authentischen Literatur oder Bekenntnisliteratur, gleichgesetzt. Wie Sigrid Weigel in ihrer Studie *Die Stimme der Medusa. Schreibweisen in der Gegenwartsliteratur von Frauen* feststellt, werden authentische Aufzeichnungen, die auf literarische Gestaltung verzichten, gerade auch in der Literaturkritik gerne mit dem Begriff ›Frauenliteratur‹ etikettiert. Damit wird jedoch die ganze Gattung disqualifiziert und als literarisch minderwertig und ästhetisch indiskutabel abgetan. Diese pejorative und auf bekenntnishafte Erfahrungsliteratur eingeschränkte Verwendung des Begriffs hat nach Weigel dazu geführt, daß sich viele Autorinnen selbst von ›der Frauenliteratur‹ distanziert haben.[64]

Auch bei Laure Wyss können wir verfolgen, wie ihre differenzierte Betrachtung des Phänomens ›Frauenliteratur‹ bald der beschriebenen Gleichsetzung gewichen ist. Noch 1979 will sie an einem Autorenabend ihren Text nicht als »Bekenntnisbüechli«, sondern als »Frauenbuch« verstanden wissen.[65] Im »Magazin«-Artikel »Eine Schriftstellerin ist keine Hausfrau, die Bücher schreibt...«[66] fordert sie von schreibenden Frauen – die Entprofessionalisierung des Schreibens als Konzept der sogenannten authentischen Literatur im Visier – Professionalität und Metier, um in literarischen Gattungen wie Roman oder Erzählung Frauenwirklichkeiten zur Darstellung zu bringen. Sie schließt mit der Frage: »Wer ist nicht gespannt auf Frauenliteratur, die kommen wird?« Auch hier ist der Begriff positiv besetzt, ja sogar mit Erwartungen an die Zukunft verknüpft. ›Frauenliteratur‹ wird in diesem Zusammenhang allgemein als ernstzunehmende Literatur von Frauen verstanden. Nur wenige Jahre später äußert sich Laure Wyss in einem Gespräch bereits kritisch über den »Etikettierungszwang«, mit dem das Literaturgeschäft auf das Phänomen der schreibenden Frau reagiere.[67] In ihrer Rede anläßlich der Eröffnung der Ausstellung »Deutschsprachige Schriftstellerinnen in der Schweiz 1700–1945« von 1995 in Zürich wendet sie sich gegen einen Frauenbonus, den junge Autorinnen heute zum Teil genießen, wobei ihrer Ansicht nach Qualitätskriterien oftmals in den Hintergrund treten, und warnt davor, sich trendgerecht mit dem »Umhängeschild ›Frauenliteratur‹« lancieren zu lassen. Einmal so abgestempelt, seien sie »in ein Getto verbannt«, dem sie »schwerlich wieder entrinnen« könnten. Die Frage: »Gibt es eine Frauenliteratur?« verneint sie, um dann aber festzuhalten, daß es von Frauen geschriebene

Bücher gebe.[68] Damit hält sie an ihrer früheren Definition fest, ohne allerdings den verfänglichen Begriff wieder bemühen zu müssen.

Wie viele andere Autorinnen hat Laure Wyss somit auf Veränderungen im Verständnis des Phänomens und Begriffs ›Frauenliteratur‹ in den Medien und der Öffentlichkeit reagiert. Weigel macht in diesem Zusammenhang auf die Rolle des Feuilletons aufmerksam. Die Disqualifizierung und Ausgrenzung der ›Frauenliteratur‹ aus der Literatur sei vor allem im Feuilleton durch eine völlig selektive Rezeption der Literatur von Frauen betrieben worden. Bezeichnend für diesen Vorgang ist für Weigel auch der vielfach beobachtbare Mechanismus, daß Texte von Frauen, sofern sie positiv rezensiert werden, zunächst von ›der Frauenliteratur‹ abgegrenzt werden. Dies finden wir bei der Rezeption der Texte von Laure Wyss weitgehend bestätigt. Sie wird damit aber nicht nur in die Reihen der ›ernstzunehmenden‹ Autorinnen und Autoren aufgenommen. Wie sich an einigen oben angeführten Beispielen zeigt, kann die Abgrenzung auch zu einer Verharmlosung der Texte führen. Die Verunsicherung, die möglicherweise von den Texten ausgeht, indem sie Strukturen der herrschenden Ordnung in Frage stellen, kann auf diese Weise beschwichtigt werden, so daß es möglich wird, die Texte ins eigene Weltbild zu integrieren. Dies zeigt sich besonders deutlich, wenn Gesellschaftskritik als »Ressentiment« individualisiert, als besondere »Würze« eines Textes heruntergespielt und damit stillgestellt wird.[69]

Laure Wyss merkte in Interviews verschiedentlich an, sie wolle sich von keiner Seite vereinnahmen lassen – auch nicht von der Linken oder den Feministinnen, selbst wenn sie dieselben Ziele verfolge.[70] Mit dem Hinweis auf ihre Unabhängigkeit versuchte sie, sich gegen einschränkende Erwartungshaltungen zu schützen. Die Breitenwirkung und der Erfolg ihrer Bücher zeigen, daß Laure Wyss mit ihren Texten eine zahlreiche und heterogene Leserschaft anzusprechen vermag. Ihre Publikationen werden nicht nur in Frauenzeitschriften verschiedenster Couleur vorgestellt oder besprochen, so etwa in feministischen Journalen und Blättern wie »Emma«, »Emanzipation«, »Femmes Suisses«, »Frauezitig (Fraz)«, im »Schweizer Frauenblatt«, im »Zeitspiegel Frau«, in dem Organ »Die Staatsbürgerin«, in der christlichen Frauenzeitschrift »Mirjam« oder dem »Zentralblatt des Schweizerischen Gemeinnützigen Frauenvereins«. Auch z. B. die »Schweizer Familie«, die »Schweizer Illustrierte«, der »Brückenbauer«, der »Beobachter« oder der »Kirchenbote für den Kanton Zürich«, das Modejournal »Annabelle« (früher: »Femina«) oder »Cash« bringen Rezensionen oder veröffentlichen Interviews und Porträts. In verschiedenen schweizerischen Tages- und Wochenzeitungen unterschiedlicher politischer Ausrichtung, insbesondere im »Tages-Anzeiger« und der »Neuen Zürcher Zeitung«, in der »Weltwoche«, der »Sonntags-Zeitung« und der »WochenZeitung« ist sie als anerkannte Autorin mit ihren Texten präsent. In der »Neuen Zürcher Zeitung« werden ihre Bücher seit der Veröffentlichung von *Mutters Geburtstag* (1978) im Feuilleton besprochen, und auch in ausländischen Medien finden die Publikationen immer wieder Beachtung.

Wie sich auch an einigen oben zitierten Beispielen gezeigt hat, haben die Rezensentinnen und Rezensenten immer wieder Antworten auf die Frage gesucht, wie es Laure Wyss gelingt, so viele Leserinnen und Leser für ihre Texte zu gewinnen. Das Engagement der Autorin wird von einem großen Teil als ideologiefreies, undogmatisches Eintreten für den Menschen allgemein wahrgenommen. Ihre Kritik an gesellschaftlichen Verhältnissen ist, obwohl dezidiert vorgebracht – wie oftmals besonders hervorgehoben wird –, nicht aggressiv-fordernd, sondern verhalten formuliert. Laure Wyss wird als Erzählerin beschrieben, die es versteht, mit ihrem persönlichen und einfühlsamen Ton Nähe zu schaffen, die Leser und Leserinnen mit Berichten und Geschichten zu fesseln und zum Nachdenken anzuregen.

Aber auch Kritikerinnen, die der Frauenbewegung nahestehen, erkennen die eigenen sozialen und politischen Anliegen in den Texten wieder. Die Rezensentin des »Nebelspalters« empfiehlt Frauen den Bericht *Mutters Geburtstag* zur Lektüre und stellt gleichzeitig fest, daß Laure Wyss im Text nicht »die Sprache der Demonstration oder gar der Provokation« spreche. Dafür liefert sie folgende Erklärung: »Sie weiß wohl selbst zu gut, was man hierzulande von demonstrierenden Frauen hält. Also hat sie den leisen Ton gewählt, wie er von Frauen erwartet und deshalb auch williger akzeptiert wird.«[71] Der eigene Weg der Autorin, ihre Schreibweise und ihre literarischen Verfahren, werden anerkannt und zugleich als Bemühen verstanden, weitere Kreise mit ihren Büchern zu erreichen.

Die Literaturkritik schenkt der sprachlichen Gestaltung der Texte von Laure Wyss insgesamt große Beachtung, wobei der Autorin gerade auch im renommierten Feuilleton der »Neuen Zürcher Zeitung« erzählerische Qualitäten bescheinigt werden. Über Aussagen zu Wyss' Schreiben werden im literarischen Feld aber auch Fehden um das richtige Kunst- und Literaturverständnis ausgetragen. Meier sieht Wyss in seiner Besprechung des Buchs über die Barockkönigin als Autorin, für die »Gesinnung« nicht – wie »aus feministischer Warte« – wichtiger sei als »Gestaltung«. Ebenso nimmt Jörg Steiner den Gedichtband *Lascar*, in dessen Nachwort sich die Autorin gegen eine Festlegung auf aufklärerisches Schreiben wendet, zum Anlaß, Kunst und Engagement gegeneinander auszuspielen. So fragt er sich, ob Laure Wyss nicht zuerst für ein Publikum geschrieben habe, »das dazu neigte, Kunst und Leben ausschließlich an Engagement und Gesinnung zu messen«.[72]

Die Literarisierung oder Poetisierung, die einzelne Kritikerinnen und Kritiker im Zusammenhang mit den Erzählungen und dem Gedichtband feststellen, wird zum Teil als Abwendung vom Engagement der früheren Texte verstanden und mit einer zunehmenden Gelassenheit der Autorin erklärt, andere werten die Hinwendung zu diesen im Hinblick auf den Werdegang der Autorin eher konventionell anmutenden literarischen Gattungen gar als Resignation.

Als Pionierin des Journalismus und Bestsellerautorin ist Laure Wyss heute im schweizerischen Medien- und Literaturbetrieb Respektsperson und Autorität. Seit der Verleihung des Max-Frisch-Werkjahres 1993 für ihre literarische und journalistische Arbeit, die von »Zivilcourage, Phantasie und ebensoviel menschlicher und künstlerischer Sorgfalt«[73] zeuge, und seit den beiden Veröffentlichungen 1994 ist sie vermehrt in den Medien präsent. Für die »SonntagsZeitung« zählt die Autorin 1994 zu den 100 wichtigsten Schweizern (sie rangiert auf Platz 59).[74] Laure Wyss ist unter anderem Gast im »Literaturclub« des Schweizer Fernsehens und bei Frank A. Meyer in der Sendung »Vis à vis«.[75] Wie Gret Heer in ihrer Fernsehkritik ausführt, hat sich Meyer der Schriftstellerin mit viel Respekt genähert und ihr »wie einer Königin« den roten Teppich ausgerollt, den sie dann selbstbewußt, aber bescheiden betreten habe. Die ehrerbietige Haltung Meyers hat nach Heer allerdings gerade dazu geführt, daß sich Wyss nicht von ihrer widerborstigen und streitlustigen Seite habe zeigen können, die ihr Leben, ihren Journalismus und ihre Bücher geprägt hätten.[76]

Auch die Laudatio von Adolf Muschg bei der Vergabe des Max-Frisch-Werkjahres ist getragen von Respekt und Hochachtung für die Kollegin. Muschg tut sich indessen schwer mit der offiziellen Ehrung der engagierten Schriftstellerin im Namen eines reinen Männergremiums: »Fünf Männer, die einer Frau bestätigen, wie gut, wie unentbehrlich sie sei [...]. Wer sind wir eigentlich, daß wir dich loben dürften? Noch deutlicher: wie kommen wir dazu, uns mit ein paar tausend Franken, die wir nicht verdient haben, loszukaufen vom Skrupel darüber, daß du, eine berufstätige Frau in dieser unserer Gesellschaft, es schwer gehabt und dennoch gut gemacht hast?« Und obwohl er mit allen Mitteln dagegen anzusteuern versucht, fällt er gegenüber der erfolgreichen Autorin in einen paternalisierenden, gönnerhaften Ton: »Ach nein: was du von der Max-Frisch-Stiftung bekommst, deckt keine Lebenskosten; noch weniger soll es sie *ver*decken. Schön, wenn es dir ein paar Mieten bezahlt, die Telefonrechnungen, eine Reise [...].«[77]

Zürichs Stadtpräsident Josef Estermann zeigt in seiner Ansprache einen unbelasteteren Umgang. Er schließt mit den Worten: »Es ist mir eine besondere Freude, Frau Wyss, Ihnen in einem Alter, in dem die meisten nichts anderes als ihre Ruhe haben wollen, ein Werkjahr überreichen zu dürfen: ein Werkjahr wohlverstanden, das Ihnen bei der Unruhestiftung behilflich sein soll.«[78] Estermanns Pointe beleuchtet die Grundkonstellation des Schreibens von Laure Wyss, wie sie auch in der Rezeptionsgeschichte ihren Ausdruck findet. Person und Werk der Autorin vereinen, was nach gängigen Vorstellungen als gegensätzlich betrachtet wird: Literatur und politisches Engagement, Lebenserfahrung, hohes Alter und neugieriger, kritischer, lebhafter Geist. Die Boulevardzeitung »Blick« fragt die Autorin – die Wahrnehmungs- und Deutungsmuster der Literaturkritik aufgreifend – anläßlich ihres achtzigsten Geburtstags: »Sie galten als streitbare Feministin. Sind Sie heute gelassener, voll Altersweisheit?« Laure Wyss: »Nei, nei, gar nid. Das Alter ist die dezidierteste Phase des Lebens. Man wird radikaler. Die Dinge, die einem wichtig sind, vertritt man entschiedener. Ich habe nie viel Rücksicht genommen. Jetzt brauche ich gar keine mehr zu nehmen.«[79]

1   Der Festtag, 20. Juni 1978. Zürich 1978
2   Der Text *Ein schwebendes Verfahren*. *Mutmaßungen über die Hintergründe einer Familientragödie*, der in den deutschen Verlagen Kindler, München (1981) und Fischer Taschenbuchverlag, Frankfurt a. M. (1982) erschienen ist, kann in dieser Darstellung nicht berücksichtigt werden, da keine Rezensionen vorliegen.
3   Elsbeth Pulver: Als es noch Grenzen gab: Zur Literatur der deutschen Schweiz seit 1970, in: Amsterdamer Beiträge zur Neueren Germanistik, Band 22. Amsterdam 1987, S. 14
4   Elsbeth Pulver: Von einem nächtlichen Fassadenkletterer, von Ambrosio, dem Spanier, und der neuen Lindauerin. Der Fremde als literarische Figur in der deutsch-schweizerischen Gegenwartsliteratur, in: Text und Kritik, Sonderband: Bestandsaufnahme Gegenwartsliteratur. Bundesrepublik Deutschland, Deutsche Demokratische Republik, Österreich, Schweiz. Hg. von Heinz-Ludwig Arnold. München 1988, S. 277
5   Ausgabe: Luchterhand 1981, S. 7
6   Meta Völk: Sich entwickeln – sich selbst sein. Der Bund 30.10.76
7   Beatrice Eichmann-Leutenegger: Frauenbilder aus der Schweiz. Ostschweiz 19.2.77
8   Jolanda Eckmann: Laure Wyss: Genaue Geschichten. Authentische Erzählungen von Frauen. Bündner Zeitung 4.4.77
9   Klara Obermüller: Wie war das doch damals? Femina 26.7.78
10 Siehe dazu Peter Meier: Leben einer Mutter, Tod eines Vaters. Tages-Anzeiger 3.11.78, und Heinz Stierli: Laure Wyss' neues Buch *Mutters Geburtstag. Auf der Fahrt zu sich selber*. Vaterland 19.12.78
11 Mz: Eine Frau sucht ihre Wahrheit. Der Bund 2.12.78
12 Peter Meier und Heinz Stierli (Anm. 10)
13 Liselotte Suter: Neue Frauenbücher in der Schweiz. Die Aufmerksamkeit nachholen. Das Konzept, Okt. 78
14 I.T.: »Wir Frauen haben einen großen Nachholbedarf ...«. Tages-Anzeiger 2.2.79
15 Heinz Stierli (Anm. 10)
16 AS: Begegnung mit einem Buch und seiner Autorin. Eine Mutter erinnert sich. Zytglogge Zytig, April 79
17 Klara Obermüller (Anm. 9)
18 Neue Zürcher Zeitung 25./26.9.82
19 EM: Autorenabend mit Laure Wyss in der Stadtbibliothek. Zürcher Oberländer 21.3.83
20 Niklaus Schlienger: Im Alter frei für Radikales. Basler Zeitung 20.1.83

21 Klara Obermüller: Roman dreier Frauen: *Das rote Haus* von Laure Wyss. Ein Ort, hinzugehen. Weltwoche 3.11.82

22 Niklaus Schlienger (Anm. 20)

23 Marianne Vogt: »Rückwärts lesen«. Laure Wyss: *Das rote Haus*. Neue Zürcher Zeitung 24.12.82

24 Klara Obermüller (Anm. 21)

25 Niklaus Schlienger (Anm. 20)

26 André Ratti: Nicht nur ein Frauenbuch. Basler Allgemeine Zeitung 21.12.82

27 André Ratti (Anm. 26)

28 Judith Boehringer: Das dritte Buch der Journalistin und Schriftstellerin Laure Wyss. Luzerner Neuste Nachrichten 8.3.83

29 Marianne Vogt (Anm. 23)

30 Charlotte Peter: Freundschaft hinter Panzerglas. Das neue Buch von Laure Wyss handelt von den Problemen der Einzelhaft. Züri Woche 14.10.85

31 Anne Frederiksen: Die eigene Freiheit. Die Zeit 3.10.85

32 Madeleine Günthardt: Äußere und innere Mauern. Neue Zürcher Zeitung 11.12.85

33 Ruth Rüttimann: Kantonale Kommission für Schul- und Gemeindebibliotheken, Luzern 2.12.85

34 Madeleine Günthardt (Anm. 32)

35 Salomé Kestenholz: Körperlicher Schutz der Sympathie. Versuch der Annäherung an eine »Terroristin«: Laure Wyss' neues Buch *Liebe Livia*. Basler Zeitung 21.2.86

36 Paula Lanfranconi: Alles dem Schreiben unterordnen. Tagblatt der Stadt Zürich 27.10.87

37 Lotta Suter: Wyss' publizistische Arbeiten. WoZ 23.10.87

38 Elsbeth Pulver: Eine Werktagsstimme ist nichts Harmloses. Journalistische Texte von Laure Wyss. Neue Zürcher Zeitung 11.1.88

39 Lotta Suter (Anm. 37)

40 Lotta Suter: Laure Wyss: Der kleine Kreis. WoZ 6.10.89

41 Hanns Schaub: Neue Geschichten von Laure Wyss. Resignierte Anklage. Schweizer Feuilleton-Dienst 17.10.89

42 ls: Laure Wyss. *Das Blaue Kleid*. Emanzipation, Dez. 89

43 Eva Pfister: Reportage aus dem Innern. Emma, Okt. 90

44 Sybille Ehrismann: Zwei Bücher von Laure Wyss im Vergleich. Der Weg zu einer ruhigen Betrachtung. Zürcher Oberländer 25.7.90

45 Thomas Kropf: ». . . Heimgekehrt, irgendwohin.« *Das blaue Kleid*: Geschichten von Laure Wyss. Neue Zürcher Zeitung 4.12.89

46 Thomas Kropf (Anm. 45)

47 Aussage von Laure Wyss im Gespräch mit Corina Caduff in der Sendung »Reflexe-Thema« (DRS 2) vom 23.2.94

48 In: Stadtbibliothek. Ein Buch für Sie? Stadt-Anzeiger Glattbrugg 25.8.94

49 Heinz Schafroth: Literatur ohne Ausweis. *Lascar*: 29 poetische Manifeste von Laure Wyss. Basler Zeitung 13.5.94

50 Beatrice Eichmann-Leutenegger: Lyrische Abenteuer und Narreteien. *Lascar* – ein Gedichtband von Laure Wyss. Luzerner Zeitung 26.3.94

51 Samuel Moser: Eine Form von Wachheit. Die anderen Texte der Aufklärerin Laure Wyss. Süddeutsche Zeitung 15.6.94

52 Oliver Classen: Kleine Prosaskizzen, heiter bis wolkig. Braun- und Plüschbären-Geschichten. Zürichsee-Zeitung 7.5.94

53 Aussage von Laure Wyss (Anm. 47)

54 »52 Beste Bücher« (Corina Caduff im Gespräch mit Laure Wyss, DRS 2) vom 2.10.94 / SonntagsZeitung 25.12.94

55 Elsbeth Pulver: Ohne Anbiederung, mit Respekt. Zum neuen Buch von Laure Wyss. Neue Zürcher Zeitung 1.12.94

56 Erika Wittwer: Ungeliebte Königin. Züri-Tip 7.10.94

57 Stefanie Haas: Geschichte. Königin Christina. Deutsche Tagespost 23.9.95

58 Tove Soiland: Eine Freidenkerin, die sich im engen lutheranischen Protestantismus nicht heimisch fühlt. Weggehen oder weitergehen? Zürichsee-Zeitung 18.3.95

59 Barbara Sommer: »Die Seele hat kein Geschlecht« – das Leben einer Pionierin. Heutige Frauen finden in Königin Christina von Schweden ein historisches Idol. Cash 18.11.94

60 Peter Meier: Keine feministische Ikone. Laure Wyss' Buch über die schwedische Königin Christina. Tages-Anzeiger 17.12.94

61 Elsbeth Pulver (Anm. 55)

62 Klaus Pezold u.a. (Hg.): Deutschsprachige Schweizer Literatur: 20. Jahrhundert. Berlin 1991

63 Zwischenzeilen. Schriftstellerinnen der deutschen Schweiz (Reihe DOSSIER der Schweizer Kulturstiftung/Literatur 4), Redaktion: Elsbeth Pulver und Sybille Dallach. Bern 1985. Elsbeth Pulver in der Einleitung, S. 13

64 Sigrid Weigel: Die Stimme der Medusa. Schreibweisen in der Gegenwartsliteratur von Frauen. Dülmen-Hiddingsel 1987, S. 110f.

65 I.T.: »Wir Frauen haben einen großen Nachholbedarf...«. Tages-Anzeiger 2.2.79

66 Laure Wyss: »Eine Schriftstellerin ist keine Hausfrau, die Bücher schreibt...«. Tages-Anzeiger-Magazin Nr. 3, 1980

67 Vgl. dazu Niklaus Schlienger: Im Alter frei für Radikales. Basler Zeitung 20.1.83

68 Ansprache von Laure Wyss im Zürcher Stadthaus: Frauen schreiben anders und lesen anders, 27.4.95

69 Siehe dazu die Rezensionen von Heinz Stierli und Peter Meier zu *Mutters Geburtstag* (Anm. 10)

70 Vgl. dazu u.a. das Gespräch mit Laure Wyss in der Frauenzeitschrift »Emma«: Clochard in Männerkleidern, Jan. 89

71 Nebelspalter zu *Mutters Geburtstag*, 30.1.79

72 Jörg Steiner: Zeilenfälle: Sehnsucht, Ferne, Zerstörung. Tages-Anzeiger 10./11.2.96

73 Aus der Begründung des Stiftungsrates, zitiert nach rei.: Phantasie und Zivilcourage. Tages-Anzeiger 9.11.93

74 SonntagsZeitung 25.12.94

75 »Literaturclub« (SF DRS) vom 22.11.94; »Vis à vis«: Laure Wyss zu Gast bei Frank A. Meyer (SF DRS), 25.8.94

76 Gret Heer: Frauenschicksal. Tages-Anzeiger 27.8.94

77 Laudatio von Adolf Muschg anläßlich der Verleihung des Max-Frisch-Werkjahres 1993 an Laure Wyss, 9.11.93. S. in diesem Band S. 161–169 (hier S. 161f. und 164)

78 Rede von Joseph Estermann anläßlich der Verleihung des Max-Frisch-Werkjahres 1993 an Laure Wyss, 9.11.93. S. in diesem Band S. 158–160 (hier S. 160)

79 Thomas Eidinger: »Im Alter wird man radikal.« Blick 19.6.93

TOBIAS KÄSTLI
Kindheit und Jugend in Biel

Nachdem sie ein Leben lang geschrieben hat, vorwiegend journalistische Texte, veröffentlicht Laure Wyss im Alter von 65 Jahren ihr erstes ›belletristisches‹ Werk: *Mutters Geburtstag* (1978). Im zweiten Kapitel dieses autobiographischen ›Berichts‹ fährt A. – dieses Kürzel steht für die Autorin selbst – von Biel hinauf nach Magglingen. Unten liegen der See und die Stadt, in der sie geboren ist, auf halber Höhe am Jurahang das Dorf Leubringen. A. setzt sich auf eine Bank beim Gasthaus »End der Welt« und sinniert: »Es war aber ihr Geheimnis, daß hier wirklich das Ende der Welt war, nämlich alles erreichbare Glück; man mußte hier ankommen, um in Vergangenem lesen zu können.« (S. 24)

Sie erinnert sich, und es formt sich eine Geschichte von einer Fahrt in die Fremde und einer Fahrt zurück in die Ursprungsfamilie. Das Haus, in dem sie mit ihren Eltern und ihrer Schwester gelebt hat, steht in Leubringen; zu diesem Haus ist sie hingefahren. Der Vater ist seit langem tot, die Mutter im Altersheim.

»Also A. war, zum erstenmal seit ihren Jugendjahren, am Ort gewesen, wo sich ihr Elternhaus befand. Sie stand am Gartentor, hielt die Stäbe umklammert und schaute auf das Bernerhaus, das ihr nun viel zu schmal vorkam für seine Höhe. Das Dach, das mehr vorgab, als es hielt, hatte sie schon früher geärgert. Das Gartenhäuschen wirkte schäbig, und zu kleinlich geraten waren ja auch damals die Einladungen, die dort abgehalten wurden, immer hatte es Krach gegeben, bevor die Gäste kamen, die Vorbereitungen waren für die Mutter immer eine Belastung gewesen, gereizt hatte sie uns Kinder und den Vater zur Hilfe angetrieben, nichts als Mühe habe man mit dem Haus, nur Last und Sorgen. Aber da war noch der Garten, in dem der

Vater gewerkelt hatte, der Vater, der so froh war, wenn man ihm half, die Hacke reichte, mit der Baumschere umging, das Laub zusammenrechte.« (S. 24f.)

Da ist fast alles enthalten, was Laure Wyss ihr Leben lang umtrieb, hinaustrieb in die Welt, ins Neuland, und sie doch nie ganz losließ: das zu enge Elternhaus, dem es zu entfliehen galt, die gereizte Mutter, die nicht auszuhalten war, der stille Vater, dem man gerne half, der aber nie das erhoffte Machtwort sprach, das erlösende Wort, durch das Mutters Gejammer auf immer verscheucht worden wäre. Sie war weggelaufen aus Biel, nach Paris zuerst, dann nach Zürich, in ein eheliches Verhältnis nach Stockholm, zurück nach Zürich, wo sie nun seit fünfzig Jahren wohnt. Immer wieder, aber jeweils nur für kurze Zeit, oft nur für ein paar Stunden, ist sie nach Biel gefahren, manchmal nach Magglingen, wo die Schwester ein vom Vater ererbtes Ferienhaus besaß. Die Mutter ist 1978 im Alter von 94 Jahren gestorben.

Die Schwester Hilde ist meine Mutter, Laure also meine Tante, eine nahe Tante und Patin, die sich immer für mich interessiert hat, die mich als schreibende Frau in meinen eigenen Schreibversuchen unterstützt hat. An einem windig-regnerischen Tag Anfang November 1995 sitze ich in ihrer Stube an der Winkelwiese mit Blick auf die mächtige Buche im Garten und frage nach Leuten und Ereignissen, die mir schon lange bekannt sind, über die ich aber noch Genaueres wissen möchte, um diesen Text schreiben zu können. Unprätentiös gibt sie Auskunft. Sie versucht nicht, Dinge in ihre Jugend hineinzugeheimnissen, die nicht vorhanden waren, sie will nicht so tun, wie wenn sie immer schon zum Schreiben prädestiniert gewesen wäre. Aus Not habe sie geschrieben, um Geld zu verdienen. Nichts sonst. Sie war nicht eine früh Berufene, sie war nicht einmal eine Tagebuchschreiberin. Oder vielleicht schrieb sie einmal in ein Tagebuch, das sie aber längst fortgeworfen hat. Vieles hat sie verworfen und fortgeworfen in ihrem Leben, vieles hat sie verdrängt. Aber sehr vieles ist auch haftengeblieben in ihrem Gedächtnis, ist noch so frisch, wie wenn es eben gewesen wäre. Sie ist keine alte, abgeklärte Frau, sondern emotionell und umhergetrieben wie eh und je. Sie hat Rechenschaft abgelegt in ihren Büchern, ihre Persönlichkeit mit allen ihren Widersprüchen tritt klar zu Tage, obwohl sie eigentlich schüchtern ist. Sie hat keine exhibitionistischen Züge, eher das Gegenteil. Aber sie ist präzis in ihren Äußerungen. Sie beschönigt nicht, und deshalb erkennen sich so viele Leserinnen und Leser in ihren Romanen wieder; sie denken, Laure Wyss ist eine von uns, sie schreibt eigentlich über uns und über mich.

Nicht über ihr Schreiben habe ich mich hier auszulassen, sondern über ihre Jugend in Biel, die prägend war für ihre Persönlichkeit und für ihr späteres Schreiben. Biel ist für sie die Familie, das Schöne und das Schwierige der Jugendzeit, die sie hinter sich gelassen hat und doch mit sich herumträgt, mit der sie nie ganz fertig geworden ist. Bis heute ist sie nur halb versöhnt mit Biel; die Verletzungen sind noch da. Sie ist dankbar, ihre Bleibe in Zürich gefunden zu haben; Biel ist zu klein, zu eng. Und doch liebt sie Biel, denn dort war sie Kind. Ein aufgewecktes, hübsches und lustiges Kind muß sie gewesen sein; das bezeugt auch die um zwei Jahre ältere Schwester. Kinder wollen lieben und geliebt werden, sie wollen nichts als Liebe erfahren. Aber Laures Mutter war keine liebevoll Zärtliche, eher eine Zänkische. Sie war eine schlanke, große Frau, die sich elegant zu kleiden wußte, die viele Talente hatte, aber nur wenige und diese nur halbherzig nutzte. Dabei wurde sie unzufrieden, eifersüchtig auf ihren Mann und ihre Töchter. Sie liebte ihren Mann und machte ihn vor den Töchtern schlecht. Der Mann aber sagte, man solle doch um Himmels willen die Mutter schonen, denn sie sei von schwacher Gesundheit. Man hätte rebellieren müssen gegen die Mutter, aber man durfte nicht. War das nicht zum Davonlaufen?

Das Bedürfnis zum Davonlaufen wurde erst am Ende der Jugendzeit übermächtig. Das kleine Kind bewegte sich selbstverständlich im Schoße der Familie, wo es sich manchmal wohl, manchmal weniger wohl fühlte. Das Zuhause war anfangs eine Wohnung an der Dufourstraße in Biel, über dem Postbüro im dritten Stock. Wenn Laure Wyss heute an Biel und an ihre Jugend denkt, kommt ihr zunächst nicht diese Wohnung in den Sinn, sondern die Laube im großelterlichen Haus an der Seevorstadt. In dieser Laube stand die Großmutter, eine kleine, schwarzgekleidete Frau, rasch und energisch in ihren Bewegungen und in ihren Worten. Sie stammte aus der Twanner Weinbauernfamilie Krebs, war aufgewachsen auf dem herrschaftlichen Rebgut Engelberg am Bielersee. Von der vergangenen Herrlichkeit zeugte noch das Silberbesteck und manches schöne Einzelstück im Haushalt. Großvater Jakob Wyss, ebenfalls schwarz gekleidet, groß und furchteinflößend, erwies sich bald als liebenswerter Mann, der den beiden Enkeltöchtern eine Puppenstube und einen Krämerladen schreinerte. Neben dem Bild der Großeltern Wyss verblaßt dasjenige der Großeltern mütterlicherseits, Carl und Verena Uhlmann. Sie wohnten an der Bahnhofstraße, direkt über dem Lokal, in dem die Großmutter einen Epicerie-, Mercerie- und Bonneterie-Laden betrieben hatte. Der Großvater hatte eine Agentur der Schweizerischen Mobiliarversicherung betreut. Die enge Wohnung an der Bahnhofstraße war weniger anziehend als das große Haus an der Seevorstadt.

Biel, das ist die Erinnerung an die Familie, an die Schule, an die nahen, alltäglichen Dinge. Wie die Stadt aussah, durch welche Straßen ein Tram fuhr und ob sie das Tram benutzte, daran kann sich Laure Wyss nicht erinnern. Sie erinnert sich auch nicht, ob und wie sie wichtige Ereignisse wahrnahm. Einmal war eine Aufregung gewesen, das weiß sie noch. Der Vater sei nach Hause gekommen und habe gesagt, ein »Kanönli« liege in der Schüss. Es war in den Hungerjahren am Ende des Ersten

Weltkriegs, als die sozialistische Jugend und ein Teil der Arbeiterschaft rebellierte und Steine warf. Polizei, Feuerwehr und Militär schritten ein; es gab viele Verletzte und einen Toten. Aber das alles hat sie erst später nachgelesen und dabei erfahren, daß das »Kanönli« in Wirklichkeit ein Schlauchwagen der Feuerwehr war. Als kleines Kind und dann als Schulmädchen wußte sie nichts von den wirtschaftlichen, sozialen und politischen Verhältnissen in Biel, obwohl ihr Vater in der freisinnigen Partei eine wichtige Rolle spielte und lange im Stadtparlament saß. Er erzählte nichts zu Hause; auch von seiner Arbeit als Notar nicht. Er war still und bescheiden, überließ der Mutter das häusliche Regiment.

Laure hätte gerne mehr vom Vater gehabt. Es sei schön gewesen, ihm auf den Knien zu sitzen und dem Ticken seiner goldenen Taschenuhr zu lauschen. Der Vater war zärtlich, er belohnte die Zutraulichkeit des Kindes. Die Mutter aber wirkte auf das kleine Kind irritierend, spitz und manchmal beinahe abstoßend. Einmal, beim Schlitteln auf den Ilfingenmatten, war der Vater mit Hilde voraus, die Mutter mit Laure an zweiter Stelle. Die Mutter streckte die Beine nach vorn und bremste ängstlich mit den Absätzen, so daß der Schnee der kleinen Laure ins Gesicht wirbelte, während der Vater seinen Schlitten mit sicherer Ruhe und ohne Schneegewirbel zu Tal lenkte. Laure sah es und wünschte sich, beim Vater auf dem Schlitten zu sitzen.

Die schönsten Jugenderlebnisse waren die Wanderungen mit der Familie im Jura, vor allem auch, weil dabei der Vater der unbestrittene Anführer war und sich die Mutter fügte. Er, der sonst die Küche nicht betreten durfte, kümmerte sich um das Picknick, packte den Rucksack, und es gab keinen Streit. Der Vater war der Held, der alle Wege kannte, der mit gleichmäßigem Schritt voranging. Auf solchen Wanderungen stellten sich die seltenen Momente familiärer Harmonie ein. Die Mutter war zufrieden, und der Vater kam aus sich heraus und war seiner Frau und den Töchtern nahe.

Wenn die 83jährige Laure Wyss aus ihrer Jugendzeit erzählt, entsteht der Eindruck, sie habe als Kind unter einem Frauenregiment gelitten und hätte lieber ein Männerregiment gehabt; der Vater hätte sich stärker einmischen sollen. Der Vater ist die positive Figur, mit der Mutter hadert sie immer noch. Natürlich sieht sie heute Gründe für die Macken ihrer Mutter, aber der Ärger darüber ist deswegen nicht weg. »Die Mutter jammerte über die Belastungen, denen sie ausgesetzt sei; dabei hatte sie nur einen kleinen Haushalt in einer bequemen Stadtwohnung zu bewältigen, und die halbe Zeit half ihr noch ein Dienstmädchen. In andern Familien war es ähnlich. Diese Berner Hausfrauen hätte man alle nach Sibirien schicken sollen, dort hätten sie zeigen können, was in ihnen steckt. Diesen gut situierten Frauen in der Stadt fehlte der Bauernhof, sie waren unterfordert und entwickelten alle möglichen Ängste. Bei meiner Mutter war es grauenhaft, und der Vater unterstützte es noch. Er sagte uns, wir müßten Sorge tragen zu unserer Mama, denn wir könnten ja nicht wissen, wie lange wir sie hätten. Wir mußten unsere Sorgen und Leiden verstecken, damit Mama nicht gestört würde. Sie spielte ihre Schwäche aus, jede Störung wurde zum Drama, an dem sie beinahe umkam. Aber sie wurde dann 94 Jahre alt. Nie hat ihr jemand gesagt, im Grunde sei sie eine Starke. Sie kam sich als die Unterdrückte vor, dabei unterdrückte sie die andern.« Man habe die Mutter falsch behandelt, ihr keinen Widerstand entgegengesetzt und einfach aufgehört, sich ihr anzuvertrauen. Dadurch sei ihr Verhalten immer unerträglicher geworden. Erst ganz spät, kurz vor dem Tod der Mutter, gab es einen Moment, in dem sich alles änderte. In *Mutters Geburtstag* schildert es Laure Wyss so:

»Ich war nach einer anstrengenden Fahrt zu meiner Mutter ins Heim gekommen und hatte, wohl zum ersten Mal – es tut mir leid Mama, daß es erst dann passierte – meine Erschöpfung und Schwäche zugegeben. Die alte Frau forderte mich energisch auf, zunächst nun auf ihr Bett abzuliegen, mich auszuruhen. Ich gab nach, und aus irgendeinem Grund rannen mir Tränen aus den Augen. Ob es meine Mutter sah oder nicht, weiß ich nicht, jedenfalls saß sie ruhig im Stuhl neben mir und strickte. Nur als jemand hereinkam und zum Tee rief, wehrte meine Mutter energisch ab und sagte: ›Jetz nid, göht use, my Tochter mues leue‹ und fügte hinzu: ›Sie hets drum sträng gha.‹ Und ich hörte so etwas wie Stolz aus ihrer Stimme. Und da war ich stolz auf meine Mutter und hatte sie gern.« (S. 149)

Die Mutter war für Laure Wyss ein problematisches Vorbild. Gab es andere Frauen in ihrer Jugend, die ihr ein positiveres Frauenbild vermittelten? Die Lehrerinnen? Die Erstklaßlehrerin, Fräulein Leuenberger, trug eine schwarze Schürze und bezichtigte Laure der Lüge, wo sie die Wahrheit gesagt hatte. Keine vertrauenerweckende Figur. Später in der Sekundarschule gab es eine junge Frau, die schön und bewundernswert war. Die Erinnerung an sie ist längst verblaßt. Am Gymnasium waren nur männliche Lehrer. Einmal eine Stellvertreterin, die sich um Laure bemühte, in einer distanzlosen Art, die auch kein Vertrauen einflößte. Und die zwei Jahre ältere Schwester Hilde? »Sie war nach meinem Gefühl wesentlich älter«, sagt Laure. »Immer war sie die Klügere. Ich glaubte, sie wisse alles, und erwartete es auch von ihr. Einmal fragte ich sie, wer der größere Dichter gewesen sei, Schiller oder Goethe. Da wußte sie keine Antwort, und ich war enttäuscht.« – Die Schwester war in gewisser Weise ein Vorbild, aber sie hatte immer einen uneinholbaren Vorsprung. Sie war einfach klüger, und da mußte Laure sich darauf beschränken, die lustigere zu sein, diejenige, die auf der Wanderung am ersten August einen Felsblock bestieg und der Familie eine ironisch-patriotische Ansprache hielt. Dabei war auch Laure gut in der Schule, sie erhielt sogar Anerkennung, aber das wollte sie gar nicht; sie weigerte sich, Anerkennung anzunehmen, wollte nichts Besonderes sein. Als der Vater entschied, sie müsse das Gymnasium besuchen, fand sie allerdings keinen Einwand dagegen. Mit 13 Jahren, also im Jahr

1926, trat sie in die Sexta des städtischen Gymnasiums ein, in die Schule, deren Gründer und erster Rektor ihr Großvater Jakob Wyss gewesen war. Jetzt hatte sie sogar für kurze Zeit einen Vorsprung auf die Schwester, denn diese ging weiterhin in die Sekundarschule, langweilte sich dort aber dermaßen, daß der Vater auch sie aufs Gymnasium schickte.

Während Hilde in der Schule sehr fleißig war und gute Noten erhielt, trieb Laure immer auch ein wenig Allotria. In der Sexta gehörte sie zu den sechs Mädchen, die in ihrer Entwicklung den 28 Jungen voraus waren; sie war die Anführerin. Der Geographielehrer Antenen hatte einen Sprachfehler, verwechselte die Konsonanten, und die Klasse rief ihm nach: »Oh Dannenpaum, oh Dannenpaum, wie grün sind teine Pläder.« Weil Laure besonders vorlaut war, ging Herr Antenen auf sie los und langte ihr eine Ohrfeige. Das empfand sie nicht als besonders schlimm, weil sie selbst das Gefühl hatte, ihre Frechheit habe eine Bestrafung verdient. Körperstrafe war aber an der Schule verboten, und die Sache hatte ein Nachspiel, so daß am Ende Herr Antenen schlecht dastand. Ein andermal – da war sie schon in der Tertia, also im Obergymnasium – war sie mit andern am Klausenfest gewesen und hatte sich wieder laut und übermütig benommen. Sie wurde von Rektor Fischer aufs Büro zitiert, und sie erzählte ihm, was passiert sei, gab alles zu. Da merkte sie, daß ihr der Rektor nicht glaubte, und damit war er für sie erledigt. Der gleiche Gedanke wie seinerzeit bei Fräulein Leuenberger: ein erwachsener Mensch muß merken, wann jemand die Wahrheit sagt und wann nicht. Es kam aber noch etwas viel Gravierenderes dazu; der Rektor sagte ihr nämlich, eine Tochter von Notar Wyss und Enkelin von Rektor Wyss tue so etwas nicht. Noch heute ist Laure empört, wenn sie diese Episode erzählt. »Das fand ich grauenhaft: behaftet werden auf den Verdiensten des Vaters und des Großvaters.«

Im ganzen war die Gymnasiumszeit für Laure aber doch eine gute Zeit. Der Vater hatte in Leubringen ein Einfamilienhaus bauen lassen, und von dort aus gingen die beiden Schwestern Wyss jeden Tag durch den Wald nach Biel hinunter ins Gymnasium an der Alpenstraße. In Laures Klasse gab es Jugendliche aus den umliegenden Dörfern, auch Welsche, Juden, Katholiken. Als Norm galt der Akademikersohn aus protestantischer Deutschbielerfamilie; die andern gehörten alle zu einer Minderheit. Laure fühlte, daß die Angehörigen der Minderheiten beim Rektor weniger zählten, und sie solidarisierte sich mit ihnen, fühlte sich wohl mit den Welschen, dem jüdischen Uhrmachersohn, mit den Jungen aus den Dörfern.

Aus der Twanner Verwandtschaft gab es eine Kusine Lina Engel, die mit dem Kunstmaler Otto Clénin verheiratet war. Sie war Schneiderin und Weinbäuerin. Laure fuhr gerne zu Liny nach Twann, vor allem ›im Leset‹, also im Herbst, wenn die Trauben abgelesen und durch die Holzmühle in die großen Zuber hineingemostet wurden. Liny hatte einen Bruder, den Hansi, unverheiratet und mit einem Hang zu übermäßigem Weintrinken. »Die Mutter sagte einmal, man müsse sich genieren, einen solchen in der Verwandtschaft zu haben«, erzählt Laure Wyss. »Es hat mich aufgebracht, wie sie diesen Menschen verachtete und wie sie immer alles heraussuchte, was geeignet war, die Wyss-Verwandtschaft herunterzumachen. Für mich aber war es etwas vom Schönsten, in Twann zu sein, in dieser Reblandschaft am See, und den eigenartigen Geruch aus den Weinfässern wahrzunehmen.«

Laure war gerne mit einfachen Leuten zusammen, die für sie sozusagen das heitere Gegenbild zu ihrer komplizierten Mutter darstellten. Sie solidarisierte sich mit denjenigen, welche ihre Mutter zu verachten schien. Zum Beispiel mochte sie den Sahli gerne. Sie sah ihn einmal auf einer Jurawanderung, wie er über die Weide rannte und rhythmisch fauchte wie eine Dampflokomotive. Er genoß dieses Spiel wie ein Kind, obwohl er schon erwachsen war; er war in seiner geistigen Entwicklung zurückgeblieben. Er rührte etwas an in Laure, und sie hoffte auf den Jurawanderungen immer, den Sahli anzutreffen. Auch über Sahli mochte die Mutter eine abfällige Bemerkung gemacht haben, wodurch Laures Sympathie für ihn nur um so stärker war. Heute weiß Laure, daß ihre Mutter eigentlich auch diese Sympathie zu den einfachen Leuten hatte, was sich später zeigte, als sie in die Alters- und Pflegeheime ging und genau solche Leute besuchte. Aber damals glaubte sie wohl noch, sie müsse ihren gutbürgerlichen Status unter Beweis stellen. Denn sie war kleinbürgerlicher Herkunft, während die Wyss-Seite eben zum Bildungsbürgertum gehörte.

Was las Laure in der Schule und in der Freizeit? Als Kind las sie, was alle lasen: Johanna Spyris *Heidi*, Hector Malots *Heimatlos*. Später in der Schule kamen die Klassiker dran; sie liebte die Gedichte von Goethe. »Hast du's nicht alles selbst vollendet, heilig glühend Herz ...« Thomas Mann wurde am Gymnasium nicht gelesen; sie las die *Buddenbrooks* zu Hause. Als Thomas Mann in Bern aus seinem Werk vorlas, wollte Laure hinfahren, aber die Mutter verhinderte es. Ein Klassenkamerad gab ihr André Gide zu lesen. Das war für sie die geistige Nahrung, die sie brauchte; da schien einer sich mit Leichtigkeit über Konventionen hinwegzusetzen, Neues zu denken. Der Musiklehrer machte sie mit Brecht bekannt. Im übrigen bot die Schule nicht viel Anregung; von Politik war nie die Rede. Dabei war es eine spannende und spannungsvolle Zeit: Gründung des Völkerbunds, »Nie wieder Krieg«, Friede und Fortschritt, daneben heftiger Klassenkampf, aber auch heftige Auseinandersetzung zwischen Sozialdemokraten und Kommunisten. In Biel regierte eine rote Mehrheit, Laures Vater politisierte als Freisinniger im Rahmen der bürgerlichen Opposition. Die Tochter interessierte sich nicht dafür, und weder in der Familie noch in der Schule war davon die Rede. Der Vater betrieb die Politik beinahe heimlich, wie etwas Verbotenes. Es war, wie wenn dem Bürgertum die Politik abhanden gekommen wäre, gestohlen von »den Roten«, über die sich die Mutter nur nebenbei und abschätzig äußerte. Die Roten machten aus dem kleinen bernischen Landstädtchen Biel eine moderne Industriestadt. Sie beschäftigten einen Stadtbaumeister, der Planungsvorschriften erließ und Überbauungen im Stil des Neuen Bauens ermöglichte. Das ganze Bahnhofquartier wurde in den zwanziger und dreißiger Jahren neu gebaut. Die Bevölkerung wuchs nicht mehr so schnell wie in der zweiten Hälfte des 19. Jahrhunderts, nahm aber stetig zu; 1913, im Geburtsjahr von Laure Wyss, hatten 33'000 Personen in Biel gelebt, zwanzig Jahre später waren es 38'000, also immerhin 15 Prozent mehr. Die Neustadt hatte ihr Gesicht verändert. Laure erinnert sich nicht, wie es geschah; die Veränderungen gingen wie hinter einem Schleier an ihr vorbei. Auch an die sozialen Veränderungen und die 1929 einsetzende Krise in der Uhrenindustrie erinnert sie sich nicht, weiß von keinen Manifestationen der Arbeiterschaft, von keinen Streiks und Erstmaiumzügen. Was sie besonders ärgert: auch vom Milchkrieg der Bieler Frauen hatte sie keine Ahnung. 1988 gab ich ihr meine eben publizierte Arbeit über das Rote Biel zu lesen. Sie verfaßte daraufhin einen zweiseitigen Artikel für die »WochenZeitung«. Als Gymnasiastin in Biel sei sie sich revolutionär vorgekommen, weil sie André Gide gelesen habe, schrieb sie selbstanklägerisch, »und hatte dabei von nichts, gar nichts eine Ahnung, sah, hörte nichts von dem, was in der Stadt passierte, damals. Zum Beispiel dem Milchkrieg der Frauen. Dieser Milchkrieg entfaltete, so lese ich auf Seite 91 des vorliegenden Geschichtsbuches und laufe rot und röter im Gesicht an, eine große öffentliche Wirkung und hielt ›während Wochen und Monaten die Stadt im Atem‹. Dieser Atem hat mich nie gestreift.« [1]

Die Milchhändler waren nicht mehr bereit, die Milch in die Häuser zu bringen. Es war Krisenzeit, viele Männer arbeitslos, die Frauen sorgten für das Einkommen, gingen als billige Arbeitskräfte in die Uhrenfabriken, und dann sollten sie noch die

Milch holen oder einen Mehrpreis zahlen für die Hauslieferung. Eine Protestbewegung entstand, 800 Bielerinnen drängten sich im Rathaussaal zusammen. Die Frauen propagierten den Boykott gegen sämtliche Milchprodukte, bis die Milchhändler einlenkten und die Hauslieferung wieder aufnahmen. Laure Wyss referiert in ihrem WoZ-Artikel den Ablauf des Milchstreiks und fragt sich, warum sie damals nichts davon wußte. Sie wohnte in Leubringen, war nicht unmittelbar am Ort des Geschehens. Aber: »Las ich denn keine Zeitung, damals? In der Sekunda, in der Prima und der Oberprima? Oder die falsche? Der ›Bund‹ lag so herum und auch das ›Bieler Tagblatt‹, das waren rechtsgerichtete Zeitungen, und ich las nicht einmal die. Von der ›Seeländer Volksstimme‹, dem linken Blatt, hatte die Achtzehnjährige keine Ahnung.«[2]

Es gab Tabus: Über Politik wurde im Familienkreis nicht gesprochen, über Krebs wurde nicht gesprochen, über Geld und Sexualität wurde nicht gesprochen. Als Laure zum ersten Mal menstruierte, rief sie die Mutter zu Hilfe, und die befahl ihr, die verschmutzte Wäsche sofort in die Waschküche zu tragen; dann gab sie ihr Binden. Weiter wurde darüber nicht gesprochen. Auch über die Beziehung zum andern Geschlecht wurde nicht gesprochen. Laure findet, in dieser Hinsicht habe sie trotzdem nie besondere Probleme gehabt; ihr sei das Glück beschieden gewesen, immer leicht den Kontakt zu andern Menschen zu finden. In der Sekundarschule waren die Klassen nach Geschlechtern getrennt. Es war ein Vorteil, ins Gymnasium zu dürfen, wo die Jungen in der gleichen Klasse saßen: »Die Sekmädchen bewunderten die jungen Gymeler wie höhere Wesen. Wir Gymnasiastinnen hatten da ein natürlicheres Verhältnis, weil wir auch die Schwächen der Jungen sahen. Man schliff sich aneinander ab, und das war gut so. Später wurden wir Mädchen dann von den Jungen verehrt, aber das spielte sich nur im Verborgenen ab oder kam höchstens in der Tanzstunde ein wenig zum Ausdruck.« Für sie war es genierlich, daß sie größer war als die meisten Jungen. Sie tanzte aber gerne, bedauerte es, daß es außer in der Tanzstunde kaum Gelegenheit dazu gab. Die Gymeler gingen nicht in die Stadt, besuchten weder Kneipen noch Tanzlokale; ihre Freizeit verbrachten sie unter sich, die Jungen zum Teil im Rahmen der Mittelschulverbindung Gymnasia; davon waren die Mädchen ausgeschlossen. Nur zum jährlichen Gymnasiaball wurden sie eingeladen. Insgesamt konstatiert Laure Wyss rückblickend auf ihre Gymnasiumszeit:»Wir hatten eine kleine Welt für uns, gleichsam eine Welt unter der Käseglocke.«

Im Sommer 1932 bestand sie die Maturitätsprüfung. Ihre Schwester studierte damals schon an der Universität Bern Germanistik und Anglistik, schloß später, nach Studienaufenthalten in Deutschland und England, mit dem Doktorat ab, wurde Journalistin beim Evangelischen Pressedienst, dann Hausfrau und Mutter. Laure war nicht sicher, ob sie überhaupt studieren solle. Zunächst wollte sie einfach weg. Sie hoffte auf eine Stelle als Au-Pair-Mädchen in Tunis, sah sich schon am Mittelmeerstrand liegen. Mit Hilfe von Liny in Twann schneiderte sie sich rote Shorts und ein Oberteil. Aber die Pläne mit Tunis zerschlugen sich. Da organisierte sie sich einen Aufenthalt in Paris, und jetzt zerbrach die Käseglocke; die Welt stürzte auf sie ein.

1 Laure Wyss: Mein Biel? Eine Korrektur. In: WoZ 21.10.88
2 Ebd.

67

Richtige Sprache kann etwas bewirken

Prägende Erfahrungen der 30er und frühen 40er Jahre
Ein Gespräch mit Laure Wyss

Lothar Baier: *Laure, du hast dich sehr jung schon im Ausland umgesehen, hast in Paris und in Berlin studiert, bevor du für einige Jahre nach Schweden gezogen bist. Was hat dich damals hinausgetrieben?*

Laure Wyss: Ich habe 1932 Abitur gemacht und wollte unbedingt weg. Im Gymnasium, mußt du dir vorstellen, war ich recht behütet. Mein Vater ist zwar Politiker gewesen, ein bernischer Notar und bernischer Großrat, Freisinnige Partei, aber die Politik ist damals nicht ins Haus gedrungen, die Männer haben das außerhalb des Hauses abgemacht. Ich habe erst hinterher erfahren, daß mein Vater in der Stadtregierung in Biel in der Opposition war. Wir hatten die erste sozialdemokratische Stadtregierung in der Schweiz. Aber die Politik kam nicht ins Haus. Es gab damals einen Milchstreik, die Frauen haben das Parlament in Biel gestürmt und gedroht, daß sie keine Milch mehr kaufen, bis sie ihnen wieder geliefert wird, das war eine großartige Tat, aber das habe ich als Gymnasiastin damals gar nicht mitbekommen, ich las davon erst viel später. Man ist doch sehr befangen in seinem kleinen Umkreis.

Im Oktober 1932 habe ich mich an der Sorbonne in Paris immatrikuliert. Ich habe dort vor allem Sprache und Literatur studiert. In der Bieler Gymizeit kam man in der Literatur nicht weiter als bis zu Racine und Corneille, doch von einem Freund bekam ich einmal die *Nourritures terrestres* geliehen und war von André Gide begeistert. Das einzig Politische in der Schule, an das ich mich erinnere, war eine Aufführung von Brechts *Ja-*

sager mit der Musik von Weill, und als ich später in Paris in eine Aufführung des *Jasagers* ging, habe ich dort von weitem Gide gesehen und bin dabei fast ohnmächtig geworden. Das Studium selbst war etwas mager. Am Institut Phonétique habe ich Sprachkurse belegt und am Ende auch ein Zertifikat für die Aussprache bekommen. In Paris wohnte ich bei Weißrussen, bei denen einmal auch ein kommunistischer Russe zu Gast war, einen chinesischen Arzt habe ich dort kennengelernt, auch eine deutsche Studentin. Beim Umgang mit ihr ahnte man schon, daß da große Veränderungen kommen. Als ich nach Hause zurückkehrte, mußte ich mit meinem Vater verhandeln, der wünschte, daß ich Jus studiere, damit sein Notariat einen Nachfolger erhält. Ein halbes Jahr habe ich im Notariat gearbeitet und habe dann ab Herbst 1933 in Zürich zwei Semester Philologie studiert. Im Wintersemester 1934/35 bin ich nach Berlin gekommen.

Lothar Baier: *War es dein ausdrücklicher Wunsch, nach Berlin zu gehen?*

Laure Wyss: An der Uni habe ich mich eigentlich immer sehr gelangweilt, ich fand, da passierte nichts, was mich wirklich interessierte. Weil ich schon in Paris gewesen war, wollte ich auch die Hauptstadt der anderen großen Macht kennenlernen. Ich kannte Deutschland ja kaum. Auf der Hinfahrt bin ich über Nacht in Frankfurt geblieben, und davon habe ich einen unvergeßlichen Eindruck zurückbehalten: gegen zehn Uhr abends kamen Kolonnen von SA oder Arbeitsdienst in die Stadt marschiert und haben dabei diese Lieder gesungen. Ich bin furchtbar erschrocken und hatte auf einmal das sichere Gefühl, es kommt zum Krieg. Ich interessierte mich dann wirklich für den Nationalsozialismus in Deutschland und für das, was man dagegen tun könnte. In Berlin studierte ich an der Humboldt-Universität. Als Schweizer Studenten waren wir in einer sehr privilegierten Lage. Zusammen mit einer Freundin wohnte ich in Untermiete bei einer jüdischen Frau, die an deutsche Studenten keine Zimmer mehr vermieten durfte. Ich ging oft in Konzerte, in der Philharmonie gab es billige Plätze für Studenten hinter dem Orchester, da sah man dann Furtwängler von vorne beim Dirigieren zu. Einmal kam Hitler ins Konzert, das zu erleben war für mich eindrücklich: alle standen auf und hoben den Arm, doch als Schweizer Studenten konnten wir uns leisten, den Arm nicht zu heben.

Durch die Musikszene habe ich dann die Cembalistin Sylvia Kind kennengelernt, eine Schweizerin, Schülerin des Pianisten Edwin Fischer, und durch sie wurde ich auf verschiedenes aufmerksam gemacht. Zum Beispiel gab es ein Hindemith-Konzert in der Musikakademie, das war bereits verbotene Musik, wir sind hingegangen und haben zwei Stunden lang geklatscht. Das war zwar primitiv, hat aber gutgetan. Ich wollte einmal das berühmte Klinger-Quartett hören und erfuhr von Sylvia Kind, daß der Cellist mit Namen Silberstein nicht mehr auftreten durfte. Daraufhin habe ich mir von meinem mageren Studentengeld ein Cello gekauft und Stunden bei Silberstein genommen.

Lothar Baier: *Das Jahr 1933 selbst hast du in Zürich erlebt. 1933 sind ja viele Leute aus Deutschland in die Schweiz und vor allem nach Zürich geflüchtet, unter ihnen Else Lasker-Schüler, die von den Nazis verfolgt und mißhandelt worden war. Ist die Ankunft dieser Emigranten damals als ein besonderes Ereignis wahrgenommen worden?*

Laure Wyss: Überhaupt nicht. Ich jedenfalls hatte keine Kenntnis davon. Daß das neue Regime in Deutschland etwas Unrichtiges war, das war in meiner Familie und in meiner Umgebung klar. Etwas Gefährliches, vor dem man sich hüten muß. Ich war aber nirgendwo organisiert, und als Mädchen wurde man sowieso nicht ernst genommen.

Lothar Baier: *Meine Fragen sind natürlich retrospektiv gestellte Fragen. Im Rückblick erscheinen die zwölf Jahre des Nationalsozialismus in Deutschland leicht wie ein geschlossener Zeitblock, von dem man sich dann vorstellt, daß er so auch von der anderen Seite, vom Jahr 1933 aus, wahrgenommen worden sein muß.*

Laure Wyss: Das ist völlig irrig. So hat es nicht angefangen. Ich weiß nur noch, daß später einmal, als ich schon aus dem Haus war, meine Mutter ein Judenkind aufgenommen hat. Das war ganz selbstverständlich, darüber wurde überhaupt nicht diskutiert.

Lothar Baier: *Was hat man sich dabei gedacht, als dieses Kind aufgenommen wurde? Es war offensichtlich, daß dieses Kind verfolgt wird, weil es jüdisch ist. Welche Vorstellung hat man sich von dieser Verfolgung gemacht? Sah man darin die Wiederholung der Verfolgung, wie sie in Europa seit dem Mittelalter immer wieder die Juden traf, oder sah man darin etwas Neues, erkannte man den systematischen Charakter?*

Laure Wyss: Das glaube ich nicht. Soweit ging es nicht. Auch später nicht, ich habe es überhaupt nicht wahrgenommen. Erst durch die Beispiele, die mir begegnet sind, Herr Silberstein, der nicht mehr öffentlich Cello spielen darf, bin ich hellhörig geworden. Meine Freundin war eine Verehrerin von Elly Ney. Wir fuhren einmal nach Dresden, um ein Beethovenkonzert mit ihr zu hören. Es war der 1. März 1935, der Tag, an dem die Saar nach Deutschland zurückkehrte. Bevor Elly Ney in die Tasten griff, um Beethoven zu spielen, intonierte sie das Horst-Wessel-Lied, und die Konzertbesucher haben dazu gesungen! Stell dir das vor.

Ich sehe Elly Ney noch vor mir, wie sie aufsteht und sagt, das ist ein großer Tag für Deutschland. Und dann spielt sie das Horst-Wessel-Lied. Aber es gab auch ein anderes Verhalten. An der Humboldt-Universität hörte ich bei Romano Guardini, der über Hölderlin las. Ich bewunderte ihn sehr. Wir haben nun aufgepaßt, ob Guardini den Hitlergruß macht oder nicht. Die Tür, durch die er den Hörsaal betrat, war neben dem Katheder, und rechts davon war ein Haken, an dem er seinen Mantel aufhängte. Als er kam, streckte er die Hand aus, wie um den Haken zu suchen; diese Lösung des Problems fand ich sehr schlau. Danach las er über Hölderlin. Um diese Zeit kam ich in eine Familie hinein, die zu Niemöller* hielt. Wir zogen einmal nachts los, um Nachrichten in bestimmte ausgewählte Briefkästen zu werfen. Es ging um eine Kundgebung mit Niemöller. Sie fand in der Ausstellungshalle statt, es kamen Tausende von Leuten, die Halle war voll, außen war die Polizei. Niemöller sprach über die Aufgabe der Bekennenden Kirche. Später in Skandinavien habe ich mich wieder mit diesem Thema befaßt.

Lothar Baier: *Wie bist du mit diesen kirchlichen Kreisen in Berührung gekommen?*

Laure Wyss: Das war später, als ich schon in Schweden lebte. Es gab in der Schweiz einen Evangelischen Pressedienst, dessen Leiter Dr. Arthur Frey war. Frey hat mich sehr interessiert, ein kluger politischer Kopf, bekannt als Gegner des Nationalsozialismus. Er war eng mit Karl Barth** befreundet und hat die Barth-Dogmatik herausgegeben, er gehörte zur Partei der Demokraten und hatte von Hitler eine ganz klare Meinung.

Ganz zu Beginn des Dritten Reichs hat ihn jemand aus Deutschland besucht und ihm gesagt, er solle mit seinen anti-

---

* Martin Niemöller (1892–1984), deutscher protestantischer Theologe, gründete 1933 gegen die Nazifizierung der evangelischen Kirche den »Pfarrernotbund«, aus dem dann die oppositionelle »Bekennende Kirche« hervorging. KZ-Haft von 1938 bis 1945. Von 1947 bis 1964 war Niemöller Kirchenpräsident von Hessen und Nassau, seit 1961 einer der Präsidenten des Weltkirchenrates.
** Karl Barth (1886–1968), protestantischer Schweizer Reformtheologe, religiöser Sozialist. Professor in Münster und Bonn, nach 1933 Mitglied der »Bekennende Kirche«, 1935 von den Nationalsozialisten seines Amtes enthoben. Lehrte danach bis 1961 an der Universität Basel.

deutschen Artikeln ein bißchen vorsichtig sein, sonst komme er auch einmal dran; dann hat sich Frey, der zwar klein war, aber gut trainiert, von seinem Sitz erhoben, hat diesen Deutschen, wahrscheinlich irgendeinen Agenten, gepackt, über die Schulter geworfen, durch zwei Büros getragen und dann die Treppe hinuntergeworfen. Alle wurden bleich, aber Frey hat gesagt: der kommt nicht wieder. Das hat mir sehr imponiert. Als Dänemark und Norwegen von den Nazis besetzt wurden, stellte sich heraus, daß der Widerstand großenteils aus kirchlichen Kreisen kam, und Frey wollte wissen, wie das zu erklären war. Er vertrat die Theorie, daß evangelisch geprägte Länder weniger anfällig waren als katholisch geprägte, eben weil die katholische Kirche sehr hierarchisch aufgebaut ist. Nun sind gerade die evangelischen Kirchen in Skandinavien sehr lutherisch und ganz und gar hierarchisch organisiert, die Bischöfe regieren kraft Sukzession seit Petrus, die durch Handauflegen weitergegeben wird. Diese Bischöfe haben sich gegen die Besatzungsmacht ausgesprochen, der Bischof von Tromsö rief in seiner Kanzelabkündigung auf, sich gegen die Besatzer zur Wehr zu setzen. Arthur Frey hatte irgendwoher meine schwedische Adresse bekommen und mich aufgefordert, solche kirchlichen Dokumente, die auf geheimen Wegen nach Schweden gelangten, zu übersetzen und in die Schweiz zu bringen. Dieses Mannes wegen bin ich in den Journalismus gegangen. Im Glauben, daß man durch richtige Sprache etwas bewirken kann.

Lothar Baier: *Noch einmal zurück ins Jahr 1935. Du bist nach dem Berliner Semester erst einmal nach Zürich zurückgekehrt. Haben deine Erfahrungen im nationalsozialistischen Deutschland dein Verhältnis zur Gegenwart verändert?*

Laure Wyss: Als Person bin ich durch den Aufenthalt in Deutschland in größte Konflikte geraten. Ich habe mich in den Bruder meiner Freundin verliebt und er sich in mich. Der Vater dieser Familie Zietzschmann war ein Bauernbub aus Sachsen gewesen, er hatte Tiermedizin studiert und wurde schon mit 27 Jahren zum Professor an der Tierärztlichen Hochschule in Zürich berufen. Die Kinder wurden in Zürich geboren, wurden eine Art Überschweizer, naturalisierten sich. Der Vater nahm nun eines Tages einen Ruf nach Hannover an, sehr zum Leidwesen seiner Kinder. In diesem Haus verkehrte ich häufig, es war dort selbstverständlich, ganz anders als in meiner Familie, daß man in Konzerte geht und auch Geld dafür ausgibt. Eines Tages schlug Zietzschmann vor, eine Fahrt nach Weimar zu machen, mit seinem Auto, er war sehr modern. Als er dann in Hannover lehrte, mußte er in der Vorlesung auch den Hitlergruß machen, das hat mich in schwere Konflikte gebracht. Zietzschmann hatte durchaus seine Zweifel gegenüber Hitler gehabt, doch eines Tages sagte er – daran erinnere ich mich noch genau –, jetzt hat auch Hindenburg Hitler anerkannt, für Leute wie ihn war Hindenburg eine Autorität. Was für ein Wahnsinn. Einmal ging ich mit einem Studenten in eine Versammlung der KP, aber das war es auch nicht. Ich war dann allerdings entsetzt, als viele Schweizer 1936 zur Olympiade nach Berlin fuhren und sich dort beeindrucken ließen.

Lothar Baier: *Von solchen Erfahrungen, wie du sie in Nazideutschland gemacht hast, ist selten etwas zu hören. Ich denke an Jean-Paul Sartre: Er war das ganze Jahr 1933 in Berlin, im Französischen Institut, las hauptsächlich Husserl und nahm dabei überhaupt nicht wahr, was für eine Katastrophe sich gleichzeitig in Deutschland anbahnte.*

Laure Wyss: Das eben beschäftigt mich: wenn etwas im Gange ist, nimmt man offenbar nur Details wahr. Ich wußte nicht viel von den politischen Vorgängen, aber dieses Hitlergesicht und diese Uniform, das fand ich so entsetzlich. Das Empfinden war jedoch zutiefst unpolitisch.

Lothar Baier: *Wie es ist dann zu deinem Umzug nach Schweden gekommen?*

Laure Wyss: Der Mann, den ich nach Abschluß meines Lehrerexamens geheiratet habe, hatte als schweizerisch diplomierter Architekt eine Stelle in Stockholm angetreten. Das war 1937. In Stockholm bin ich irgendwie neu auf die Welt gekommen. Ende 1939 brach der Winterkrieg der Sowjetunion mit Finnland aus. Für Schweden, ein Land, das seit Jahrhunderten keinen Krieg gekannt hat, war dieser Krieg in der Nachbarschaft ein großes Ereignis. Freiwilligenkorps gingen nach Finnland, und wir haben alle mit groben Nadeln Leibchen gestrickt für die finnischen Soldaten. Ein Aufwachen ging durch Schweden. In Schweden ist mir vieles klarer geworden, weil ich dort viele Emigranten kennenlernte. Zum Teil waren es deutsche Kommunisten gewesen, die vor Hitler in die Sowjetunion geflohen waren. Einer, Werner Taesler, hatte als Architekt in Sibirien gearbeitet, hatte große Aufträge beim Aufbau von Novosibirsk; nach den Kirow-Prozessen hat Stalin solchen Leuten, aus Furcht vor einer Fünften Kolonne, den Prozeß wegen Trotzkismus angedroht. Diese Leute sind dann eines Tages ohne Papiere nach Schweden geflüchtet. Unter ihnen hatte ich einige Freunde. Aus Deutschland vertrieben, aus der Sowjetunion hinausgeschmissen, Angehörige im Gefängnis, keine Papiere – sie waren in einer verzweifelten Lage. Darüber sind mir die Augen aufgegangen. Dazu kamen die jüdischen Emigranten.

Mit meinem Ehemann kam es bald zu ernsten Konflikten: Er war ein guter Architekt und sicher ein ebensoguter Pianist, ein gesuchter Begleiter. Er war sehr gefragt bei Kammermusik-Ensembles. Einmal hat er auch auf der deutschen Botschaft gespielt, das war für ihn kein Problem, aber für mich. Die Ehe ist dann auseinandergegangen.

Lothar Baier: *Dein Mann hat sich demnach nicht als Emigrant verstanden, sondern als vorübergehend im Ausland lebender Schweizer?*

Laure Wyss: So war es. Er war irgendwie naiv, Beethoven bedeutete ihm viel mehr als Hitler. Solange man noch Beethoven spielen kann, dachte er, ist es nicht so schlimm. Aber was sollte ich machen: Ich war jünger als er, weniger gebildet, dümmer als er.

Lothar Baier: *Wie hat man von Schweden aus die Ereignisse des Zweiten Weltkriegs verfolgt? War der Krieg ein stets gegenwärtiges Thema?*

Laure Wyss: Da muß man unterscheiden. Bei den Schweden selbst war es kein großes Thema. Der finnische Winterkrieg hat sie zwar etwas aufgeschreckt, aber sonst blieben sie gelassen. Meine Freunde, die Emigranten, fühlten sich oft sehr einsam unter den Schweden. Als Dänemark und Norwegen besetzt wurden, haben alle Emigranten gezittert. Man fühlte sich wie eingesperrt. Ich war dann froh, daß ich die Möglichkeit hatte, die aus Norwegen über die Grenzen geschmuggelten Kirchendokumente zu lesen und zu übersetzen. Mein Mann hat darüber gelacht, er hat das nicht ernst genommen und mich eben machen lassen. Ich bin mit diesen Widerstandsschriften durch Deutschland gereist.

Lothar Baier: *Wann bist du endgültig von Schweden in die Schweiz zurückgegangen?*

Laure Wyss: Das war, glaube ich, 1942. Es stimmt nicht ganz, wenn in den biographischen Angaben steht, daß ich die ganze Zeit des Zweiten Weltkriegs in Schweden verbracht habe.

Lothar Baier: *Hast du damals bereits als Journalistin gearbeitet?*

Laure Wyss: Ich habe die Übersetzungen für den Schweizerischen Evangelischen Pressedienst gemacht. Ich habe dann wirklich zum ersten Mal erlebt, wie unmündig die Schweizerinnen sind. Die Schwedinnen haben gelacht, als ich in Stockholm auftauchte und keinen Beruf ausübte. Sie fanden es selbstverständlich, daß ich etwas arbeite und nicht einfach koche. Apropos Kochen, es gab dort schon vor dem Krieg Lebensmittelkarten, das hieß dann für mich, aus zwei Eiern eine Omelette für zehn Personen zu machen. Bei uns gingen immer Leute ein und aus. Einer hieß Frank, man raunte sich zu, es handele sich um den früheren KP-Chef in Hamburg, das war ein gediegener und ganz verschwiegener Mann. Er gefiel mir, nicht nur vom Anschauen her, sondern auch durch seine Klugheit. Ausgerechnet er hat mir den Ausbruch des Kriegs mitgeteilt. Er rief mich am 1. September 1939 an und sagte nur einen Satz: Bomber über Warschau. Die Literaturagentin Ruth Liepman hat in ihrem Erinnerungsbuch *Vielleicht ist Glück nicht nur Zufall* von 1993 geschrieben, daß Frank tatsächlich das Pseudonym des Hamburger KP-Führers Hugo Urbahns war. Dann habe ich erlebt, wie die Bermann-Fischers nach Stockholm kamen.

Lothar Baier: *Hast du bereits in Schweden journalistisch gearbeitet, oder hat sich das erst nach der Rückkehr in die Schweiz ergeben?*

Laure Wyss: In Schweden war die Übersetzungsarbeit für mich ungeheuer wichtig. Ich hatte das Gefühl gehabt, Widerstandsschriften zu übersetzen, das ist meine Form des Handelns: das richtige Wort gegen die Bomben, denn schießen konnten wir ja nicht. Dabei ist irgendwie der Glaube an die Sprache erwacht, davon bin ich heute überzeugt. Ich habe nicht darüber geredet, doch später habe ich auch nachgelesen, was Flugblätter zum Beispiel haben bedeuten können in Zeiten der Not. An einem kleinen Ende trugen auch diese Übersetzungen der Kanzelabkündigungen aus dem Norwegischen etwas bei. – Nach meiner Rückkehr habe ich zuerst als Redakteurin in diesem Schweizerischen Evangelischen Pressedienst gearbeitet. Das war der Anfang. Einige Zeit danach habe ich die Stelle aufgegeben. Ich bekam ein Kind, es war ein uneheliches, weil ich ja nicht mehr verheiratet war, und das ging dann nicht mehr bei einer Redakteurin in diesem kirchlichen Pressedienst. Damals fing ich an, als freie Journalistin zu arbeiten.

Lothar Baier: *Wo und worüber hast du dann geschrieben?*

Laure Wyss: Für den »Tages-Anzeiger« zum Beispiel habe ich Sozialreportagen geschrieben. Weil ich das Kind zu Hause hatte, habe ich vor allem nachts gearbeitet. Das Problem war, daß ich das Kind morgens um sieben Uhr für einen halben Tag in die Krippe bringen mußte, denn die Krippe war hauptsächlich für die Fabrikarbeiterinnen eingerichtet. Wenn das Kind einmal krank war, hieß es, Sie müssen es wieder nach Hause nehmen, und da hatte ich vielleicht gerade eine Reportage ausgemacht. Zeilenhonorar dreißig Rappen.

Lothar Baier: *Bist du nach 1945 ins Nachkriegsdeutschland gefahren?*

Laure Wyss: Nein, erst viel später, zu Lesungen zum Beispiel. Ich habe schon ein schwieriges Verhältnis zu Deutschland.

Lothar Baier: *Kannst du über diese Schwierigkeiten etwas Genaueres sagen?*

Laure Wyss: Es sind verschiedene Komplexe, dazu gehört gewiß dieser Schweizer Minderwertigkeitskomplex. Wenn ich mich an die Zeit in Paris erinnere: da kannte ich französische Familien, ich kannte auch eine deutsche Studentin, und dachte mir manchmal, die haben große Nationen, ich aber habe keine. Bei ihnen haben sich große Dinge angekündigt, und ich hatte das Gefühl, die sind mehr in der Welt als ich. Im Seminar bei Ermatinger in Zürich waren auch deutsche Studenten; wir Schweizer stammelten etwas, doch die Deutschen sagten: Meiner Ansicht nach ist das so und so. Ich fand sie viel gewandter, als wir es sind, überlegen. Die Franzosen sind zwar auch sicher in ihren Formulierungen, doch das habe ich immer ganz anders empfunden.

Lothar Baier: *Aus sprachlichen Gründen?*

Laure Wyss: Nein, der Mentalität wegen. Ich empfand die Deutschen wirklich als Herrenvolk. Die Franzosen betonen ihre Überlegenheit nicht, weil sie denken, daß sie sowieso groß sind, aufgehoben in ihrer nationalen Gewißheit. Aber sie betonen es nicht wie die Deutschen.

(Das Gespräch fand am 25.9.1995 in Zürich statt.)

MONICA NAGLER
Ungeahnte Kreuzwege in Schweden

Brief an Laure Wyss

Liebe Laure

Als ich im Herbst 1985 in Zürich war, um mich über deutschsprachige Schweizer Literatur zu erkundigen, habe ich auch Dich aufgesucht. Ich kam in Dein wunderschönes Haus an der Winkelwiese, und Du kamst mir mit Deiner ganzen Kraft und Wärme entgegen. Du erzähltest mir, daß Du von 1937 bis 1942 in Schweden gelebt hattest. Meine spontane Frage war: Wie haben Dich diese Jahre geprägt? Welche Erlebnisse und welche Menschen haben Dich und Deine Arbeit als Frau und Journalist beeinflußt? Persönlich dachte ich da an Schweden als fortschrittliches soziales Modell.

Damals hast Du auf diese Fragen hin ziemlich abrupt abgewunken.

Ehrlich gesagt, war ich darüber etwas erstaunt, aber da ich mich zu diesem Zeitpunkt mehr für Deine Ansichten über die Schweiz interessierte, habe ich es dabei belassen.

In den folgenden Jahren haben wir uns angefreundet. Ich habe mich immer auf Deine alljährlichen Besuche am 10. Dezember gefreut, an dem Tag, an dem wir gemeinsam die Nobelvorlesung des jeweiligen Literaturpreisträgers angehört haben. Wir saßen stets, zusammen mit der ganzen schwedischen Literaturelite, in erwartungsvoller feierlicher Stimmung in dem prunkenden neoklassizistischen Börsensaal.

In dieser Zeit hast Du auch die Feier der Santa Lucia miterlebt, der sizilianischen Heiligen, die von den Schweden als Lichtkönigin importiert wurde, um uns im hohen Norden in der dunkelsten Zeit Licht zu bringen. In den frühen Morgenstunden des 13. Dezembers begegnet man überall in ganz Schweden den jungen wohlsingenden Madonnas, die mit langen weißen Hemden bekleidet sind und einen Lichtkranz auf ihrem Haar tragen. Dieser Brauch hat schon einige Ausländer zum Staunen gebracht. So etwas Exotisches in dem sonst so profanen Schweden. Wir brauchen dieses Kerzenlicht, um den langen dunklen Winter zu überleben. Du selbst hast das Gefühl der Schweden beim Erwachen nach der langen dunklen Zeit 1982 sehr schön in *Das rote Haus* beschrieben:

»Es gibt nur im Norden dieses Sommergefühl. Weil man etwa in Winter und Nacht einfror und nun zum langen Tag aufwacht? Es ist das Licht, das unvergleichliche Licht, auf das man sich verlassen kann; es ist da, wenn es regnet, es ist da, wenn man nachts aufwacht und zum Fenster hinblinzelt; über dem Tannenhorizont ist es silberhell. Kurz nach Mitternacht meldet sich die Sonne des kommenden Tages an. Es wird noch lange so weitergehen. Man fürchtet die Nacht nicht, weil man sie sich nicht vorstellen kann. Jede Pflanze ist in dieses Licht getaucht, die Büsche danken ihm mit üppigem Wachstum, die Erde duftet. Wenn das Sparsame, das Zurückhaltende ausschlägt, ist es für die Menschen überwältigend und überraschender als im üppigen Süden, wo die Fülle lähmt. Die dahinziehenden Wolken verdunkeln diese Sommertage nie, das Licht ist überall, auch im Gras. Ich möchte nur im Gras liegen: Es ist Sommer; es ist tatsächlich Sommer.« (S. 14f.)

Ich habe mich sehr gefreut, als ich gefragt wurde, ob ich in diesem Sammelband über Deine Zeit in Schweden schreiben möchte. Anfang Januar dieses Jahres trafen wir uns an einem der kältesten, aber schönsten und hellsten Wintertage wieder, hier in Stockholm, und ich fragte Dich wie vor zehn Jahren erneut nach Deiner Zeit in Schweden. Du kamst als sehr jung verheiratete Frau mit Deinem Mann, der Architekt war, 1937 nach Stockholm. Hier habt ihr hauptsächlich mit Emigranten verkehrt. Ich fragte Dich nachdrücklich: Warum nicht mit Schweden? Darauf hast Du geantwortet: »Ja, wir wurden jeweils einmal im Jahr von irgendeinem Arbeitskollegen aufs Land eingeladen, in ein kleines rotes Haus. Aber sonst hatten wir kaum Kontakt mit Schweden.«

Als ich Deine Geschichte anhörte, ging mir gleichzeitig durch den Kopf: aber Laure, Du hast ja gar nicht in Schweden gelebt, sondern auf einer Emigranteninsel, wie die meisten Ausländer damals und heute noch ...

Es gibt dafür viele Erklärungen. Eine ist, daß Schweden ja ein sehr abseits gelegenes Land war, in das im Laufe der Jahrhunderte nur wenig Einwanderer kamen, weshalb man also nicht an Ausländer gewöhnt war. Eine andere Erklärung ist, daß Schweden bis in die 30er Jahre hinein ein Agrarland war, daß die Menschen weit auseinander wohnten, daß es überhaupt nur wenig Bevölkerung gab; das heißt, es existierte keine gesellschaftliche urbane Kulturtradition, auch nicht in der Hauptstadt Stockholm.

Während Deiner Erzählung dachte ich auch daran, daß Dein Leben wohl ganz anders gewesen wäre, wenn Du in einem Vorort von Stockholm gewohnt und nur mit Nachbarn, etwa mit den Frauen von Ärzten, Architekten oder Direktoren, am biederen Kaffeekränzchentisch verkehrt hättest. Das Milieu hätte sich gar nicht so sehr von Deiner Heimatstadt Biel, die Du sehr jung verlassen hast, unterschieden. Aber gerade die Tatsache, daß Du stattdessen mit den verschiedensten Emigranten Kontakt hattest, hat Dein Denken und Wirken sicher stark beeinflußt – zum Beispiel Deine Freundschaft mit dem deutsch-jüdischen Soziologen Berthold Josephy, der 1944 das Werk *Recht und Macht in der Gesellschaft* geschrieben hat.

Ich habe mir das Buch per Fernleihe durch unsere Bibliothek bestellen lassen. Man hat es schließlich nach längerem Suchen in einer Bibliothek im Norden Schwedens, in Umeå gefunden. Ich habe mit großem Interesse darin gelesen und mußte feststellen, daß Josephys Thesen über Macht und Recht für die heutige Gesellschaft noch genauso aktuell sind.

Gewiß haben diese Begegnungen Nachwirkungen auf Dich gehabt. Aber über diese Dinge schreibst Du bitte einmal noch selbst.

Ich will hiermit nur sagen, daß die Welt der Emigranten, die aus Deutschland, Rußland oder anderswoher kamen, von der schwedischen Kultur sehr verschieden war. Trotzdem muß ich hinzufügen, daß viele dieser Emigranten auch sehr viel in Schweden gelernt haben. Diejenigen, die später in ihr Heimatland zurückkehrten, haben mit viel Erfolg ihre schwedischen Erkenntnisse kulturell und politisch angewandt. Beste Beispiele dafür sind ja Willy Brandt und Bruno Kreisky. Letzterer war ein enger Freund meiner Eltern, der auch für meine kulturelle und politische Entwicklung eine wichtige Rolle spielte. Er hat mir oftmals bestätigt, wie wichtig die Jahre in Schweden für ihn waren. Er kam 1938 als Austromarxist nach Schweden und kehrte Anfang der 50er Jahre als Sozialdemokrat wieder nach Österreich zurück.

Ich bin ja selbst ein Emigrantenkind. Nur waren wir privilegiert, da meine Mutter Halbschwedin war, perfekt Schwedisch sprach, außerdem eine schwedische Ausbildung hatte und von daher auch mit Schweden verkehrte. Meine Eltern und ich kamen im November 1938 von Berlin nach Schweden. Sie hatten keine Probleme einzureisen, da meine Großmutter die schwedische Staatsbürgerschaft besaß und schon seit ein paar Jahren in Lund wohnte.

Aber ich höre noch ganz genau die Schreie der Juden in dem dicken Novembernebel, und ich erinnere auch das Geräusch, mit dem sie ins Wasser plumpsten – als sie in Trelleborg die Fähre nicht verlassen durften, versuchten sie, entweder an Land zu schwimmen oder sich das Leben zu nehmen, um nicht mit demselben Schiff wieder nach Nazideutschland zurückgeschickt zu werden. Wir dürfen nicht vergessen, daß Schweden und die Schweiz den Deutschen empfohlen haben, das rote »J« in die Pässe der Juden zu stempeln.

Die offizielle Geschichtsschreibung behauptet noch immer, daß sich Schweden während des 2. Weltkrieges neutral verhalten habe. Aber in der Tat hat Schweden mit Deutschland auch kollaboriert. Man exportierte so viel Eisenerz und Kugellager, daß man später behauptete, diese Ausfuhr habe den Krieg verlängert. Ökonomisch hat Schweden davon natürlich stark profitiert. Insgesamt wurden während des 2. Weltkrieges zwei Millionen deutsche Soldaten in Zügen quer durch Schweden transportiert, wodurch man der deutschen Okkupation Norwegens behilflich war. – Wahrscheinlich war all dies eine pragmatische Zusammenarbeit. Vielleicht war man dazu gezwungen. Die Rolle Schwedens während des 2. Weltkrieges ist jedenfalls bis heute nicht aufgearbeitet.

Seit der Hanseatischen Zeit gab es durch die Jahrhunderte hindurch eine starke Beziehung zwischen Schweden und Norddeutschen. Nach dem 30jährigen Krieg zerbrach zwar die Hansamacht an der Ostsee, aber die Verbindung zwischen Schweden und Norddeutschland blieb bestehen. Ende des 19. Jahrhunderts wurde die Zusammenarbeit wieder stärker aufgrund der Beziehung, die der deutschfreundliche schwedische König zu Kaiser Wilhelm unterhielt. Schweden wurde seither politisch und kulturell wieder stark von Deutschland beeinflußt.

In den Schulen war Deutsch die erste Fremdsprache, und Deutschland war auch das Land, in das alle schwedischen Studenten reisen wollten, um eine bessere Ausbildung zu erhalten. Dadurch war das gebildete Bürgertum, das Militär, die Polizei und eine große Anzahl höherer Beamter zu Beginn des Krieges sehr deutschfreundlich. Erst nach Stalingrad änderte sich diese Einstellung langsam.

Es gab aber auch Widerstand unter Intellektuellen, Sozialdemokraten, Kommunisten und in Kirchenkreisen. Du lerntest zu dieser Zeit Dr. Arthur Frey kennen, den Leiter des Evangelischen Pressedienstes in Zürich. Er interessierte sich für den Kampf der skandinavischen evangelischen Kirchen gegen die deutsche Besatzung und hat Dich dazu angeregt, Kirchendokumente aus dem Norwegischen und Schwedischen ins Deutsche zu übersetzen. Als Du 1942 mit Deinem Mann wieder in die Schweiz zurückkehrtest, weil es in Schweden mit der Aufenthaltsbewilligung sogar für neutrale Schweizer Schwierigkeiten gab, hast Du kirchliche Widerstandsdokumente aus Schweden herausgeschmuggelt.

Viele Eindrücke von dem »Volksheim« – ein Wort, das einer der Gründer des modernen Schwedens, der damalige Regierungschef Per Albin Hansson geprägt hatte – hast Du offenbar nicht aufgenommen. Denn in diesen Jahren war die soziale Ingenieurskunst ja in Vollbetrieb hier in Schweden. Das Ehepaar Alva und Gunnar Myrdal war Vorreiter des schwedischen modernen Projekts. Alva Myrdal hat sich vor allem mit der Familienpolitik aus der Frauenperspektive beschäftigt. Ihre Ideen hatten in diesen Jahren großen Einfluß auf die funktionalistische Architektur, auf die Berufsarbeit der Frauen und auf die Kinderfürsorge in Schweden. Allerdings mutet ihre Arbeit heute um einiges zu technisch und zu rationell an.

In ihrem zum Klassiker gewordenen Buch *Krise der Bevölkerungsfragen* (1934) führten Alva und Gunnar Myrdal in ihrem überzeugten Kampf für den modernen Menschen eine radikale Diskussion über die Vererbungslehre und die höchst fragliche Zwangssterilisierung – dabei argumentierten sie allerdings nicht rassen-, sondern individualhygienisch.

Auch wenn Du den Aufbau des fortschrittlichen Sozialstaates Schweden der 30er Jahre nicht bewußt zur Kenntnis genommen hast, so hast Du Dich doch später in Deinem Leben auf die Spuren einer rebellischen Schwedin begeben, der Königin Christina, der Tochter des Königs Gustav Adolf, der im Dreißigjährigen Krieg für den Protestantismus kämpfte und starb. Seine noch sehr junge Tochter wurde daraufhin Königin von Schweden.

Nach zehnjähriger Herrschaft dankte sie ab, verließ ihre Heimat, konvertierte zum Katholizismus und zog nach Rom. Im Palazzo Corsini in Rom findest Du auf Deiner Spurensuche eine Plakette mit dem Todesdatum der Königin Christina, und Du liest die Worte:

»Ich bin frei geboren
ich lebte frei
ich werde befreit sterben.«
Könnte dies nicht auch Dein Motto sein?

Während unserem Gespräch wird mir klar, wie ähnlich unsere Biographien trotz der verschiedenen Hintergründe sind. Deine Familie kommt aus Biel in der ruhigen Schweiz. Ich bin eine österreichische, schwedische und jüdische ›Promenadenmischung‹. Aber wir haben den Widerstand gemeinsam. Du hast in jungen Jahren Dein gemütliches Elternhaus verlassen und unruhige Orte aufgesucht. Mein Großvater, der Schriftsteller Stefan Großmann, hat schon 1923 in seiner Zeitschrift *Das Tagebuch* gegen Hitler geschrieben. In dieser Tradition wuchs ich auf. Hier in Schweden wohnten bei uns auch ständig Emigranten, oft aktive Widerständler.

Als ich in Deinem Buch *Weggehen ehe das Meer zufriert* von 1994 die Szene las, in der ein Grüpplein Menschen in Skeppsbro ein Schiff erwartet, war das ein großes Aha-Erlebnis für mich:

»Skeppsbro, Frühling 1938

Ein Grüpplein Menschen auf dem Quai, ein Schiff erwartend, das über die Ostsee kommen würde. Sie kannten sich, sie hatten sich begrüßt, aber jetzt standen sie mit Raum dazwischen, sich nicht berührend. Doch waren sie alle Deutsche, hatten aus rassischen Gründen ihr Vaterland verlassen müssen oder weil sie nicht wie Hitler dachten. Verfolgte alle und aus der Lebensbahn geworfen. Ein paar darunter, die ihre zweite Flucht hinter sich hatten: Sie waren, überzeugte Kommunisten, in die Sowjetunion gegangen, bevor Hitler die Macht übernahm, hatten dort gute Arbeit gefunden, waren aber während Stalins Säuberungsaktion, nach der Ermordung Kirows in Leningrad 1934, hinausgeworfen worden, in Schweden gelandet. [...] Heute die Spur einer Heiterkeit auf den verschlossenen Gesichtern, das berühmte deutsche Velegerehepaar hatte sich zur zweiten Emigration entschlossen, würde aus Österreich hier ankommen, man wollte ein Stück gerettete Kultur aus der Heimat grüßen. Hanna, die freche Hanna, doppelt geprägt als Jüdin und Kommunistin, die oft laut schrie und schimpfte, war still in diesem Augenblick, sie würde Freunde wiedersehen, vielleicht von Freunden Bericht bekommen, sie drängte sich entgegen ihrer Gewohnheit nicht nach vorn, wurde aber von ihrem Mann zur Schiffsbrücke geschubst, so daß sie den ersten Satz verstand, den die Verlegerfrau aussprach, als sie von Bord kam, auf die Gruppe zuging. Hanna war darüber orientiert, daß das Verlegerpaar seine Kinder ins Internat nach England und damit in größere Sicherheit gebracht hatte, daß die Bildersammlung gerettet war, die Zusammenarbeit mit dem großen Stockholmer Verlagshaus eingefädelt. Nun, als Frau Verlegerin des Häufleins Flüchtiger auf dem Quai ansichtig wurde, wollte sie sich ihm gern gleichstellen, sagte zur Begrüßung der Empfangenden: ›Wir, die wir alles verloren haben.‹ Hanna weinte hinterher sehr.« (S. 14f.)

Hier beschreibst Du die Ankunft des Verlegerpaares Bermann-Fischer in Schweden im Frühling 1938. Ein halbes Jahr später, als ich und meine Eltern im November desselben Jahres mit der Fähre von Saßnitz nach Trelleborg fuhren, durften wir nur je zehn deutsche Mark mitnehmen. Wir waren also arme Kirchenratten, aber wir waren, selbst ich als Dreijährige, behängt wie Millionäre: mit dem Schmuck und mit den Pelzen von ebendiesem Verlegerpaar, von Gottfried und Tuttie Bermann-Fischer. Denn als Juden durften sie selbst nichts mitnehmen.

Meine Eltern waren Fatalisten nach dem Motto: »if you go Titanic why go tourist ...«. In diesem Sinne aßen und tranken wir gut für unser letztes Geld. Auf dem unruhigen Meer wurde mir dann aber übel, so daß ich mich über Tuttie Bermanns Fuchs erbrach, der mit großen traurigen Augen schwer um meinen Hals hing. Meine Mutter wusch ihn lachend ab.

Ja, liebe Laure, wir haben einen spannenden Dialog durch die Jahre geführt, ohne zu wissen, daß sich unsere Lebenswege manchmal gekreuzt haben. Zum Abschluß hoffe ich, daß Dir Schweden immer so schön in Erinnerung bleiben wird wie in Deinem Gedicht

»*Humlegården – wenn die Schatten kürzer*
Linné auf dem Sockel
gegossen in Bronze
Spangrün über dem
gerafften Mantel
das Buch wohl im Arm.

Seine Bäume grünen zart
Bunte Kinder auf dem Rasen
rot springt es und
gelb radelt es
der Ball läuft davon
ernsteren Schritts zur
Bibliothek die Gelehrigen.

Der Frühling kam doch
Lähmungen des Dunkels vorbei
endlich das Helle.

Und so immer und immer
Wiederholung der Hoffnung.«
(*Lascar*, 1994, S. 47)

Stockholm, im Februar 1996   Deine Monica

Schreiben und Medien

BEATRICE VON MATT
Die Magie der neuen Horizonte

Zum literarischen Werk von Laure Wyss

Laure Wyss erfindet nicht, sie sucht die Realität. Radikal: so daß es weh tut. Dann besteht die Chance, daß Neues anfängt. Die Feststellung, da sei kein Trost, kann Rettung bedeuten. »Endlich konnte ich den Satz schreiben: Es gibt keinen Trost«, sagt eine Frau im Roman *Das rote Haus* (S. 58). Von da an geht's ihr besser. Nichts soll vernebelt, verdrängt, vorgegaukelt, inszeniert werden. Auf die nackte Existenz wird zurückgegangen: Der Imperativ geistert durch die frühen Bücher von Laure Wyss.

Frühe Bücher sind in ihrem Fall die Prosawerke einer Journalistin und Redaktorin, die eben in Pension gegangen ist. Schon von Berufes wegen hatte sie sich stets der Wirklichkeit gestellt, nicht aber der eigenen, oder doch nur am Rand und indirekt. Für Literatur fehlte die Zeit. *Frauen erzählen ihr Leben. 14 Protokolle, aufgezeichnet von Laure Wyss* war 1976 ein erstes, ein Übergangsbuch: halb Dokument, halb schon literarische Porträtkunst. Laure Wyss hätte diesen Erstling gern »Ich« genannt, verriet sie im Vorwort. Sie ließ Frauen »ich« sagen, von sich reden und blieb in der Niederschrift nahe bei den Selbstdarstellungen. Aufgeschrieben sind oft schwierige Lebensgänge sogenannt gewöhnlicher Frauen: einer Marktfahrerin etwa, einer Weberin, Coiffeuse, Lehrerin, Hausfrau, Photographin, Serviertochter. Die knappen Biographien prägen sich ein: sie sind so gerafft und verdichtet, daß das Einmalige einer Denkweise herauskommt. Ein Werk der 70er Jahre dieser Erstling: Die ungeschminkten Selbstdarstellungen gehörten zur Vision des weiblichen Aufbruchs in jener

Zeit. Frauen sollten Rechenschaft ablegen über ihre eigene Geschichte, vor allem auch vor sich selber.

Der Arbeitstitel »Ich« entsprang wohl auch einer Unruhe, die sich auf die eigene Person bezog. Laure Wyss wollte selber »ich« sagen, sich klarwerden über das Leben nach der Berufsarbeit. Die alte Zeit lag da wie eine abgelegte Haut, hatte noch keine eigene Gestalt und kein Gedächtnis bekommen. Jahrzehntelang war nur Raum für Beruf und Pflichten als alleinerziehende Mutter.

Das erste rein literarisch verstandene Buch *Mutters Geburtstag* (1978) sollte wohl diese Klärung im Selbstverständnis bringen. Das Ich, um das es geht, heißt zwar meistens »Die Frau« oder »A.«. Das tut nichts zur Sache, die Namen ermöglichen eine Tarnung und zugleich eine schonungslose Selbstbetrachtung.

Ein programmatischer kleiner Text dient als Einführung: »Jetzt sucht die Frau ihre eigene Wahrheit. Hat sie sich nicht oft damit beschäftigt, was die andern taten, was sie dachten, wie sie redeten, dabei vergaß sie sich selbst, ließ sich liegen wie ein zerknülltes Taschentuch, las sich nicht mehr auf. Jetzt fragt sie nach verlegten Dingen, nach verlorengegangenen Wörtern, sie will wissen: wie war es, wie war es wirklich, wie, zum Beispiel, war es mit dem Kind. Die Frau will sich der Erinnerung erinnern.« (S. 7)

Die Geschichte mit dem Kind (»wie, zum Beispiel, war es mit dem Kind«[1]) gerät zu einer Geschichte um Mütter. Die eigene Vergangenheit als Mutter eines Sohnes wird ausgeleuchtet, aber auch die persönliche Beziehung zur eigenen Mutter, mit der die Tochter ihre Schwierigkeiten hatte, und mit der sie sich nun an ihrem Sterbebett versöhnen kann. Damit endet das Buch.

Laure Wyss arbeitet darin mit einer Doppelstruktur: in Kursivpassagen sind Stationen einer Gruppenreise durch das nördliche Spanien verzeichnet: die Teilnehmer, zwanzig Leute, werden gezählt: »Ich war Nummer 10.« (S. 9) Die Reise in die Fremde mit Fremden, die voreinander ihre Gedanken verstekken, ermöglicht eine andere Reise: jene ins Innere der persönlichen Geschichte. Das Ich kommt so weit von sich weg, daß es sich anschauen kann. *Notizen zu einer Reise und Nachdenken über A.* heißt das Buch im Untertitel. Die mannigfachen Sichtweisen auf eine Frau namens A. heben sich in Normalschrift als die eigentlichen Texte von den kursiven Einleitungen ab. Nummer 10 findet einen Weg zum Selbst und damit zu dessen verschütteter Vergangenheit. Nicht schön chronologisch, beileibe nicht. Da wird ein Fetzchen Wahrheit erhascht, dort ein anderes.

Die Autorin betont zwar, es gehe sie nichts an, wie sie schreibe: »Mich hat nur zu beschäftigen, was ich schreibe. Das heißt, was ich zu sagen habe. [...] Ich muß Themen haben, ich will Inhalte vermitteln.«[2] Wohl versteht Laure Wyss *Mutters Geburtstag* schlicht als »Bericht« – und meint damit die ehrliche Darstellung einer persönlichen Ansicht der Wahrheit. Diese Wahrheit aber erscheint so widersprüchlich und vielfältig verflochten, daß die angemessenen formalen Strategien alles andere als einfach ausfallen können. So gelangt die Schriftstellerin hier erstmals zu der ihr eigenen hohen Kunst der Verbindung von Reportage und Fiktion.

Mit dem Roman *Das rote Haus* (1982) erreicht sie dann einen Höhepunkt. Das Buch bedeutet ihren literarischen Durchbruch. Die Verfasserin zählte 69 Jahre und erinnert mit ihrem späten Anfang an Fontane, der ebenfalls erst in vorgerückten Jahren das Werk geschaffen hat, mit dem er überlebt.

Gelebtes Leben wird im Roman in Einzelheiten verzeichnet, zugleich aber gebündelt zum exemplarischen Fall mit modellhaften Stationen. So brennen sich die unauffälligen Ereignisse ein im Hirn der Lesenden. Die Kunst der Reporterin wird hinübergerettet in fingierte Schriftstücke, in ein Tagebuch, in Albumblätter und einen Brief. »Lisas Tagebuch« heißt der erste, »Marthas Albumblätter« der zweite Teil und der dritte »Kristina antwortet. Im Winter danach«.

Lisa, Martha, Kristina, die drei verschiedenen Frauen sind verbürgt in der Wirklichkeit: in der einen biographischen Wirklichkeit von Laure Wyss. Einleitend weist sie sachte darauf hin. »L.W.« – so zeichnet die Autorin das Vorwort – beschreibt, wie sie »durch Zufall« (S. 8) in den Besitz loser Blätter gelangt sei und darauf die stillen Tagebuchaufzeichnungen von Lisa, die Erinnerungstexte Marthas sowie Kristinas Brief an Lisa als Herausgeberin betreut habe. Es handle sich um »Berichte dieser drei Frauen, die einen Sommer lang in einem roten Haus zusammengelebt hätten, alle gleichen Alters wie ich«. (S. 8) Gleichen Alters heißt: so Mitte 60; Frauen, die in ihrem Altwerden eine Weile stillstehen und sich überlegen, wie es weitergehe: »Dieser Augenblick des Überlegens kommt, wenn eines Tages die Berufsarbeit aufhört, wenn das Haus, in dem man gewirkt hat, verändert oder leer ist«. (S. 7)

Eigentlich hat Laure Wyss zu diesem in der Literatur weitgehend übergangenen Thema »Frauen befragen« wollen (S. 7). Doch eben da wurden ihr, wie sie sagt, die Manuskripte zugespielt. Diese ersetzen die Reportage, sind aber immerhin als authentische Schriftstücke ausgewiesen. Das Fiktive und das Dokumentarische spiegeln sich, werden wechselseitig verkehrt: eine faszinierende irrlichternde Veranstaltung das Ganze! Ein vorzüglicher Schachzug von sich zu reden und im gleichen das Ich von sich zu entfernen, indem man es aufspaltet in mehrere. Die vermeintliche Einheit des Ichs wird dekonstruiert, und die Widersprüche bekommen eigene Körper.

Zuerst als Lisa. Schüchtern, ruhebedürftig, lethargisch – in dieser Seelenlage möchte sie ihren schwedischen Sommer in Kristinas Haus verbringen. In ihrem Tagebuch tritt auch Martha auf – bewegt, kämpferisch, umgänglich, unstet – eine Störung. Lisa und Martha sind als Kontraste angelegt. Doch wir lernen Martha auch selber kennen über jene Geschichten, die sie als Albumblätter bezeichnet. Diese beziehen ihren Stoff aus dem Berufsleben der Autorin Laure Wyss, bedeuten also ihrerseits eine Klärung der Vergangenheit. Kristina mit ihrer in Schmerzen erworbenen Gelassenheit entwickelt sich vor den

Augen der Lesenden zur weisen Frau, die für sich allerlei Abstriche macht, auch berufliche, und die im roten Haus ihren Seelenort einrichtet. Scheinbar verschiedene Frauen also verkörpern alle die Möglichkeiten einer einzigen im Hintergrund anwesenden Ich-Figur.

Die Dekonstruktion der einen, der Ich-Figur, ergibt einen spannenden Dialog zwischen den Positionen. Ein romanartiges Gebäude wird über einem Monolog errichtet und zugleich eine weite Vorstellung der Welthaltigkeit und Vielseitigkeit eines Ichs vermittelt. Das Verfahren von Laure Wyss erscheint konträr zu jenem etwa des Theatermachers Christoph Marthaler, der seine Figuren gern in mehrfache zerlegt, damit aber nicht Komplexität meint, sondern Austauschbarkeit. Wie etwa mit den vierfachen Gretchen im Hamburger Faust-Projekt von 1993.

Man könnte auch anders vorgehen: etwa so wie Heiner Müller in der *Hamletmaschine.* Die Geliebte Hamlets, Ophelia, wird da zur geopferten Frau schlechthin, zur Märtyrerin durch die Jahrhunderte hindurch. Verschiedene weibliche Schmerzerfahrungen – bis hin zu den Gaskammern im Zweiten Weltkrieg, den Kriegstraumata Inge Müllers, der ersten Frau des Autors –, werden dem einen Körper der Ophelia eingeschrieben. Sie wird zum Opferwesen an sich.

Eine gegenteilige formale Strategie wählt Laure Wyss für ihre Figur, die alternde Frau, die sich in Leiden befreit und neu ausrichtet. Statt aber Seinsweisen zu komprimieren, fächert die Autorin sie auf.

Alle drei Bewohnerinnen des roten Hauses – Lisa, Martha, Kristina – schickt sie in die Krise, bis die Aufgabe, die Verwandlung heißt, gelöst ist. Lisa, die erschöpfte, von den Kindern verlassene Mutter, möchte ihren nordischen Sommer verträumen und den eigenen Schmerzen nachhängen. Erst die fremden, unerwartet sich an sie herandrängenden Unordnungen im roten Haus – es sind vor allem die Schicksale Kristinas – bringen Bewegung in ihre Seele. Sie versetzen Lisa in eine Unruhe, die sie von Tag zu Tag mehr von sich entfernt, die sie aber auch dazu bringt, die Verhältnisse zu ändern und das gestörte Gleichgewicht wiederherzustellen. Darüber legt sie Rechenschaft ab im Tagebuch und auch darüber, daß sie eigentlich alles nicht mehr so genau wahrnehmen möge. So vertauscht sie das Schreiben mit Gartenarbeit, die sie selbstvergessen Tag für Tag weiterführt, auch bei einem der gefürchteten Gewitter. Durch diese Flucht kommt sie zu sich: »War ein Blitz in mich hineingefahren und hatte mich aufgerissen bis auf den Grund und endlich bloßgelegt, was zugedeckt war? Gab es unter dem friedlichen Waldboden hier nicht Stollen und Gänge stillgelegter Erzbergwerke, von denen man ängstlich sprach? Niemand wußte, wo sie verliefen, aber irgendeinmal würde sich der Boden öffnen, und man fällt in einen Schacht. [...] Ist auf diese Weise durchzukommen? Endlich kann ich den Satz schreiben: Es gibt keinen Trost. Ich habe meine Träume verloren.« (S. 58)

Die blanke Leere, die Stunde Null, das Zurückgeworfensein auf die nackte Existenz bringen Zukünftiges: noch unerkannt. Lisa gibt ihrem Leben von jetzt an eine neue Ordnung.

Ähnliches erfährt Martha, ohne daß sie ihre Verwandlung im Buch schon leistete. Sie bleibt die Tätige, Gescheite, Unstete – und am Schluß ist sie verschollen; sie werde wohl irgendwann wieder auftauchen, heißt es. Solche Lebensgier und Tüchtigkeit sind jetzt nicht mehr gefragt. Doch selbst Martha widmet einen ihrer Texte der Stunde Null. Eine solche widerfährt ihr in New York; sie ist gerade pensioniert worden und »hatte das Gefühl, ihren Posten verloren zu haben, hinausgeworfen worden zu sein. Sie dachte sich sofort eine neue Arbeit aus, organisierte, fädelte ein, ersann Neues, spann ihre Fäden bis New York.« (S. 141) Als sie aber plötzlich »als namenloser Notfall«, als »elderly white female« (S. 142) in die Notfallstation eines Spitals kommt, bezieht sie unversehens Trost daraus, »unbekannt und allein zu sein, reduziert auf eine ›ältliche Weiße weiblichen Geschlechts‹.« (S. 143) Das zumindest »stimmte«, schreibt sie, »alles andere konnte sie nun langsam hinzufügen und aus ihrem Leben das machen, was sie wollte.« (S. 143) Auch Martha also wird auf den Weg geschickt. Da wird alles von ihr abfallen müssen, was sie in den übrigen Geschichten – vorzüglichen Texten allesamt – schildert: Der Zeitungsbetrieb etwa, der ganz von innen her erspürt wird, von den Rhythmen der Schritte in den Gängen, den Tonlagen der Stimmen, der Art, wie in ihrem Büro eine der wenigen Frauen in leitender Stellung trotz Widrigkeiten überlebt. Ein hervorragendes Stück Prosa: die aufs Detail gerichtete Wahrnehmung der Atmosphäre stellt jede Analyse in den Schatten. Über Alltäglichkeiten und deren Veränderungen werden die Krisenanfälligkeiten und die Selbstverrate in einer von Männern bestimmten Firma ermittelt.

So behandelt Laure Wyss auch in ihrem übrigen Werk die Frauenthemen, immer von Einzelstudien her, nie nach Schema und Programm.

Kristina nun, die letzte der drei Frauen im *Roten Haus*, hat die Verwandlung erlitten und vollbracht. Soviel berichtet sie in ihrem Brief an Lisa. Sie macht das rote Haus zum Ort der Meditation. Die einstige Geigenbauerin widmet sich der Musik und der weisen, d. h. zurückhaltenden Pflege ihrer Umwelt – zu der ihr Mann und ihre weitverzweigte Familie gehören.

Immer wieder, als müßte sie sich nähren von neuen Wirklichkeiten, unterbricht Laure Wyss ihre belletristische Arbeit mit journalistischen Unternehmungen. *Ein schwebendes Verfahren. Mutmaßungen über die Hintergründe einer Familientragödie* (1981) zeigt die inneren Umstände auf, die einen 20jährigen Türken in Zürich dazu bringen, seine Eltern zu ermorden. 1985 erscheint das Porträt einer Strafgefangenen: *Liebe Livia. Veras Tagebuch von Januar bis Dezember.* Zwei Jahre später, 1987, kommt eine Sammlung mit frühen Beiträgen vor allem aus dem »Tages-Anzeiger-Magazin« heraus: *Was wir nicht sehen wollen, sehen wir nicht.* Journalistische Texte, herausgegeben von Elisabeth Fröhlich.

Mit dem Band *Das blaue Kleid und andere Geschichten* (1989) findet die Autorin zurück zur eigentlichen Literatur: Ludmila, Nadine, Irma, Elmire, Marie, Elisabeth, Margret, Martha – so die Frauen, die auftreten oder auftreten sollten, die leben wollen oder die einen eigenen Tod suchen ... Ihre Lebensläufe sind unter ein Motto von Thomas Bernhard gestellt: »Es gibt ja nur Gescheitertes. Indem wir wenigstens den Willen zum Scheitern haben, kommen wir vorwärts, und wir müssen in jeder Sache und in allem und jedem immer wieder wenigstens den Willen zum Scheitern haben, wenn wir nicht schon sehr früh zugrunde gehen wollen, was tatsächlich nicht die Absicht sein kann, mit welcher wir da sind.« (S. 6)

Die erste Erzählung, »Morgen kommt Ludmila«, führt die Lesenden übrigens zum Atlantik, dem Meer, welchem in *Lascar*, Laure Wyss' eindrücklichem Gedichtband von 1994, die Flüsse zustreben.

Starke Frauen, hineingestellt in verschiedene Zeiten, wie in Spiegelsälen blinkend zwischen den Epochen: so präsentiert sich *Weggehen ehe das Meer zufriert* (1994). Wenn *Das rote Haus* das Herzstück einer ersten Schreibphase abgibt, so erreicht dieser Roman einen jüngsten Gipfelpunkt in Laure Wyss' Prosaschaffen. Sie war, als das Buch erschien, 81 Jahre alt. Ein faszinierendes, neuartiges Erzählgelände breitet sich aus, strukturiert durch eine eigene Dramaturgie, Historisches an der Jetzt-Zeit zu messen und umgekehrt.

Zwei Frauen setzen ihre Projekte der Befreiung um: eine Ich-Figur und Christina von Schweden. Zwischen ihren Lebenszeiten liegen dreihundert Jahre. Die Ich-Figur orientiert sich an der unabgesicherten Freiheit Christinas: eine große Kunst, das Vorgehen nicht zu kommentieren, die Energien wirken zu lassen, die zwischen den Figuren zu strömen beginnen – und dies rein auf Grund der Tatsache, daß sie im gleichen Textraum agieren. Die eine als vorsichtig Fragende, Forschende, die andere als Beredete, Erörterte, Zitierte. Ein kunstvoller Dialog über die Zeiten hinweg. Es begegnen sich zum Ende zwei Gestalten, die den Rahmen ihrer eigenen Zeit überschreiten: königlich und selbstbestimmt die eine, demokratisch und eigenwillig die andere. Laut, öffentlich gewissermaßen denkt die heutige Frau über die barocke Frau nach. Stets betont Wyss die Differenz zwischen sich und der Königin, ganz anders als etwa Christa Wolf in *Kein Ort*. *Nirgends* oder in *Kassandra*, wo jetzige und alte Figuren in einen intimen Kontakt zueinander treten. Hier bleibt der Abstand gewahrt und wird auch ständig betont. Indem aber beide, die Königin Christina und die Ich-Erzählerin wie auch weitere weibliche Nebenfiguren sich ineinander spiegeln, erzeugen die Lebensläufe und Unternehmungen dann doch eine gemeinsame Topographie, die Topographie eines Frauenlandes mit Verwerfungen und parallelen Schichten.

Die Ich-Erzählerin spürt nicht nur der Königin aus dem 17. Jahrhundert nach, sondern zugleich sich selbst, einer zurückliegenden Lebensphase im Schweden der 40er Jahre. Die Recherchen und Gedanken werden dabei begleitet und kommentiert von einer Freundin, der feministisch ausgerichteten Psychoanalytikerin M. So kommt eine dritte Frau ins Spiel. Eine bestechende Erzählstrategie: M., oft auch Marianne genannt, vertritt vor der zweifelnden Sucherin alle mittlerweile verfügbaren Positionen einer aufgeschlossenen westlichen Frau, deren Urteile und Einwände voraussehbar sind. Die tastenden Überlegungen der Ich-Figur haben vor M. und einer gängigen Modernität einen schweren Stand, erfordern Erläuterungen, Selbstverteidigung.

Überraschend bekommt man zu wissen, M. sei leider schon gestorben – und so wird ihren dezidierten Urteilen, ihrem »hellen Lachen« und ihrer »unverblümten Frische« (S. 22) unversehens ein Raunen aus dem Geisterreich beigemischt, ein wispernder Unterton des Imaginären. Oder handelt es sich auch hier um Selbstgespräche, aufgeteilt auf zwei Personen? Sind die Meinungen, die M. äußert, bloße Vorsichtsmaßnahmen einer gestrengen

Beobachterin, einer Schreiberin, die sich und ihre Erkenntnisse einem unablässigen Gericht unterstellt? Durch M. aber wird die Ich-Erzählerin auch abgerückt in einen eigenen Raum, was ihre historische Forschung und ihre Selbstsuche betrifft.

Doch auch der Königin selber werden zeitgenössische und historische Frauen zugesellt, wodurch sie deutlichere Statur gewinnt. Da wird etwa auf die berühmte Vertreterin der mittelalterlichen Mystik, auf Birgitta von Schweden, verwiesen. Die Heilige hat 300 Jahre vor Christina gelebt und geschrieben: »Schwesterliches ist zwischen den beiden großen Frauengestalten des Nordens nicht zu finden, außer daß sie jetzt in der feministischen Literatur der zweiten Hälfte unseres 20. Jahrhunderts in einem Atemzug genannt werden. Es ist kaum vorstellbar, daß Christina die Mystikerin Birgitta besonders verehrt hat, Welten liegen zwischen den beiden Frauengestalten, und ihre Frömmigkeiten sind verschiedener Natur. Stand Birgitta dem Himmel näher? Es war leicht, sie heilig zu sprechen, während man bei Christina immer noch zögert.« (S. 55)

Direkt konfrontiert wird Christina mit einer Zeitgenossin, Françoise d'Aubigné, der späteren Madame de Maintenon. In den Memoiren der Geliebten Ludwigs XIV. ist nachzulesen, wie sehr sie von den Worten der schwedischen Königin begeistert gewesen sei: »Damals war sie noch lange nicht die Madame de Maintenon, sondern hatte, eine geborene Françoise d'Aubigné, den Schriftsteller Paul Scarron geheiratet, der berühmt war wegen seiner Komödien im Stil des spanischen Theaters. [...] Die Königin wollte ihn sprechen, bat ihn in den Louvre, wo sie residierte; er wurde in einem Tragstuhl dorthin gebracht, weil er durch eine Krankheit zum Krüppel geworden war, begleitet von seiner jungen Frau. Christina, nach ihrem Gespräch mit Scarron, richtete ihre Aufmerksamkeit auf Madame Scarron, lobte sie als reizend und geistreich und meinte, nicht mehr überrascht darüber zu sein, in Scarron trotz seiner Leiden den heitersten Menschen getroffen zu haben, da er ja mit der liebenswürdigsten

Frau von ganz Paris verheiratet sei. Françoise Scarron-d'Aubigné soll jahrzehntelang von diesem Kompliment gezehrt haben. Frauensolidarität? Dieser Ausdruck, erfunden im 20. Jahrhundert, lag der Königin ganz und gar nicht, auch wenn man das Wort mit ›Verständnis für Frauen‹ oder ›Sinn für andere Frauen und ihre Nöte‹ übersetzt hätte. [...] Aber sie hatte einen ungetrübt beobachtenden Blick für Menschen, urteilte nach ihren eigenen Maßstäben, fällte heftige und souveräne Ansichten, so wie sie alles heftig und souverän tat.« (S. 175 f.)

In Utrecht begegnete Christina der 19 Jahre älteren Anna Maria van Schurman. Diese zählte 47 Jahre und hatte Kunst und Musik mit der Gelehrsamkeit vertauscht. Über ihre Studien war sie zur Feministin avant la lettre geworden – wohingegen Christina ein männliches Denken und als Herrscherin männliche Vorbilder pflegte, allen voran Alexander den Großen, und überhaupt sich fühlte wie ein Mann, »wie ein König, ihr Leben lang« (S. 169). Doch der agile Geist Schurmans soll die sonst so selbstbewußte Königin verunsichert haben, die Begegnung von 1645 in Utrecht verlief nicht ganz harmonisch. Im Schicksal der beiden genialen Zeitgenossinnen aber stellt Laure Wyss auch Parallelen fest: Pietistin wurde in ihrer dritten Lebensphase die Holländerin, Quietistin und Maximenverfasserin die Schwedin.

Gewiß behandelt auch Laure Wyss den Kardinal Decio Azzolino – wie alle Biographen Christinas – als einen Protagonisten. Die Beziehung der Konvertitin zum römischen Kirchenmann nennt sie eine »love affair mit Stil« (S. 189); 33 Jahre bis zu Christinas Tod hat sie gedauert. Doch verhält sich die Erzählerin bei dieser Geschichte merkwürdig objektiv, verzeichnet distanziert die erreichbaren Dokumente wie Briefe und sonstige Schriften. Es gilt eben auch in diesem Buch – wie im ganzen Werk von Laure Wyss – über die Epochengrenzen hinweg eine Frauengeschichte zu schreiben. Und darin bleibt der Mann der ganz andere einerseits und der längst gedeutete andererseits. So erscheint der Kardinal wenn nicht als geheimnislos, so doch als die historische Figur, deren Geheimnis die Autorin auf sich beruhen läßt. Ihre Wißbegierde richtet sich auf die Frauenviten. In allen geschilderten Lebensgängen – auch in dem der Ich-Figur – ist eine Grundbewegung auszumachen, die Flucht vor drohender Erstarrung. Der Titel wird zur Chiffre: Weggehen ehe das Meer zufriert. Gemeint ist die Vereisung der Ostsee im frühen Winter, die die Schiffe am Auslaufen hindert. Die Ich-Figur entkommt in den 40er Jahren gerade noch rechtzeitig einer ermattenden Ehe und Christina als Monarchin den Zwängen und Etiketten eines Hofstaats. Nach zehnjähriger Herrschaft auch den bitteren Folgen des Dreißigjährigen Krieges. Sie, die Tochter Gustav Adolfs, des Kriegsherrn und Vorkämpfers für die protestantische Sache, wird katholisch, versteht sich als Friedensfürstin, bezieht somit Front gegen einen früh verlorenen Vater.

Nicht jede Flucht, nicht jede Bewegung zurück zum Leben gelingt auf Anhieb. Die verschiedenen Frauenfiguren müssen vor dem strengen Blick der Autorin bestehen, sich hartnäckig fragen lassen, wie sie's halten mit dem Mut zur Veränderung, zur Korrektur eines überlebten Zustands. Im Grunde geht's dabei immer um eine Selbsterforschung: Wie empfinde ich richtig und wahr, das heißt jeden Augenblick so, daß ich niemanden täusche, vor allem auch nicht mich selber. Die Frage nach der Verwandlung ist eine moralische Frage, ein Selbstgericht.

Das Gebot der Veränderung bildet den Mittelpunkt im Schreiben von Laure Wyss, erzeugt da die zentrale Energie. Trotz vielerlei Spiegelungen ihrer eigenen seelischen Person verkörpert sie das Gegenteil einer narzißtischen Autorin: Laure Wyss verhält sich immer klar, nüchtern, streng – »sobre« würde man französisch sagen. Um schonungslose Richtigkeit in der Darlegung seelischer Verhältnisse bemüht, kann der Ton höchstens einmal ins trocken Räsonierende kippen, nie aber ins Larmoyante oder Eitle; ins Literarische um des Literarischen willen schon gar nicht.

Laure Wyss' Maßstab könnte man als einen Existentialismus der Gerechtigkeit bezeichnen. Ein solcher hat letztlich auch die Basis gelegt für die sozialistischen Überzeugungen zur Zeit, da sie Redaktorin war. Sie dachte nie als Linksideologin, aber auch nicht als 68erin. So kann man ihre Figuren nicht auf einem Links-Rechts-Schema behaften, und, genau besehen, lassen sie sich auch nicht nur feministisch beurteilen. Das ist für Laure Wyss eine Frage der immer neu und für jede Lebensphase wieder anders geforderten Offenheit – und vielleicht ist es auch eine Frage der Generation.

Christina von Schweden besteht vor dem existentialistischen Blick so, daß sie der Autorin nicht nur Respekt, sondern auch Bewunderung abnötigt, genau gleich wie die Hausfrau und Instrumentenbauerin Kristina im *Roten Haus*. Der Rang spielt da überhaupt keine Rolle, im Gegenteil. Christina besteht trotz ihres hohen Rangs – und auch weil sie ihn aufgibt. Ein Hauptkriterium aber liegt für Laure Wyss darin: Wie besteht eine auch ohne Amt und Würden? Wie nimmt sie Verantwortung wahr angesichts des selber zu entdeckenden und zu erspürenden Lebens? Das ist eine existentialistische Fragestellung.

In allen ihren gelungenen Texten strahlt diese aus auf die Sprache, die immer eine Sprache des Gewissens und der Gewissenserforschung ist. Nicht der Spieltrieb löst dieses Schreiben aus, wie das der zwei Jahre ältere Max Frisch von sich behauptet. So erfinderisch sich Laure Wyss als Inszenatorin ihres Frauenpersonals gibt, ihre Figuren müssen immer neu vor einem moralischen Lebensgesetz bestehen, immer neu das Leben lernen: als »geübte Verwandlung« könnte man das mit Elias Canetti bezeichnen.[3] Diese geübte Verwandlung bedeutet die Menschlichkeit des Menschen und seine Würde: weit über jeden expliziten Glaubenssatz hinaus.

Peter Rühmkorf, der ganz anders dichtet, aber manchmal ähnlich denkt, schreibt in seiner poetologischen *Strömungslehre* von 1978 über etwas damals Obsoletes, das sogenannte »Positive«, das Positive der Literatur – und er faßt das so, als wollte er Laure-Wyss-Frauen wie Lisa, Martha, Kristina, A., Christina oder M. erklären:»Das sogenannte Positive freilich ist nicht so sehr eine Sache der Willensbekundung oder eines politischen und moralischen Bekenntnisaktes – das Positive ist vielmehr dort zu suchen, wo die bis in ihre Grundfesten erschütterte Person über das magische Wort zur Anerkennung ihrer selbst ermutigt wird.«[4]

Jede Irritation sollen sie ertragen, ja bis in ihre Grundfesten müssen sie sich erschüttern lassen, bis sie über magische Wörter zur Anerkennung ihrer selbst gelangen. Das gilt vor einem autobiographischen Hintergrund für alle Protagonistinnen der Laure Wyss. Diese Frauen schreiben über sich und erarbeiten so eine neue Vision ihrer Existenz.

1   Benita Cantieni: Schweizer Schriftsteller persönlich. Interviews. Frauenfeld 1983, S. 24
2   Laure Wyss: Schreiben, mein Handwerk. In: WoZ 6.8.93
3   Elias Canetti: Das Gewissen der Worte. Essays. München 1976[2], S. 267
4   Peter Rühmkorf: Strömungslehre I. Poesie. Reinbek bei Hamburg 1978, S. 270

CORINA CADUFF

Die Fernseharbeit von Laure Wyss

Ein Gespräch mit Doris Werner und Laure Wyss

Laure Wyss arbeitete von 1958 bis 1967 als freie Mitarbeiterin beim Deutschschweizer Fernsehen in Zürich. Zunächst war sie verantwortlich für das erste Frauenmagazin des Schweizer Fernsehens, für das »Magazin der Frau«, welches erstmals 1958 ausgestrahlt wurde. Laure Wyss gestaltete das Programm des Magazins und präsentierte es – als Moderatorin, als Interviewerin und Diskussionsleiterin – am Bildschirm. Das einstündige Nachmittags-Magazin wurde im Schnitt dreiwöchentlich gesendet und brachte jeweils ca. 6–7 verschiedene Themenbeiträge.

Ab 1962 kam die monatliche Sendung »Unter Uns« hinzu, eine einstündige Abendsendung mit monothematisch ausgerichteten Sozialreportagen. Auch für diese Sendung war Laure Wyss als Redaktorin und Präsentatorin verantwortlich. Insgesamt gestaltete und präsentierte Laure Wyss am Schweizer Fernsehen zwischen 1958 und 1967 rund hundert Live-Sendungen.

Doris Werner arbeitete von 1957 bis 1969 am Schweizer Fernsehen, zunächst als Script und Bildmischerin, dann als Regisseurin. Zwischen 1959 und 1967 führte sie Regie bei denjenigen »Magazin der Frau«- und »Unter Uns«-Ausgaben, die von Laure Wyss präsentiert wurden. Zusammen mit Laure Wyss generierte sie die Themen der Sendungen und war verantwortlich für die Studioeinrichtungen, für die Dreharbeiten und Sendeabläufe. Doris Werner und Laure Wyss bildeten derart über Jahre hinweg ein festes Zweierteam.

Die von Laure Wyss präsentierten Sendungen sind heute, bedingt durch die frühere Archivierungspraxis des Fernsehens, als Dokumente nicht verfügbar: Die damaligen Sendungen wurden nur auszugsweise und sporadisch archiviert, daher liegen sie nicht vollständig vor. Aufgezeichnet und aufbewahrt hat man ausschließlich einzelne vorproduzierte Filmbeiträge; Live-Sequenzen wie Moderationen oder Studio-Interviews hingegen wurden noch bis in die 80er Jahre hinein grundsätzlich nicht archiviert. Mit anderen Worten: Die Tätigkeit von Laure Wyss als Präsentatorin ist, wie diejenige anderer Moderatoren von damals auch, gar nie aufgezeichnet worden. Vom »Magazin der Frau« liegen lediglich knapp zehn Filmbeiträge aus den Jahren 62 und 63 vor; Filmmaterial der Reportagesendung »Unter Uns« ist im Archiv des Deutschschweizer Fernsehens nicht registriert.

Doris Werner und Laure Wyss kommen hier daher selbst zu Wort; im folgenden Gespräch (das Interview fand am 14. Januar 1996 statt) berichten sie über die Jahre ihrer gemeinsamen Fernseharbeit.

*

C.C.: Das Deutschschweizer Fernsehen sendet seit 1953; am 8. November 1958 wurde das erste »Magazin der Frau« ausgestrahlt. Wie hat sich die Idee eines Frauenmagazins im Schweizer Fernsehen damals ergeben, aus welchem politischen Kontext heraus ist diese Sendung entstanden?

Laure Wyss: Es war die Idee des damaligen Programmleiters Guido Frei, der mich zu jener Zeit als Pressechefin der Saffa 2* sprechen hörte und wahrscheinlich fand, man müsse jetzt auch den Frauen etwas liefern, deshalb hat er mich angefragt. Das

---

* Saffa: Schweizerische Ausstellung für Frauenarbeit. Die erste Saffa fand 1928 in Bern, die zweite 1958 in Zürich statt. Laure Wyss fungierte für die Saffa 2 während drei Wochen als Pressesprecherin, trat dann wegen Differenzen mit dem Organisationskomitee zurück und publizierte später im »Frauen-Spiegel« des »Luzerner Tagblattes« (11.10.58) ihre Kritik am Ausstellungskonzept (»Zwischen Bazar und Höhenweg«, in: Laure Wyss: Was wir nicht sehen wollen, sehen wir nicht. Journalistische Texte, hg. v. Elisabeth Fröhlich. Zürich 1987, S. 86–93).

politische Umfeld ... man dachte damals einfach, daß man etwas tun müsse für die Frauen.

Doris Werner: Zudem war auch der uns sehr wohlgesonnene damalige Fernsehdirektor Eduard Haas von der Idee eines Frauenmagazins durchaus angetan.

Laure Wyss: Stimmt, das war der oberste Boß, der sah einfach gerne schöne Mädchen, er kam immer ins Studio, wenn wir Mannequins hatten, und schaute zu. Aber er war frauenfreundlich. Die ersten Ausgaben des Magazins machte ich übrigens noch nicht zusammen mit Doris Werner, sondern mit Regisseur Walter Plüss, der mich und Doris während der ganzen weiteren Zeit über großzügig beraten hat.

C.C.: Laure Wyss, Sie waren von 1950 bis 1962 verantwortlich für die Frauenbeilage des »Luzerner Tagblattes«, d. h. Sie waren sowohl vertraut mit dem Frauenthema in der Medienlandschaft als auch mit den Printmedien. Waren solche Frauenbeilagen und andere Frauenblätter damals schon üblich?

Laure Wyss: Ja, das war üblich. Es gab diese spezifischen Frauenzeitungen, es gab die Elle, es gab die Femina, später die Annabelle. Ich war diesen gegenüber immer stolz darauf, zur Tagespresse zu gehören, ich fand, ich müsse die Frauenfrage in die Tageszeitung bringen. Und ich war immer stolz darauf, daß ich weder in Elle noch in Annabelle je eine Zeile veröffentlicht hatte, weil ich gegen solche ›Gärten‹ war. Ich sagte mir: Wir Frauen haben dann gesiegt, wenn wir auf der ersten Seite der Züri-Zeitung stehen. Das war mein Interesse: die Frauenfrage als politische Frage in die Medien zu bringen.

C.C.: Sie kamen damals also von den Printmedien, im Fernsehen waren Sie für das »Magazin der Frau« und später auch für die sozialthematische Sendung »Unter Uns« verantwortlich, und zwar in Personalunion als Programmgestalterin, als Redak-

torin und Moderatorin – wie erlebten Sie den Fernsehjourna-
limus im Vergleich zu Ihrer Erfahrung des Printjournalismus?

Laure Wyss: Er war hinreißend für mich, denn man wendete
sich viel direkter an die Rezipientinnen, als dies bei der Zeitung
der Fall war. Was mich immer wieder bestärkte weiterzufahren
in dieser sehr schwierigen und exponierten Arbeit, war nicht
nur die konkrete Zusammenarbeit mit Doris Werner, die mich
sehr fesselte, sondern auch die Reaktionen der Zuschauerinnen
und Zuschauer. Es bestürzte mich, daß die Frauen es honorier-
ten, daß man sich direkt an sie wandte und daß man sie ernst
nahm – daran waren sie damals noch gar nicht gewöhnt. Das
war ein großes Stimulans für meine Fernseharbeit.

C.C.: Doris Werner, wie war damals das für das »Magazin der
Frau« verantwortliche Fernsehteam organisiert, wie ging die
Produktion vonstatten?

Doris Werner: Für die Ideen und Themen der Sendung waren Laure Wyss und ich alleine zuständig; wir recherchierten, wir machten
ein Skript, und Laure lud die Leute ins Studio ein. Ich mußte dann
weiter an die Technik gelangen und eine Film- oder Livecrew be-
antragen. Es bestand kein zusammengeschweißtes Produktions-
team, ich arbeitete einzig mit Laure sehr eng zusammen.

Laure Wyss: In diesem Kontext muß man auch betonen, daß
wir sehr frei waren, wir hatten weder einen Ressortchef noch
einen Abteilungsleiter – als später der erste Abteilungsleiter für
die Ressorts Familie und Erziehung kam, hatten wir in unserer
Machart einen solchen Vorsprung, daß uns niemand etwas anhaben konnte. In unserer Arbeit waren wir nur gegenüber dem
Programmdirektor Guido Frei verantwortlich, der uns ›reichs-
unabhängig‹ nannte.

C.C.: Sie bestimmten und realisierten die Themen also völlig im
Alleingang?

Laure Wyss: Ja absolut, absolut! Wir teilten unsere Themen der Programmleitung jeweils mit, nachdem sie ausgearbeitet waren, aber in der Themenbestimmung waren wir völlig frei, total frei! Trotzdem aber war es ein Zweifrontenkrieg: erstens mußten wir uns gegenüber außen, gegenüber dem Publikum behaupten, wir mußten Zuschauer gewinnen, auch wenn wir damals noch nicht unter dem Druck von Einschaltquoten standen. Zweitens versuchten wir uns gegen innen dem Betrieb unentbehrlich zu machen.

C.C.: »Das Magazin der Frau« und später auch die Sendung »Unter Uns« bestand aus Live-Sequenzen, aus Studiomoderationen und -diskussionen sowie aus vorproduzierten Filmbeiträgen, die jeweils eingespielt wurden – hat Ihnen diese Sendestruktur auch erlaubt, aktuell auf konkrete Ereignisse zu reagieren?

Laure Wyss: Nein, wir waren nicht in diesem Sinne aktuell. Ein Frauenkongreß zum Beispiel ging uns nichts an, das übernahm die Tagesschau. Wir versuchten vielmehr, gewisse Themen aktuell zu machen. Ein Anliegen von mir war dabei übrigens sehr, daß ich gewisse Leute, die mir wichtig schienen, in die Sendung einlud, um sie ans Fernsehen zu gewöhnen. Das fand ich sehr wichtig.

C.C.: Zum Beispiel?

Laure Wyss: Den Literaturwissenschaftler Karl Schmid von der ETH, den Publizisten August E. Hohler oder auch den bekannten Juristen Martin Howald.

Doris Werner: Oder auch Fritz Tanner, einen blinden Pfarrer und Eheberater, der sich damals mit psychologischen Vorträgen profilierte. Er war bei uns Gast sowohl im »Magazin der Frau« als auch in »Unter Uns«. In der Folge dieser Auftritte bei uns trat er danach – wie etwa auch August E. Hohler – in anderen Fernsehsendungen auf, wodurch er sehr bekannt wurde.

Laure Wyss: Ja, so holte ich Leute ins Fernsehen, die ich schätzte, von denen ich fand, sie hätten etwas zu sagen und sie müßten das Medium kennenlernen. Das war wichtig, denn das Fernsehen war zu der Zeit noch ein Schreck. Die geistigen Köpfe von damals sagten immer: um Gottes willen, nur kein Fernsehen.

C.C.: Das bedeutet also auch, daß das heute bestehende kollektive Begehren, ins Fernsehen zu kommen, noch nicht existierte bzw. daß der kollektive Narzißmus, den das Fernsehen produziert, damals gesellschaftlich noch nicht etabliert war. Die geistigen Köpfe von heute mögen ja auch übers Fernsehen schimpfen, aber wenn es darum geht, in dieser oder jener Sendung als ›Experte‹ ein Statement abzugeben, dann geht trotzdem jeder hin. Demgegenüber ging es in den frühen 60ern also noch darum, die Leute für das Fernsehen überhaupt erstmal zu initiieren?

Laure Wyss: Ja absolut, genau. Das betrieben wir bis zum Exzeß.

Doris Werner: Ich glaube wirklich, daß wir in dieser Hinsicht Pionierarbeit geleistet haben.

C.C.: Würden Sie dies auch sonst von sich sagen, daß Sie damals Pionierinnen im Schweizer Fernsehen waren?

Laure Wyss: Ich würde auch hier wiederum sagen, daß es darum ging, die Frauen ernst zu nehmen und dafür zu sorgen, daß sie nicht erst dann ins Spiel kamen, wenn es ums Kochen ging. Deshalb ließ ich, wenn es bei uns ums Kochen ging, neben bekannten Köchinnen wie etwa Rosmarie Wehrli von der Firma Maggi immer auch Männer kochen – zum Beispiel August E. Hohler oder den Kabarettisten Charles Vaucher, das war damals noch völlig neu. Es ging darum, beispielsweise die Kindererziehung genauso ernst zu nehmen wie die in der Tagesschau behandelten Themen. Das war neu, und da waren wir Pionierinnen, das muß ich sagen, ja.

C.C.: Die Themen des »Magazins der Frau« waren ja sowohl explizit politisch als auch ›klassisch-weiblich‹. So gab es auf der einen Seite Komplexe wie »Frau und Recht« oder »Frau und ihr soziales Umfeld«, auf der anderen Seite Ressorts wie eben Kochen, Haushalt oder auch Mode. Welche Absicht stand hinter dieser Themenspreizung?

Laure Wyss: Wir machten das sehr bewußt so, und ich finde dies heute noch absolut richtig. Wir versuchten, die Hausfrau intellektuell und die intellektuelle Frau haushälterisch anzusprechen. Eine gute Mischung.

C.C.: Gibt es eine bestimmte Sendung oder eine bestimmte Szene des »Magazins der Frau«, die Ihnen bis heute besonders in Erinnerung geblieben ist?

Laure Wyss: Vielleicht weniger eine bestimmte Sendung als einfach insgesamt, daß wir Leute wie Professoren, Pfarrer oder Behördenvertreter für das Magazin interessieren konnten, Leute, die wirklich etwas zu sagen hatten. Die ›Pflege‹ dieser Gäste war eine Riesenarbeit. Aber wenn sie gut waren – und das waren sie, daran erinnere ich mich sehr genau –, dann war das auch ein Erfolg unserer Arbeit. – Als konkretes Beispiel einer Szene kommt mir jetzt doch der ehemalige Kabarettist und Chefredaktor des »du« in den Sinn, Arnold Kübler, der in einer Ostersendung des »Magazins der Frau« den Osterspaziergang aus Goethes Faust rezitierte, das war wunderbar.

C.C.: Ob das wohl symptomatisch ist, daß Ihnen hinsichtlich des »Magazins der Frau« gerade eine Faust-Szene in den Sinn kommt ... Da könnte man sich ja doch fragen, was denn der Osterspaziergang in einer Frauensendung verloren hat. – Bedeutet das, daß Sie auch nicht-frauenspezifische Themen in die Sendung quasi hineinschmuggelten?

Doris Werner: Wir faßten das ›Frauenthema‹ nie eng auf, zu keiner Zeit. Wir sahen uns also nicht veranlaßt, eine Sendung zu machen, die ›die Frau‹ umfaßt. Das war auch innerhalb des Fernsehbetriebs überhaupt kein Problem. Nach 1962, als es mit der »Unter Uns«-Sendung losging, kam es vor, daß wir einzelne Beiträge des »Magazins der Frau« thematisch vertieften, indem wir daraus eine »Unter Uns«-Sendung machten, die jeweils im Unterschied zum »Magazin der Frau« monothematisch war. Wenn es Themen gab, die uns sehr interessierten und die sich schnell ausweiteten, dann machten wir durchaus auch mal zwei ganze »Unter Uns«-Sendungen daraus. Wir waren also dank der damaligen Arbeitsstruktur im Fernsehen so beweglich, daß wir relativ kurzfristig solche Entscheide fällen konnten.

Laure Wyss: Das waren wirklich Vorteile. Ich meine, daß wir innerhalb des Fernsehens so brav und gut arbeiteten, daß im Hause selbst manchmal keiner merkte, wie fortschrittlich wir eigentlich waren. Die hatten zudem wahrscheinlich auch einfach nicht die Zeit, uns streng zu beobachten.

C.C.: Gab es Anfang der 6oer Jahre im deutschen Sender auch ein Frauenmagazin?

Doris Werner: Ja, doch es war damals nicht im Gespräch. Auf jeden Fall machte man keine Vergleiche.

C.C.: Wie ist es für Sie, wenn Sie heute etwa »lipstick« schauen oder das ZDF-Magazin »Mona Lisa«, wie sehen Sie diese Magazine im Vergleich zu Ihrem »Magazin der Frau«, das nun schon über dreißig Jahre zurückliegt?

Doris Werner: Im Grunde genommen ziehen diese beiden Sendungen ihre Thematik ganz ähnlich durch wie wir damals, aber sie sind monothematisch. Sie sind heute vielleicht gerade durch diese jeweils themenspezifische Ausrichtung und die entsprechende Kontextualisierung politisierter. Wir haben ja früher im Gegensatz dazu immer viele verschiedene Themen in einer Sendung behandelt und diese nicht zwingend politisch verankert. Aber das ist vermutlich eine Frage der Zeit.

C.C.: Das betrifft ja auch den Diskurs der Geschlechterdifferenz, der sich im Laufe der 70er und der 80er Jahre etabliert hat und in den heutige Frauenmagazine von vornherein eingebunden sind, im Gegensatz zur Zeit Ihres »Magazins der Frau«, zu der dieser Diskurs eben noch nicht zur Verfügung stand. – Gleich geblieben zu sein scheint aber die Form des Magazins: Das Magazin ist ja eine seit geraumer Zeit schon und gegenwärtig noch immer völlig favorisierte und uniform gewordene Sendestruktur, in der heute fast alles, vom Sport über die Kultur bis hin zu den Nachrichten, präsentiert und teilweise förmlich stillgestellt wird. Welchen Stellenwert hatte demgegenüber das Magazin in den frühen 60ern?

Doris Werner: Es gab ein Sportmagazin, dann Roman Brodmanns Freitagsmagazin, welches gesellschaftliche und politische Themen behandelte ... Das Magazin war damals im Kommen, eigentlich versuchte jede Abteilung auf ihre Art, ein eigenes Magazin zu machen.

C.C.: Laure Wyss, 1962 fragte man Sie an, ob Sie auch die Redaktion und Präsentation der Sendung »Unter Uns« übernehmen wollen, einer monatlich ausgestrahlten, einstündigen Abendsendung, die aus Sozialreportagen bestand und die im Gegensatz zum »Magazin der Frau« monothematisch ausgerichtet war. Was bedeutete diese Anfrage für Sie?

Laure Wyss: Das bedeutete für mich in erster Linie, daß ich mehr Möglichkeiten hatte, nun auch soziale Fragen zu behandeln, die mich sehr interessierten.

Doris Werner: Wichtig gegenüber dem jeweils am Spätnachmittag ausgestrahlten »Magazin der Frau« war natürlich auch die Sendezeit von »Unter Uns«, die jeweils zwischen den Abend-

und den Spätnachrichten lag – also ein sehr vorteilhafter Sende-platz. Das war schon auch eine Auszeichnung unserer Arbeit.

C.C.: Mit dieser Sendung sind Sie also an einen renommierten Ort innerhalb der Fernsehhierarchie vorgerückt. Die Themen, die Sie zwischen 1962 und 1967 in »Unter Uns« aufgegriffen haben – unter anderem Homosexualität, Alkoholismus, Geburtenregelung, Körperstrafe, sexueller Mißbrauch von Kindern –, muten heute ganz modern an, waren aber damals gesellschaftlich noch tabuisiert. Hatten Sie auch hier völlige Freiheit in der Themenwahl, konnten Sie weiterhin allein bestimmen?

Laure Wyss: Nur allein, nur allein, nur allein! Es wurde kein Wunsch von oben ausgesprochen, und es wäre auch keiner akzeptiert worden. Wir waren auch hier wirklich vollständig unabhängig.

C.C.: Wenn man bedenkt, wie extrem arbeitsteilig die heutige Fernseharbeit organisiert ist und wie sehr die entsprechenden Betriebsstrukturen hierarchisiert sind, dann ist das fast unvorstellbar. Umsomehr, als Sie, Laure Wyss, während Ihrer ganzen Zeit am Fernsehen ohne Vertrag als freie Mitarbeiterin arbeiteten und pro Sendung bezahlt wurden.

Laure Wyss: Wenn man so zurückblickt, dann war es im Vergleich zu heute tatsächlich paradiesisch. Aber das konnte damals auch nur so gut funktionieren, weil wir einfach ein gutes Team waren, das muß man immer wieder betonen. Ich machte im Fernsehen meine erste große, wirkliche Teamerfahrung, vor allem mit Doris Werner. Ich kam ja von der Zeitung und verstand vom Fernsehen selbst praktisch nichts; das Script, die Einrichtung der Studios, die Einstellungen, die Sendeabläufe ... das bewerkstelligte alles Doris. Wir hatten natürlich die jeweiligen Kamera- und Tonequipen von unserer Arbeit zu überzeugen. Diese bemühten sich dann auch darum, mit uns zusammenzuarbeiten, und das war für mich ein gewaltiger Fernseherfolg. Am Anfang dachten dort einige doch einfach ›diese Weiber‹, nicht wahr, und Direktor Haas warf uns einmal vor, daß wir immer unsere Einkaufstaschen ins Fernsehen brachten; er beschwerte sich zwar nie über unsere Sendungen, aber diese Einkaufstaschen ... Wenn es dann später soweit kam, daß die Equipen mit uns arbeiten wollten, so war das schon eine unglaubliche Genugtuung für mich.

Doris Werner: Auch ich muß dazu sagen, daß ich ein solches Teamwork wie dasjenige mit Laure Wyss weder vorher noch nachher je wieder erlebt habe. Das war einmalig. Wir konnten uns in unseren Fähigkeiten einfach optimal ergänzen.

C.C.: Auch hier die Frage: Gibt es eine »Unter Uns«-Sendung, die für Sie ganz besonders war und die Sie hier schildern könnten?

Laure Wyss: Ja, und zwar meine letzte, eine Sendung aus dem Jahre 1967. Ich war damals mit der Resozialisierung von Strafgefangenen beschäftigt, ein Thema, das mich sehr interessierte und das damals vollkommen tabuisiert war. Man sprach nicht von Strafgefangenen, man sprach nicht von Hindelbank und anderen Strafanstalten, das lag völlig außerhalb der gängigen Berichterstattung. Wir machten also – und das war wirklich eine Sensation – wir machten eine Direktsendung aus dem Gefängnis Saxerriet, wo wir die Insassen interviewten. Das war ungeheuerlich eindrücklich und erforderte wochenlange Vorbereitung: Wir mußten natürlich erstmal den Gefängnisdirektor von der Sendung überzeugen, zudem brauchten wir die Erlaubnis des Regierungsrates von St. Gallen, es gab große Interview-Vorbereitungen mit der Equipe und anderes mehr – eine riesige Vorarbeit.

Im Gefängnis Saxerriet waren vorwiegend Insassen, die erstmals straffällig geworden sind, wobei außerordentlich viele Alkoholdelikte vorlagen. Ich hatte nun immer schon zu tun gehabt mit Frauen und Töchtern von Alkoholikern, und mich interessierte also insbesondere auch die Situation der Frauen der Strafgefangenen. Ich wünschte daher, mit diesen Frauen zu sprechen; das war delikat und sehr schwierig zu organisieren, aber es ist mir dann schließlich gelungen, mit ihnen über den Gefängnisdirektor Kontakt aufzunehmen und ein Treffen zu vereinbaren. Dieses Treffen war eines meiner größten journalistischen Erlebnisse, denn die Frauen reagierten bereits im Vorfeld positiv auf meinen Namen und brachten zum Ausdruck, daß sie mir gerne Auskunft geben würden. So machte ich die Film-Interviews mit ihnen. Natürlich durften die Frauen im Filmbeitrag nicht erkannt werden. Als ich und Doris im Schneideraum vor diesen Bildern saßen, da haben wir beide geweint – das sind Erlebnisse ...

Die Sendung selbst war ein derartiger Höhepunkt, daß ich mir sagte, dies ist das letzte, was ich gemacht habe, besser kann es nicht mehr werden.

C.C.: Laure Wyss, Sie präsentierten zwischen 1958 und 1967 als freie Mitarbeiterin am Schweizer Fernsehen an die hundert Live-Sendungen. Dazu muß auch gesagt werden, daß Sie seit Ende 1962 als Redaktorin beim »Tages-Anzeiger« angestellt waren. 1967 legten Sie Ihre Fernseharbeit definitiv nieder. Lag dieser Entscheid spezifisch im Medium Fernsehen begründet?

Laure Wyss: Nun, der Betrieb war ja zunächst sehr locker organisiert, wodurch wir auch diese enorme Freiheit hatten. Dann kam diese immer stärker werdende Tendenz zur Verwaltung des Betriebs, es entstanden Ressorts und Abteilungen mit den entsprechenden Hierarchien. Direktor Haas fragte mich an, ob ich eine ordentliche Angestellte werden und die Leitung eines Ressorts übernehmen wolle. Das hätte natürlich die Aufgabe meiner Unabhängigkeit bedeutet, und so entschied ich mich für die Weiterführung der Arbeit beim »Tages-Anzeiger«.

Doris Werner: Ich möchte hier gern hinzufügen, daß es am Ende unserer gemeinsamen Zusammenarbeit ganz offensichtlich war, daß sich die Betriebsstrukturen massiv änderten und daß unsere Arbeitsweise so nicht mehr weiterzuführen gewesen wäre. Das war ganz klar. Ich war noch bis 1969 beim Fernsehen, aber ich konnte nie mehr in der Weise arbeiten, wie das noch zu den Zeiten von Laure Wyss möglich gewesen war.

C.C.: Lassen Sie uns in diesem Zusammenhang zum Schluß noch den intellektuellen Ort des Mediums Fernsehen ansprechen. Aufgrund der heutigen Fernsehpraxis muß man wohl sagen, daß dieses Medium keinen intellektuellen Ort konstituiert und daß es intellektuelle Arbeit weitgehend ausschließt – mit einigen wenigen Ausnahmen vielleicht, die ja aber kaum im Schweizer Fernsehen zu finden sind. Würden Sie von Ihrer Fernseharbeit her sagen, daß das Fernsehen der 60er Jahre im Gegensatz zu heute noch eher einen intellektuellen Ort darzustellen vermochte?

Laure Wyss: Davon bin ich fest überzeugt, das hängt mit den Strukturen zusammen. Meine Vertragslosigkeit zum Beispiel ist heute undenkbar, ich erkaufte sie mir damals teuer, indem ich wenig verdiente. Ich dachte nach jeder Sendung: vielleicht ist es die letzte. Wenn man es so auffaßt, ist es möglich, einen intellektuellen Ort daraus zu machen. Aber die heutigen festen Strukturen, die festen Honorarverhältnisse usw. machen jenen Versuchscharakter, jenen Spielcharakter unmöglich.

C.C.: Es ist ja gerade das Spielerische, das Offenheiten bedingt, und Intellektualität ist ja der spielerische, kreative und kritische Umgang mit Versuchsanordnungen.

Laure Wyss: Ja genau, wir haben uns natürlich damals gegenseitig gesteigert in unseren Versuchen und Mutwilligkeiten, nicht wahr?

Doris Werner: Ja natürlich, das gilt für die damaligen Zeiten, tempi passati.

HUGO LOETSCHER
Eine Erinnerung nicht zu missen

Es waren die Gespräche. Und wenn ich schreibe ›waren‹, heißt das nicht, daß heute keine mehr stattfänden. Die Vergangenheitsform weist auf die Zeit hin, als wir uns kennenlernten, auf die ersten Begegnungen, als aus einer professionellen Beziehung entstand, was man Freundschaft nennen darf.

Es war Anfang der 70er Jahre, als das »Tages-Anzeiger-Magazin« gegründet wurde. Hinter mir lag die Affäre mit der »Weltwoche«; aus einem »ständigen Mitarbeiter der Chefredaktion« war ein Freischaffender geworden, dessen Freiheit darin bestand, sich nach Arbeit umzusehen.

Das »Tages-Anzeiger-Magazin«, das bald zum berühmten und häßlichen Kürzel »Tagi-Magi« kommen sollte, lockte mit seiner Formel: Es bot die Chance, in der Schweiz zu pflegen, was man international als »new journalism« apostrophierte, ein Schreiben jedenfalls, das der zunehmenden Boulevardisierung (das Wesentliche in einem knappen Satz) entgegenlief, ein Konzept, das interdisziplinäres Interesse erlaubte, ein Forum, das Anspruch stellte und dem gerecht zu werden man sich herausgefordert fühlte.

Für dieses Magazin und seine journalistische Konzeption garantierte ein hochkarätiges Dreigespann. Mit Peter Frey und Hugo Leber eine Redaktorin wie Laure Wyss, die ich bis anhin nur von ihren Arbeiten her kannte. Bei unserer ersten Begegnung stand für mich fest, daß das eine Frau war, die nicht nur ein Recht auf Respekt hatte, sondern die ihrerseits die hohe Fähigkeit besaß, gelten lassen zu können.

In den Räumen dieser Redaktion fanden Gespräche statt; so selbstverständlich ist das nicht, und es ist, wie mich die Erfahrung lehrt, immer weniger selbstverständlich. Man war als Mitarbeiter nicht jemand, der mit einem Auftrag bedacht wurde oder ein bloßer Lieferant von etwas, das als brauchbar taxiert wurde. Man hockte in den Büros herum und redete über Gott und die Welt, es konnte bei so Unverbindlichem wie Gott und der Welt bleiben, aber unvermutet fiel eine Bemerkung, die man weiterspann und die sich als Einfall erwies.

Gespräche aber auch, bei denen es immer zugleich um die Möglichkeit von einem Journalismus ging, der sich als eine Sparte der Verantwortung verstand. Die Gespräche waren nicht konform mit dem Zeitgeist, der in den Nachwehen von 68 sich in Terminologien festgefahren hatte. Nun hieß liberale Offenheit nicht, daß man keinen Standpunkt gehabt und keinen bezogen hätte; der kritische Stellungsbezug war erwünscht und notwendig. Aber die Kritik kam von der Sache her und nicht von der vorgefaßten Meinung einer wie immer auch gut gemeinten Ideologie. Ein Journalismus stand zur Debatte, bei dem der Autor sich nicht verleugnen sollte, aber er sollte sich auch nicht zum Maßstab nehmen. Die Erkenntnis, daß es keine absolute Objektivität gab und daß der subjektive Standpunkt stets ersichtlich sein sollte, hieß nicht, daß es keine Fakten mehr gab und daß nur noch die Befindlichkeiten des Schreibenden zählten.

In der Hinsicht verhielt es sich mit den Redaktorinnen und Redaktoren, welche die Dreier-Equipe später ablösten, zusehends anders. Da trat der Redaktor auf, der durchaus gewillt war, sich mit Mitarbeitern einzulassen und der dem Mitarbeiter auch gleich kundtat: Ich stelle mir Ihren Artikel so und so vor. Und der entwarf, was er geliefert haben möchte.

Ja, es gibt zwei Typen von Redaktoren: die, die es wissen, und die, welche Wissen vermitteln wollen; die, welche es wissen, neigen dazu, es besser zu wissen, und die andern zeichnet aus, was Laure Wyss, zu unserem und zu ihrem Vorteil, besitzt: intellektuelle Neugierde, den Wunsch nach Wissen, das Anteil nimmt, und damit ein Bedürfnis, über diese unsere Welt etwelche Klarheit zu erlangen, und die Überzeugung, dazu beizutragen, indem man informiert, sei es aus anderer oder aus eigener Hand.

Nun war Laure Wyss nicht nur Redaktorin und als solche eine hervorragende Leserin der Manuskripte, wie sie mit diesem Sinn für Genauigkeit selten sind. Sie hatte sich ja ihren Namen als Journalistin gemacht, und in dieser Eigenschaft war sie mir auch ein Begriff geworden. Wenn etwas zu unserem gegenseitigen Vertrautsein und Anerkennen beitrug, dann war es nicht zuletzt das Eingeständnis, wie sehr wir beide uns mit dem Schreiben abquälten, weil selbst die kleinste Notiz in der Zeitung kein Schaffen mit dem kleinen Finger der linken Hand erlaubt.

Welche Qualitäten ihre Zeitungsarbeiten besaßen (und behielten) wurde einem erneut klar, als Elisabeth Fröhlich 1987 eine Sammlung von Artikeln aus einer mehr als zwanzigjährigen Journalistentätigkeit herausgab. Was die ersten Artikel auszeichnete, traf auch für die späteren Arbeiten zu: ein Spürsinn für das, was Thema werden sollte, vorweggenommene Aktualität, ein Benennen der Dinge, bevor sie einen Namen haben. Oder, wie es Laure Wyss selber sagte: »Was wir nicht sehen wollen, sehen wir nicht.« Sie hat für die, welche nicht sehen wollen, gesehen, und für die, welche sahen, genauer hingeschaut.

Was in diesen Artikeln einnahm und nach wie vor überzeugt, war der Einsatz und Ansatz. Als Ausgangspunkt stets eine konkrete Situation, ein realer Fall, eine menschliche Bedingtheit. Nicht vom Problem ging sie aus, sondern von erlebter Wirklichkeit, indem sie sich mit dieser befaßte, kam sie zu den Problemen. So verlor sich das, wovon sie sprach, nie im Abstrakten oder Terminologischen. Auch nicht im Didaktisch-Moralisierenden, wo der Moment und der Anlaß Empörung und Protest abforderten; und Laure Wyss, empfindlich auf falsche Töne, konnte vernehmbar empört sein, wo immer sie Schaumschlägerei ausmachte. Was sie vortrug, behielt Anschaulichkeit und erlangte dadurch Überzeugungskraft. Schreiben war für sie ein Selbstbehauptungswille, der aber nie im Privaten endete. Sie schrieb über Frauen, als es noch keine Frauenfrage gab, aber sie ist mit verantwortlich, daß es heute das gibt, was man Frauenfrage nennt, und dafür, daß es auf diese Frage auch Antworten gibt. So sehr sie Avantgarde wurde, sie reduzierte sich nicht zur Spezialistin; mit dem, was sie als Schicksal von Frauen anvisierte, behielt sie immer die Gesellschaft als Ganzes im Auge, womit ihre Kritik verbindlich und zuständig wurde. Was ihre Zeitungsarbeiten als Gesinnung und Können auszeichnete, fand sich auch wieder in ihren Buchpublikationen: ob sie Frauen ihre Geschichten erzählen ließ und diese zu Protokoll gab, ob sie das Tagebuch einer Gefangenen wie Livia publizierte oder ob sie mit *Mutmaßungen über die Hintergründe einer Familientragödie* die Dokumentation über *Ein schwebendes Verfahren* vorlegte. Sie, die einfühlsam, aber nie sentimental war und unvoreingenommen von andern gesprochen und über andere geschrieben hatte, äußerte sich mit großer Diskretion über sich selber. Dafür ist *Mutters Geburtstag* ein bezeichnendes Beispiel: Notizen zu einer Reise durch Spanien werden zum Nachdenken über A. und führen zur eignen Person. Dieses Buch, in dem »eine Frau ihre eigne Wahrheit sucht«, ist Entdeckung und Bestätigung zugleich einer neuen Möglichkeit, jener von Laure Wyss als Erzählerin.

IRENA SGIER

Laure Wyss – Grenzgängerin zwischen Literatur und Journalismus?

»Mit dem Unterschied zwischen journalistischem und literarischem Schreiben habe ich große Mühe. Ich war immer der Meinung, man schreibt gut oder man schreibt schlecht. Ich fand nie, daß das literarische Schreiben etwas Höheres sei als das journalistische Schreiben. Es ist kein Ausweis, daß man besser schreibt, wenn man zwischen zwei Buchdeckeln erscheint, als wenn man in der Zeitung erscheint. Ich empfand also meine journalistische Arbeit nicht als minderwertig.«[1]

Mit diesen Sätzen antwortet Laure Wyss auf die Frage, weshalb sie so spät – erst nach der Pensionierung – begonnen habe, literarische Texte zu schreiben. Diese Antwort – eine Negation der Differenz zwischen Journalismus und Literatur – ist zugleich eine Verteidigung der eigenen jahrzehntelangen journalistischen Arbeit. Weshalb diese Verteidigung? Weil die Autorin selbst beide Schreibweisen, die literarische und die journalistische, praktiziert? Weil sie von der einen zur anderen wechselt?

Im Fall von Laure Wyss fällt dieser Wechsel mit der Pensionierung zusammen – ein Zusammenhang, den die Autorin selbst kausal erklärt:

»Nach der Pensionierung hatte ich einfach die Möglichkeit und die Zeit, längeratmig zu schreiben, wurde nicht mehr gehetzt von einem Thema zum anderen.«[2]

Gehetztwerden, Kurzatmigkeit: zwei Hinderungsgründe für literarisches Schreiben, die vor dem Hintergrund der sozialen und ökonomischen Situation des 20. Jahrhunderts zu sehen sind. Gründe auch, die geschlechtsspezifische Züge tragen, wenn man weiß, daß Laure Wyss als alleinerziehende Mutter eine sogenannte Doppelbelastung zu bewältigen hatte.

Zeitmangel und Hetze mögen also erklären, warum literarisches und journalistisches Schreiben nicht in der gleichen biographischen Zeitspanne Platz fanden. Nicht erklärt ist damit, weshalb die Frage nach dem späten Beginn literarischen Schreibens eine Verteidigung der journalistischen Arbeit evoziert.

Journalistischer und literarischer Diskurs

Literatur und Journalismus sind Diskurse, die, einmal vom Autor in die Außenwelt entlassen, auf unkontrollierbaren Wegen ihr Publikum finden. Als individuelle *und* gesellschaftliche Praxis sind sie in die Geschichte eingebunden. Ausgeprägt verfolgen läßt sich diese Verschränkung am Beispiel von Texten aus der Frauenbewegung der 6oer und 7oer Jahre: Die gegenseitige Durchdringung gesellschaftlicher und individueller Praxis, wie sie in diesen Texten zum Ausdruck kommt, trifft heute auf Rezeptionsweisen, die anderen gesellschaftlichen Konstellationen und Konstruktionen entstammen.

In einer ersten empirischen Bestimmung lassen sich die beiden Diskursarten an vier Achsen festmachen: *Produktionsbedingungen, Zeitbezug, Autorschaft, Publikum.*

Zu den *Produktionsbedingungen* gehören im Fall des Journalismus die Redaktionsarbeit, die materielle Erscheinungsweise des jeweiligen Mediums, Zeilen-/Seiten-Honorare, feste oder freie Anstellung mit oder ohne Arbeitsvertrag, die Möglichkeit, Berufsverbänden beizutreten, das Aushandeln und Durchsetzen von Themen, die Integration von Autor und Text in strukturelle und kommunikative Zusammenhänge. Für die literarische Produktion besteht in der Regel eine schwache strukturelle Einbindung: die ohne expliziten Auftrag verfaßten Texte werden nach Fertigstellung einem Verlag angeboten, das Einkommen schwankt, Berufsverbände bestehen, bieten dem Autor jedoch kaum berufliche und soziale Sicherheit. Während auf die Zeitung zudem Abonnenten und Abonnentinnen warten, kann das zeit- und kostenintensive Medium ›Buch‹ mit keinem sicheren Käuferkreis rechnen.

Auch die zweite Achse, der *Zeitbezug*, markiert einige Unterschiede: Literatur verlangt dem Autor, dem Produzenten und meist auch dem Leser gewöhnlich mehr Zeit ab als journalistische Texte. Letztere begegnen dem Anspruch, sich in der Zeit zu verorten; nicht immer ist Aktualität gefordert, aber die Angabe der Zeit, auf die sich ein Text bezieht, ist unbedingtes Erfordernis. Diesem Zwang kann sich Literatur entziehen; ihre Texte müssen weder die Zeit noch den Ort des Geschehens eindeutig ausweisen. Dafür wollen sie als Texte länger in Umlauf bleiben, vielleicht übersetzt, neu aufgelegt, kommentiert und interpretiert werden: sich also in anderen diskursiven (auch geographischen, sozialen, historischen) Kontexten wiederfinden.

Die *Autorschaft*, die dritte formale Achse der beiden Diskursarten, verweist im Bereich Literatur auf Unaustauschbarkeit. Hier wird nicht gefragt, wer über ein bestimmtes Thema schreibt, sondern allenfalls worüber ein bestimmter Autor schreibt. Anders im Journalismus: Ausgangspunkt sind normalerweise Themen. Auch wenn der Autor sich einen unverwechselbaren Namen erkämpft, bleibt der Vorrang des Themas vor dem Autor bestehen.

Schwieriger zu differenzieren ist das *Publikum*. Literatur und Journalismus zirkulieren in derselben Gesellschaft. Sie teilen sich ein potentielles Publikum, das sich nicht für eine der beiden Diskursarten entscheidet, das auf beide parallel zugreift, je nach Bedarf, Bildungsstand, Situation und Geschmack.

Diese kartographische Grenzziehung ignoriert die normativen Regelsysteme, die in den verschiedenen Diskursarten zum Tragen kommen. Als Instrumente der Unterscheidungsfähigkeit beeinflussen Wertungsregeln die Art, wie Texte geschrieben und wie sie gelesen werden, welcher Text als gut, nützlich, wahr, welcher als mittelmäßig oder ungültig beurteilt wird. Strukturelle (Nicht-)Einbindung, (Un-)Sicherheit und Zeit

sind einige Stichworte zur Differenz zwischen journalistischem
und literarischem Arbeiten. Aber worauf beruht die Wertung?
Der Wechsel vom Journalismus zur Literatur wirft Wertfragen auf, genauer: Er führt zu einer potentiellen Umwertung,
d. h. Entwertung der vorangegangenen journalistischen Arbeit.
Damit stellt sich die Frage: Was vertreten die beiden Diskurse?
Wofür stehen sie, für welche Werte, für welche Realitäten und
für welche Wahrheiten? – Allgemeine Antworten darauf gibt
es nicht, da Literatur und Journalismus offene Diskursfelder
mit vielfältigen Ausprägungen sind. Hinsichtlich des spezifischen Schreibens von Laure Wyss sind aber Anhaltspunkte zu
finden.

Wahrheiten

Texte positionieren sich zwangsläufig in bezug auf ›Wahrheit‹.
Aufgrund konventioneller Rezeptionsregeln stellen sie Ansprüche, die je nach Diskursart variieren und die nicht mit den Ansprüchen des Autors übereinstimmen müssen (von letzteren
weiß man normalerweise nichts). Der Text führt insofern ein Eigenleben, als seine Wahrheiten verrückbar sind, sich dem Kontext der Rezeption anpassen und dem Autor nicht immer die
Treue bewahren.

Was aber ist Wahrheit? Am Ende des 20. Jahrhunderts steht
fest: Es gibt sie nicht. Was es gibt, sind – vielleicht – *Wahrheiten*. Die großen Metaerzählungen[3] haben ebenso ausgedient wie
die kleinen universellen Gewißheiten. Viel Ballast und einige Sicherheiten gingen verloren, als sich in der zweiten Hälfte des
20. Jahrhunderts ein relativierender, pluralisierender Blick auf
die Welt (wieder einmal) durchsetzte. Je verdächtiger die Wahrheit wird, um so wichtiger werden die Wahrheiten. Diese bleiben in der Postmoderne aktuell, auch wenn es vielleicht niemanden mehr kümmert, wer spricht.

Wahrheiten sind eine Form von als gültig erachtetem Wissen. Doch die Gültigkeit hat ihre eigenen Tücken: gültig wo durch und für wen? Ein möglicher Zugang ist die Sprache: Ein bestimmtes Wissen bezieht seine Wahrheit zum Beispiel aus der Kohärenz, also aus der stringenten Logik innerhalb eines Systems von Überzeugungen; oder es beruft sich auf den Konsens, den es im (rationalen) Diskurs erreichen kann. Wenn die Sprache als Garantin der Wahrheit nicht taugt, kann statt ihrer die ›Welt‹ als Maßstab dienen: Pragmatisch verstanden, kann Wahrheit Nützlichkeit sein, sich also damit begründen, daß ein bestimmtes Wissen zu erwünschten Ergebnissen führt. Mit ›Welt‹ als Bezugspunkt kann Wahrheit aber auch die Korrespondenz von Aussage und Welt bedeuten: Weder Logik noch Konsens oder Folgen bürgen dann für die Gültigkeit des Wissens, sondern die Tatsache, daß das Wissen mit der Welt übereinstimmt.

Kohärenz, Konsens, Pragmatismus und Korrespondenz: Alle diese Zugänge spielen im Journalismus eine Rolle. Mangelnde Kohärenz wird journalistischen Texten meistens, mangelnde Übereinstimmung mit der Welt immer als Fehler angelastet (ohne zu fragen, was ›Welt‹ ist). Die pragmatische Wahrheitstheorie trägt politische Züge und findet – in Verbindung mit dem Kohärenzkonzept – vor allem im engagierten Journalismus Verwendung. Ähnliches gilt für das Konsensmodell, das Postulate der Aufklärung vertritt und Wahrheit auf Intersubjektivität gründet.

Laure Wyss' Journalismus bemüht sich nicht in erster Linie um Kohärenz: Er vermittelt keine systematische Ideologie. Auch ist er nicht primär pragmatisch: Die Autorin schreibt keine Manifeste, deren Nützlichkeit für ihre Wahrheit bürgt. Ebensowenig im Mittelpunkt steht der Konsens: Von Konsens konnte (z. B. bei frauenspezifischen Themen) meistens nicht die Rede sein.

Die journalistischen Texte von Laure Wyss beanspruchen Wahrheit eher im Sinne der Korrespondenz: Sie wollen Realitäten adäquat zur Sprache bringen. Oft leiht die Autorin bestimmten gesellschaftlichen Gruppen ihre Stimme: Frauen, Kinder, Strafgefangene, Schwarze und Ausländerinnen kommen auf diesem Weg zu Wort. Kriterium der Wahrheit ist dabei nicht irgendeine Korrespondenz, sondern die Korrespondenz zwischen der journalistischen Aussage und der Welt derjenigen, von denen der Text spricht. Wenn die Journalistin in der Höhle sitzt und die Schatten der hinter ihrem Rücken vorbeiziehenden Gestalten enträtselt, so ist sie immer in Gesellschaft anderer und versucht, deren Sicht zu erfassen. Was sie aus der Höhle hinausträgt, soll nicht bloß berichten und darstellen, es soll wirken: Im besten Fall führt es in einigen Kreisen zu erhofften Aktionen und – vielleicht – zu Konsens. Aktionen und Konsens sind jedoch nicht Bedingung der spezifischen Wahrheiten, sondern lediglich Ergebnisse des diskursiven Engagements.

Der Journalismus bringt Diskurse an die Öffentlichkeit und wird damit Teil der gesellschaftlichen Realität mit ihren vielfältigen Verflechtungen von Wissen und Macht. Texte sind Einmischung. Sie konfrontieren das Publikum mit Wirklichkeiten, die ohne Schrift oft zu wenig Gewicht haben, um ihre Existenz zu behaupten. Einmal an die Öffentlichkeit gelangt, werden nicht die Wirklichkeiten, aber ihre Verschriftung selbst zu taktischen Bestandteilen der Machtverhältnisse. Eingreifen erhöht die Chancen auf Veränderung zugunsten der ausgeschlossenen Realitäten, es birgt aber auch die Gefahr der Gewöhnung – nicht an das Ausgegrenzte, sondern an dessen Diskursivierung – und damit der erneuten Nicht-Beachtung ebendieser Realitäten.

Und die literarischen Texte? – Bezüglich des Wahrheitsanspruchs ist bei Laure Wyss kaum eine Differenz zwischen den beiden Schreibweisen zu erkennen. Auch hier sollen Lebenswirklichkeiten zur Sprache gebracht werden, die ohne Vermittlung durch die Schrift wenig Beachtung finden, eingeschränkt interpretiert oder vergessen werden. Was interessiert, ist der subjektive Blick; Wahrheit ist ›Stimmigkeit‹, ist vor allem Authentizität. Zum Beispiel Königin Christina:

»Es wird ihr von ihren Biographen übelgenommen, daß sie den Versuch, ihr Leben zu beschreiben, nach dem 9. Kapitel abbricht, es wird Christina auch vorgehalten, sie sehe alles falsch und nur zum eigenen Ruhm. Aber war es nicht damals, als sie anfing zu schreiben, ihre Wahrheit, ihre eigene Wahrheit? Und sind es nicht authentische Einblicke in die eigene Kindheit und deshalb für uns von größtem Wert? Wer entscheidet, ob die Eindrücke anderer von einer Kindheit wahrer sind, eher stimmen als die eigenen?«[4]

Welches Wissen über welche Realitäten?

Zu dieser Form von Korrespondenzwahrheit gehören im Falle von Laure Wyss auch bestimmte Haltungen auf seiten der Schreibenden: Ein partikulares fremdes Wissen begreifen und vermitteln wollen setzt den Drang zu verstehen voraus. Die Geste des Schreibens wird so zu einer hermeneutisch motivierten Suche, zu einer interpretativen Imagination, die das eigene Wissen und das eigene Erleben dazu einsetzt, um fremde Wirklichkeiten zu erfassen. Das obige Zitat zu Königin Christina macht deutlich, daß die Subjektivität nicht auflösbar und nicht auf Intersubjektivität reduzierbar ist.

Diese Haltung bindet das Schreiben an den Gegenstand sowie an die Idee, ebendiesen ›richtig‹ zu erfassen. Es ist eine behutsame Suche danach, welche Worte welches Wissen zeigen können. Damit schrumpft die Distanz zwischen Journalismus und Literatur, so daß das Fazit von Laure Wyss zutrifft: »man schreibt gut oder man schreibt schlecht«.

Es wäre jedoch falsch zu behaupten, Laure Wyss beschränke sich auf das sichere Wissen, auf die identifizierbare Ausgrabung. Die imaginierende Interpretation fremden (und eigenen) Lebens respektiert die Grenzen des Erfassens. Ob das Gefundene auch das subjektiv Maßgebliche ist, bleibt immer in der Schwebe. Zum Beispiel in *Mutters Geburtstag*:

»Kommen wir dem Geheimnis eines Lebens näher, wenn wir Alltägliches zu entziffern suchen? Wie kommt man den Wahrheiten auf die Spur, den Beweggründen A.'s zum Beispiel, die dann, gebündelt, die eigene Wahrheit dieser Person ausmachen, die Wahrheit dieses so und nicht anders geführten Lebens?«[5] Um diese Frage kreist Laure Wyss' Schreiben im Journalismus ebenso wie in der Literatur. Darin zeigt sich außer einer spezifischen Schreibgeste und einem Wahrheitskonzept auch eine ethische Haltung.

Schrift und Ethik

Ethik ist nicht Moral, nicht ein System von Geboten und Verboten, sondern eine Form der Sorge, eine Weise, die eigene Existenz in bezug auf Werte zu reflektieren und zu formen. Im Funktionieren journalistischer Texte ist Ethik inbegriffen. Übertretungen sind sogar einklagbar. Kriterien wie ›verfälschte Darstellung‹, ›Beleidigung‹, ›Einseitigkeit‹ stehen für ethische Verfehlungen, für die Mißachtung des Rechts auf Darstellung der ›ganzen Wahrheit‹. So problematisch und variabel diese Kriterien und ihre Anwendung sind, sie halten eine Forderung aufrecht, die für die Literatur nicht gilt. Das hermeneutische Interesse an Existenzweisen, wie es sich in Laure Wyss' Texten zeigt, bindet im Gegensatz dazu Literatur ebenso wie Journalismus an die ethische Reflexion: ›Wie kommt man den Wahrheiten auf die Spur‹, die ›die Wahrheit dieses so und nicht anders geführten Lebens‹ ausmachen? Ob literarische Figur oder lebendiges Gegenüber: Das Schreiben bleibt diesem so und nicht anders Gelebten verpflichtet, es hat sich um dessen Geheimnis und darum zu sorgen, daß am Nicht-, Noch-Nicht- oder Nicht-Mehr-Artikulierten kein Verrat geübt wird.

Auch unter ethischen Gesichtspunkten führt der Weg damit zurück zum »man schreibt gut oder man schreibt schlecht«. Die größere Freiheit der Literatur erlaubt mehr Masken, aber keine Sorglosigkeit. Der Satz »Was wir nicht sehen wollen, sehen wir nicht«[6] zeigt diese Haltung: Es geht nicht darum, ein Bündel Prinzipien einzuhalten, sondern darum, mittels Selbstreflexion Räume zu öffnen, auch gegen eigene Wahrnehmungsbarrieren.

Ein bestimmtes Leben ist immer Teil einer Kultur. Seinen Wahrheiten auf die Spur kommen heißt daher auch, dem »Subjekt im Widerspruch« und dem »Widerspruch im Subjekt« (Paul Parin) zu begegnen. Es ist ein schwieriges Unterfangen, beiden Arten von Widerspruch Rechnung zu tragen. Im Schreiben von Laure Wyss kommt dieser Anspruch zum Tragen: Das so und nicht anders Gelebte ist durchquert von den Zumutungen einer Kultur, die das Subjekt zugleich beherbergt und negiert. Schreiben als ethisch reflektierte Geste versucht aus diesem Blickwinkel, das subjektiv Wahre zu verteidigen gegen die Trägheit lebensfeindlicher Verhältnisse.

Text und Zeit

Der journalistische Text hat sich in der Zeit eindeutig zu lokalisieren. Er zeigt eine Welt, die ist oder war. Wenn er Zukünftiges thematisiert, muß er dies kennzeichnen: als Erwartung, Hoffnung, Befürchtung, als Spekulation oder als Zwangsläufigkeit einer absehbaren Entwicklung. Die Wahrheiten journalistischer Diskurse sollen sich an der gesellschaftlichen Realität intersubjektiv überprüfen lassen: eher im Sinne der Falsifizierbarkeit als der Verifizierbarkeit, und, zumindest im Wyss'schen Sinn, gemäß den Kriterien spezifischer, partikularer – oft autobiographischer – Realitäten und nicht in bezug auf generalisiertes Expertenwissen.

Literarische Texte dürfen sich einen freien Umgang mit der Zeit erlauben, das ›wann‹ braucht nicht überprüfbar zu sein, darf historische Vorfälle ignorieren oder durchmischen. In den Texten von Laure Wyss bleibt die zeitliche Verortung jedoch meist gewahrt. Oft kommen mehrere Zeiten und Orte zum Tragen, sie bleiben jedoch in ihrer Verschiedenheit immer klar erkennbar; im Fall von Königin Christina wird das Jetzt zum Spieleinsatz für das Früher, die Autorin sich selbst Mittel, ein längst vergangenes Frauenleben zu erfassen. Auch in anderen Texten wird das Jetzt mit dem Früher gezielt verschränkt.

Unterscheiden sich Journalismus und Literatur in bezug auf den Umgang mit Zeit? Es gibt Unterschiede; sie sind in einzelnen Wyss-Texten leicht aufzufinden. Doch inwiefern sind sie in den Diskursen selbst angelegt, als zwingende Funktionsregeln? Ist das Gedächtnis ein anderes?

Gedächtnis ist Vergegenwärtigung. Es findet immer in der Gegenwart statt und hat mit Langsamkeit und mit Verweilen zu tun, also mit eher unzeitgemäßen Eigenschaften. Gedächtnis als Vergegenwärtigung ist eher Ort der Imagination als der Aufbewahrung: Vergangenheit ›ist‹ nicht, kann in der Gegenwart aber imaginiert werden. Die immer neuen Versuche, eigene und fremde Vergangenheit zu entziffern, sind bei Laure Wyss häufig mit Reisen verbunden; Ortsveränderungen scheinen das Neuschreiben und Redigieren des Gewesenen zu begünstigen.

Journalistische Texte sind gewöhnlich nur für kurze Zeit verfügbar. Sie tauchen unangekündigt auf, um nach Tagen oder Wochen wieder vom Markt zu verschwinden (die Elektronisierung des Wissens hebt dieses Verschwinden zunehmend auf und ersetzt es durch ein chaotisches Zirkulieren; für das bisherige Schreiben von Laure Wyss war diese Entwicklung jedoch kaum von Belang). Der journalistische Text kann daher nur als punktuelles Gedächtnis funktionieren, auch wenn er – wie im Fall der Reportage – erzählend Hintergründe thematisiert. Die relative Gleichzeitigkeit der Rezeption nimmt ihm die Möglichkeit, einen geeigneten Zeitpunkt abzuwarten, um einen bestimmten Leser zu erreichen. Er kann sich nicht in die Regale zurückziehen und auf die Lust am Text warten.

Der literarische Text hingegen kann warten. Er wird meist auch nicht zum Leser geschickt, sondern von diesem geholt; zumindest muß er bestellt werden, er kommt nicht aus bloßer Gewohnheit. Verkaufsstrategien, Verlagsprogramme und Literaturkritik lassen ihn auch Nicht-Lesern im Gedächtnis bleiben. Damit stehen seine Chancen, als kulturelles Gedächtnis zu funktionieren, ungleich besser als die des Journalismus. Daß er über lange Zeiträume hinweg verfügbar bleibt, erweitert die Möglichkeiten, daß unter verschiedenen Umständen und auch aus radikal anderen Perspektiven gelesen werden kann. Die Idee der Vergegenwärtigung von Vergangenem gewinnt so eine Dimension, die dem journalistischen Text in der Regel fehlt: Das Neuschreiben und probeweise Umschreiben verschiedener Realitäten (durch den Autor und den Leser) findet nicht nur im Text statt, sondern auch innerhalb der langen Rezeptionszeit, in diesem Fall ohne Zutun des Autors (der Autor ist nur insofern beteiligt, als mit dem Autornamen Vorstellungen und Erwartungen verknüpft sind).

Zur Verteidigung der journalistischen Arbeit

Was setzt nun den Journalismus unter Verdacht, »minderwertig« zu sein, wie Laure Wyss im eingangs erwähnten Interview anführt?

»Es ist kein Ausweis, daß man besser schreibt, wenn man zwischen zwei Buchdeckeln erscheint, als wenn man in der Zeitung erscheint. Ich empfand also meine journalistische Arbeit nicht als minderwertig.«[7]

Zwei Buchdeckel können nicht für Qualität bürgen. Oder doch? Für Qualität nicht, aber für die konventionelle Höherbewertung. Ein Grund dafür ist die vielfach demontierte und dennoch wirksame Fiktion von Autor und Werk. Die Art, wie Zeit in Literatur »zwischen zwei Buchdeckel« hineinspielt, begünstigt eine Höherbewertung gegenüber dem Journalismus. Mit ›Autor‹ und ›Werk‹ verbinden sich Konstruktionen der Dauer, der Freiheit und Originalität, der Unabhängigkeit von den Zwängen der Realität und der Wahrheit. Daß Laure Wyss diese Bewertungsregeln ablehnt, ist auch eine Absage an die traditionellen Spielregeln einer Textrezeption, die sich an formale Zirkulationsregeln und an der Materialität orientiert. Für ihre Art zu schreiben macht es tatsächlich wenig Sinn, Buchdeckel höher zu werten als Zeitungspapier: Ihr Interesse an Lebensrealitäten und gesellschaftlichen (Miß)Verhältnissen bleibt in beiden Fällen dasselbe, ebenso die ethische Haltung und die Definition von Wahrheit und Wahrhaftigkeit. Die Herausgabe ihrer journalistischen Texte in Buchform hebt überdies die Differenz bezüglich der Funktion für das kulturelle Gedächtnis auf. Nichts rechtfertigt eine prinzipielle Unterscheidung zwischen ihren Nachforschungen über Kinder in Großstädten und denjenigen über eine historische Königin.

Kann man Laure Wyss als Grenzgängerin zwischen literarischem und journalistischem Diskurs bezeichnen? Ja und nein. Nein, wenn damit gemeint ist, daß sie zwischen zwei unterschiedlichen Diskursarten wechselt. Ja, wenn Grenzgängertum bedeutet, sich in einem Grenzbereich zu bewegen, dessen Spielregeln keinem der beiden – traditionell durchaus unterschiedlichen – Diskurse eindeutig angehören.

Die eingangs gestellte Frage nach der Verteidigung des Journalismus scheint damit beantwortet: Laure Wyss weigert sich, den Wechsel vom Journalismus zur Literatur zu begründen, weil – abgesehen vom Eintausch der Zeitung gegen das Buch – gar keiner stattgefunden hat. Über weitere Gründe mag man spekulieren. Konventionellerweise gilt Journalismus als ein Schreiben über vorgegebene Wirklichkeiten, über andere Personen, als ein Schreiben auch, das erlernt wird und das dem Lebensunterhalt dient. Der Literatur hingegen werden größere Autonomie, Inspiration, auch Eigennützigkeit zugeschrieben. Mag sein, daß in Laure Wyss' Reaktion auf die Frage nach ihrem ›Wechsel‹ auch ein Stück weibliche Biographie zum Ausdruck kommt: die Phase des Engagements für andere – für Frauen, Kinder, Ausländer, Eingesperrte – wird allgemein tiefer bewertet als die eigene Kreativität. Eine Verweigerung dieser Wahrnehmungskategorien ist auch eine Ablehnung des Vorwurfs, zuwenig geleistet zu haben (ein Vorwurf, den die Interviewerin nicht geäußert hat, der aber berufstätigen Müttern vertraut ist).

Manche Leserin mag der Autorin das lange Vorenthalten der Bücher aus anderen Gründen – aus purer Gier – verargen: »Das Lesen ist ein schleichendes Gift. In kleinen Dosen wirkt es belebend, es stimuliert auf scheinbar unschuldige Weise die Neugier. Mit der Zeit aber stellt sich heraus, daß die Neugier oder die Wißbegier die gierigste Form der Wollust überhaupt ist, denn sie kennt beinahe keine Ermüdung und darum keine Grenzen. [...] Unsere Seele ist in ebenso viele Fetzen zerrissen, wie wir Bücher lasen. Was sie noch zusammenhält und was verhütet, daß sie zerfällt, ist der nicht mehr zu löschende Durst, weiterzulesen.«[8]

1 Laure Wyss im Gespräch mit Astrid Deuber-Mankowsky. WoZ 18.6.93
2 Ebd.
3 Der Begriff wurde von Jean-François Lyotard eingeführt: »Die ›Metaerzählungen‹ [...] sind das, was die Moderne ausgezeichnet hat: progressive Emanzipation von Vernunft und Freiheit, progressive oder katastrophische Emanzipation der Arbeit [...], Bereicherung der gesamten Menschheit durch den Fortschritt der kapitalistischen Techno-Wissenschaft und sogar, wenn man das Christentum selbst zur Moderne zählt [...], Heil der Kreaturen durch die Bekehrung der Seelen zur christlichen (cristique) Erzählung von der Märtyrerliebe.« (Jean-François Lyotard: Postmoderne für Kinder. Wien 1987, S. 32)
4 Laure Wyss: Weggehen ehe das Meer zufriert. Fragmente zu Königin Christina von Schweden. Zürich 1994, S. 107
5 Laure Wyss: Mutters Geburtstag. Notizen zu einer Reise und Nachdenken über A. Ein Bericht. Frauenfeld 1978, S. 83
6 Titel der in Buchform erschienenen journalistischen Texte von Laure Wyss, hg. v. Elisabeth Fröhlich. Zürich 1987
7 Siehe Anm. 1
8 Vilém Flusser: Die Geschichte des Teufels. Göttingen 1993, S. 88

ELSBETH PULVER

»Da stehst du plötzlich vor Gericht«

Ein verstecktes Leitmotiv im Werk von Laure Wyss

»Mein Werktags-Fanatismus« oder: Ein Wort zur Poetologie

Wer das Werk von Laure Wyss nach poetologischen Sätzen abklopft, den erwartet keine reiche Ernte. »Mich langweilt's, zu erklären, warum und wie ich schreibe«[1], so, fast widerborstig, antwortete sie einmal auf die Bitte um einen Kommentar zu ihrem Werk. Das heißt nicht, daß da unreflektiert geschrieben würde, aber die Reflexion ist werkbegleitend, immanent, sie zielt nicht auf Theorie. Dennoch – nein: gerade deswegen lohnt es sich, ein paar Sätze und Bilder in Einnerung zu rufen.

»Das Lesen sperrt das Leben nicht aus, im Gegenteil, es steigert es«[2]: das ist so ein Satz, er erhellt von innen das Literaturverständnis der Autorin: weit entfernt von der Auffassung, Literatur bringe sich gleichsam selbst hervor, in einer kaum unterbrochenen Wechselwirkung von Lesen und Schreiben. Beides steht bei Laure Wyss zuerst in Wechselbeziehung mit dem Leben. Mit einer »Werktagsstimme«[3] wolle sie über Literatur reden, sagt sie einmal; an anderer Stelle hält sie ihren »Werktags-Fanatismus« fest – und verstärkt und erklärt diesen durch den Ausdruck »meine Angst vor der falschen Weihe«.[4]

Die falsche Weihe! Laure Wyss gehört einer Generation an, der die Angst davor, das Mißtrauen gegen die großen Wörter von der Geschichte eingeimpft wurden, für immer. Aber das allein erklärt den »Werktags-Fanatismus« noch nicht. Das helvetisch getönte Wort ›Werk-tag‹ verdient Aufmerksamkeit; es ist nicht einfach als Synonym für Alltag zu verstehen – für jenen Alltag, in dem alles immer gleich und also auch gleich unbedeutend, schließlich belanglos ist. Das mundartliche ›Wärchtig‹ hat gewiß mit Arbeit

zu tun, mit der harten manuellen und körperlichen Arbeit aller
Tage; aber die hochdeutsche Version, die Laure Wyss benützt,
macht bewußt, daß in diesem Arbeitstag auch das ›Werk‹ drin-
steckt, das selbst in seiner bescheidensten Form die Routine, das
Gewöhnliche, Ununterscheidbare der All-tage durchbrechen, ja
sekundenlang etwas Festliches aufscheinen lassen kann.

Von dem, was diese so unalltägliche, so persönliche ›Poetologie des Werktags‹ ergänzen und begleiten muß, wenn ein literarisches Werk entstehen soll, vom Inkommensurablen des schöp-
ferischen Prozesses, davon redet die Autorin nur leise, verhalten,
und immer terre-à-terre. Im Gedicht *Von Agno nach Genève*[5] ist
von einer geheimnisvollen Figur die Rede, die sich im Flugge-
päck der Reisenden befindet: ein kleiner Blinder, der überall dabei ist, wo die Autorin hinfährt oder -fliegt, ein echter blinder
Passagier eben, und von niemandem zu entdecken. Als eine
Chiffre des Unbewußten wird man die Figur wohl auffassen
dürfen, die, obgleich blind, dennoch die bewußt handelnde, pla-
nende Autorin begleiten, ja leiten kann. Und die auch dann dabei
ist, wenn sie sich schreibend mit jenen Fragen beschäftigt, die,
der Titel deutet es an, uns in den hier folgenden Ausführungen
beschäftigen sollen: wenn es um das Thema des Gerichts geht.

»Ich muß aufs Schloß« oder: Das Gericht ist immer konkret

Bewußt vermeide ich hier Begriffe wie Justiz, Recht, Gerechtigkeit, die alle zu stark ins Abstrakte führen. Das Werk von Laure
Wyss ist, wie mir scheint, geradezu immun gegen zu starke Ab-
straktion; es geht bei ihr immer und unabweislich um Konkretes;
dieses darzustellen, es in allen Dimensionen, in seinen Hinter-
gründigkeiten wahr- und ernst zu nehmen, das ist ihre große
Stärke. Das heißt für unser Thema: Auseinandersetzungen mit
dem bestehenden Rechtssystem finden bei ihr kaum je direkt
statt, dafür immer wieder indirekt, am einzelnen Fall. Und was
die Gerechtigkeit angeht: sie gehört nicht zu den Autoren, die
um diese Idee gedanklich ringen. Ein Manko? Es ist auch ein

Vorteil; die Zurückhaltung im Gebrauch von Begriffen ist die Chance des Konkreten: so genau wie kaum jemand anders hat Laure Wyss es wahr-genommen (im Wortsinn), was es für den einzelnen bedeutet, daß man über ihn zu Gericht sitzt. Diese Situation ist immer konkret.

»Ich muß aufs Schloß«, sagt man im Bernischen noch heute, wenn man vor Gericht muß, und das ist nicht etwa metaphorisch gemeint. Denn die alten Schlösser, die sich in Staatsbesitz befinden (nackte, steil aufragende Mauerklötze oder sanft umwaldete landsitzartige Schlößchen, gleichviel), sind häufig Gerichtssitz, manchmal Gefängnis. Ist es ein Zufall, daß die Örtlichkeiten, an denen Recht gesprochen, Strafe vollzogen wird, sich so häufig außerhalb und oberhalb der Behausungen befinden? Und stimmt meine Vermutung, daß die dort Amtierenden für die meisten ihrer ›Kunden‹ noch immer etwas von den – vor Jahrhunderten verjagten – fremden Richtern an sich haben?

Ob die im Kanton Bern aufgewachsene Laure Wyss die erwähnte Redewendung kennt, weiß ich nicht; aber kommt sie ihr zu Ohren, wird sie sie auf Anhieb verstehen, da bin ich sicher. Daß der Gang aufs Gericht, mag dieses auch, mitten in der Ortschaft gelegen, in keinerlei Hinsicht an ein Schloß erinnern, immer in eine fremde Welt führt – das hat sie, ich meine wie niemand anderes, in ihren Büchern und Reportagen beschrieben. Und auch dies hat sie, vor allem in den Gerichtsreportagen, festgehalten: daß sich auch in einem demokratischen Staat das Gericht in hierarchischer Ordnung zur Schau stellt. »Da sitzen, in der untersten Reihe, aber leicht erhöht, die Gerichtsschreiber(innen) und dann die Richter, auch sie in gut sichtbarer Hierarchie, zuoberst der Präsident.«[6] Das Schloß ist, so gesehen, überall.

»Da stehst du plötzlich vor Gericht«[7] – ein Satz aus *Mutters Geburtstag*, ein Kapitelanfang mit drohenden Untertönen, der die erwähnte, eine zwar nicht jedem bekannte, aber jedem vorstellbare Erfahrung festhält, den Einschnitt, den Schock, den sie bedeutet. Daß der zitierte Satz unwillkürlich den Anfang von

Kafkas *Process* in Erinnerung ruft, dieses unvergeßliche »Jemand mußte Josef K. verleumdet haben, denn ohne daß er etwas Böses getan hätte, wurde er eines Morgens verhaftet«, ist unvermeidlich. Doch ein Vergleich würde wenig bringen; die Welt, die Laure Wyss evoziert, ist keine Kafka-Welt (was nicht heißt, daß es eine gemütliche Welt wäre). In ihrem Schreiben erhebt sie ganz selbstverständlich den Anspruch, auch jene Themen, die weltliterarisch geprägt sind (und das sind fast alle), aus eigener, unverstellter Erfahrung anzugehen und dabei weniger an die großen Vorbilder zu denken als an jene unzähligen Namenlosen, die den gleichen Problemen ebenfalls und ohne Stütze durch die Weltliteratur ausgesetzt sind.

Mutters Geburtstag oder: Die spanische Veranda
Das Thema des Gerichts zieht sich so kontinuierlich wie kaum ein anderes, aber freilich oft untergründig durch das journalistische wie das literarische Werk von Laure Wyss: von *Mutters Geburtstag* (1978) über *Ein schwebendes Verfahren* (1981) und *Liebe Livia* (1985) bis hin zu den zwischen 1986–91 für die »Züri Woche« geschriebenen Gerichtsreportagen. Anzufangen ist also mit *Mutters Geburtstag. Notizen zu einer Reise und Nachdenken über A. Ein Bericht*, diesem wichtigen, richtungweisenden und -ändernden Werk. Und zwar ist – scheinbar ein kleiner Exkurs – zunächst vom Ganzen des Buches zu reden (um dem speziellen Thema einen Hintergrund zu geben): weniger vom Inhalt als von der Form, der besonderen Art der Erinnerung und Wahrnehmung.

Um diese zu erkennen, zu fassen, zu beschreiben, ist, wie meistens, ein Bild hilfreicher als lange Erörterungen: Auf einer Gruppenreise durch Spanien hat sich die Icherzählerin von den anderen gelöst, sie halb absichtlich aus den Augen verloren. Und im Zustand dieses unbewußten Wollens beginnt sie einen Rundgang innerhalb der Stadtmauer. Sie sieht dabei dieses und jenes und letztlich doch nur eines: Eine Veranda, wie sie auf der Reise schon viele gesehen hat, nach spanischer Art nur ein kleiner Anbau, unmöbliert; und dort, allein, eine Frau, eher träge, etwas fett, unbeweglich, vielleicht depressiv, vielleicht nur nachdenklich. Es findet kein Blickwechsel zwischen den beiden statt, und doch erinnert sich die Touristin (im Buch A. genannt und mit der Autorin beinahe identisch), daß sie in ihrem Journalistenleben schon viele solche Frauen beschrieben hat; und sie begreift gleichzeitig, daß es nun für sie an der Zeit ist, »mit dem Herumlaufen aufzuhören, auf die Veranda des eigenen Hauses zu treten und Umschau zu halten«[8] – und das heißt, das vorliegende Buch zu schreiben.

Das Stichwort ist damit gegeben: Schreiben heißt hier Umschau halten. Das ist nicht identisch mit Selbstanalyse, meint nicht Introspektion, nicht Bekenntnis, nicht Beichte. Die Veranda betreten (das Bild ist präzis gesetzt), bedeutet einen Schritt aus der Wohnung hinaustun, aus diesem gerade für Frauen innersten Kreis, in dem sich alle möglichen Sedimente des Lebens ablagern; Abstand zum Eigenen gewinnen, ohne doch die Verbindung zu zerschneiden. Im Bild ist angedeutet, wie das *Nachdenken über A.* sich im Buch vollzieht. Kein assoziatives Kreisen der Gedanken findet statt, auch keine strenge Analyse, die auf ein Ergebnis zielt; eher könnte man, mit Blick auf das ganze Buch, von einer sorgfältigen Auslegeordnung reden, von einem versteckt kunstvollen Arrangement, in dem die Erfahrungen locker angeordnet sind, nebeneinander, nicht hierarchisch, sondern quasi gleichberechtigt.

Sich dieser besonderen Art der Wahrnehmung aus dem Text selber zu vergewissern, ist aus vielen Gründen wichtig. Denn mit *Mutters Geburtstag* beginnt, wohl der Autorin selber überraschend, etwas Neues in ihrem Schreiben. So hat sie es selbst im Rückblick gesagt: sie wollte gegen das Mutterbild in der Schweiz schreiben, das »verlogenste Mutterbild, das es gibt«; da kam sie sich selbst in die Quere, wurde es nötig, »über ihr eigenes Muttersein nachzudenken«[9]. Mit diesem Nachdenken, mit dem Entschluß, nun endlich die eigene Wahrheit zu suchen, kommt sozusagen die Schriftstellerin Laure Wyss zur Welt, tritt neben die Journalistin, wächst mit ihr zusammen. Das sei hier – etwas gar metaphorisch! – festgestellt – auch wenn man, andrerseits, Laure Wyss nur beipflichten kann, wenn sie sich dagegen wehrt, Unterschiede zwischen Literatur und Journalismus festzuschreiben. Im Qualitativen gibt es sie bei ihr nicht, wohl aber in der Perspektive; erst mit *Mutters Geburtstag*, und von nun an konsequent, ist die eigene Person Teil der Darstellung, wird sichtbar gemacht und immer auch befragt. So heißt es, merkwürdig, auf der letzten Seite von *Weggehen ehe das Meer zufriert*: die Königin Christina (die historische Protagonistin des Buches) fordere »in ihrer dezidiert königlichen Haltung von allen, die ihre Gemächer betreten, darauf zu achten, was sie selber mitbringen, zu fragen, was sie selber sind.«[10]

Mit der neu gewagten Aufmerksamkeit für das eigene Leben schien Laure Wyss perfekt in die literarische Landschaft der 70er Jahre zu passen, in die Literatur der neuen Innerlichkeit, in den gerade bei Frauen beliebten autobiographischen Trend. Aber sie war weder nach beruflicher Erfahrung noch vom Lebensalter her prädestiniert oder bereit zu einem Coming out, weder zu Bekenntnis noch zu Selbstanalyse geneigt. Ebenso stark wie der Wille zur eigenen Wahrheit war von Anfang an die Abneigung gegen jede Form der Selbstentblößung; in diesem wie in anderen Punkten steht sie in Distanz zu dem Jahrzehnt, in dem sie zu schreiben begann.

Mutters Geburtstag oder: »*Prozesse*«

Damit ist der Rahmen gezeichnet, in dem in *Mutters Geburtstag* auch die Begegnung mit dem Gericht stattfindet, eben jene tief verstörende Erfahrung, »plötzlich vor Gericht zu stehen«. Das dieser Erfahrung gewidmete Kapitel trägt den Titel »Prozesse«. Tatsächlich ein Plural! Da läuft einerseits ein innerer Prozeß ab zwischen den einander einmal innig verbundenen Eltern eines unehelichen Kindes, ein unaufhaltsames Auseinanderleben bis zum juristischen Prozeß, das heißt, bis der persönliche Fall zum Gerichtsfall wird. Problematik und Verlauf sind nicht ungewöhnlich, vor allem nicht für die Zeit der 5oer Jahre, in denen die erinnerten Ereignisse stattfanden; es geht um vertraute Themen: um Alimente, Besuchsrecht, es geht, jetzt schon spezieller, um den (zu) späten Wunsch des Vaters nach Kontakt mit dem aus Karrieregründen lange vernachlässigten Sohn, es geht schließlich um ein Delikt wie Hausfriedensbruch. Doch es erübrigt sich, hier die Entwicklung genauer nachzuerzählen. Es erübrigt sich nicht nur: es ist nicht möglich. Laure Wyss deutet die Entwicklung nur an, gibt die persönliche Geschichte nicht preis. Und was den Gerichtsfall angeht: es wäre schwierig zu sagen, wie er endet und ob A. als Angeklagte oder als Klägerin auftritt; selbst in der Rolle der Klägerin fühlt sie sich als Angeklagte. Entscheidend ist für A. die als tiefe Verletzung erlebte Erfahrung, daß mit der rechtlichen Auseinandersetzung, mit der juristischen Argumentation eine fremde, ja feindliche Denkart, eine fremde Sprache sich des privaten Lebens von A. bemächtigte, in dessen innersten Kreis die Kinderstube einbrach.

Dabei wird die Welt des Gerichts nicht nur als eine fremde, sondern auch als eine männlich geprägte, von Männern verwaltete aufgefaßt! Nicht zu Unrecht für die Zeit der 5oer Jahre, die Zeit des alten Eherechts und vor dem Erstarken der Frauenbewegung! Es ist kein Zufall, daß ausgerechnet im Kapitel »Prozesse« der Kampf um die Frauenrechte, zunächst um das Stimmrecht, an A. herantritt, ihr wichtig wird. Von ihrem eigenen Rechtsfall aufgewühlt, begreift sie, wie wichtig eine neue Festschreibung der Frauenrechte für jede einzelne Frau ist. Die persönliche Erfahrung führt zur Reflexion der bestehenden Rechtsordnung.

Merk-würdig im Wortsinn und und auch für die späteren Werke wichtig: im ganzen Buch kommt das Wort ›Schuld‹ nicht vor, auch nicht im Kapitel »Prozesse«. Das Nachdenken über die Zusammenhänge des eigenen Lebens schließt zwar Wertungen ein, eine kritische Darstellung der Umwelt, auch Klagen,

Zorn, auch Selbstkritik – aber die Zuspitzung zu Schuldzuweisung und zu Anklage, auch zur quälerischen Selbstanklage und Selbstbeschuldigung, fehlt. Auch in diesem Punkt unterscheidet sich die Autorin deutlich von der Zeit der 70er Jahre, in der es geradezu zu Exzessen der Schuldzuweisung an die Umwelt, vor allem an die Eltern kam. (Der Erfolg, den Fritz Zorns *Mars* bei einer ganzen Generation hatte, sei als Beispiel erwähnt). Offenbar hat die Autorin früh erkannt, daß man sich durch die explizite Schuldzuweisung ein richterliches, mit Herrschaftsanspruch verbundenes Verhalten zu eigen macht. Spätere Werke werden diese Vermutung bestätigen.

Ein schwebendes Verfahren oder: »*Mir wäre wohler, wenn ich es wüßte*«

Mutters Geburtstag (1978) war noch nicht erschienen, wohl noch nicht abgeschlossen, als sich die Autorin bereits auf der Fährte eines nächsten Buches befand, das 1981 unter dem Titel: *Ein schwebendes Verfahren. Mutmaßungen über die Hintergründe einer Familientragödie. Eine Dokumentation* herauskam. Ein Werk, das, nebenbei bemerkt, von der damaligen Kritik so gut wie vollständig übersehen wurde. Aber warum? Sah man im Buch ›nur‹ eine journalistische Reportage, literarisch nicht ernst zu nehmen? Oder hat das Schweigen andere Gründe?

Mit *Mutters Geburtstag* scheint das Buch auf den ersten Blick nichts zu tun zu haben; und doch fehlt es nicht an untergründigen Beziehungen! Das erste Buch ist eine schmerzhafte, aber auch klärende Betrachtung des Biotops der eigenen Kleinstfamilie, geschrieben nach der vollzogenen, geglückten Ablösung des Sohnes – das zweite eine erzählende Untersuchung des Untergangs einer fremden, einer türkischen Familie, in der die Ablösung des Sohnes zur Katastrophe führte. Sie befinde sich mit ihrer Arbeit »à la recherche de la recherche«[11], bemerkt die Autorin treffend: sie setzt dafür, einerseits, journalistische Methoden ein, die sie nie aufgeben wird, und, wichtiger, sie ergänzt diese durch Elemente jener persönlichen Selbstbefragung, welche sie in *Mutters Geburtstag* erstmals geübt hat.

Der Fall: In der Silvesternacht 1976/77, kurz nach Mitternacht, brachte der 20jährige Osman Keskin seine Eltern um, er gestand nach ersten Vertuschungsversuchen die Tat wenige Tage später. Seine Wut hatte sich an Gegenständen entzündet, die in keinem Verhältnis zur Tat standen: Verweigerung des väterlichen Autos und von Taschengeld für eine Taxifahrt zu Freunden. Wenige Tage danach schien der Täter schon wieder völlig indifferent, als habe er den Tod der Eltern vergessen. Eine Geschichte, die das Leben schrieb – und die nun ihren Autor sucht? Nein, anders als bei Pirandello: diese Geschichte hatte ihre Autorin gefunden, noch ehe sie geschehen war. Denn Laure Wyss hatte die Familie Keskin gut gekannt; sie hatte nicht nur über Jahre den Kosmetiksalon der Frau Keskin besucht, sondern war mit der charmanten, gebildeten Frau freundschaftlich verbunden gewesen, und ihre Gespräche hatten sich ausgerechnet um jenen Punkt gedreht, der auch ein Thema von *Mutters Geburtstag* ist und der bei den Keskins jetzt zur Katastrophe geführt hatte: die Beziehung zu heranwachsenden Söhnen.

Der Fall Keskin war für die Polizei nach wenigen Tagen, für das Gericht wenige Jahre später zweifelsfrei geklärt: ein Mord, kaltblütig durchgeführt, der Mörder von verwerflicher Gesinnung, ohne entlastende Motive. Daß der Täter selber unfähig war, diese Auffassung des Gerichts zu entkräften, gehört aber nicht nur zur Tragik der Geschichte, sondern auch zu den Ursachen der Tat: einer gewaltigen, die ganze Familie umfassenden Verdrängung aller Probleme und Konflikte. Diese zuzugeben hätte die ganze Erfolgsideologie zum Einsturz gebracht, welche die aus besten türkischen Kreisen stammenden Keskins den beiden Kulturen, in denen sie lebten, der eigenen und der unseren, entnommen hatten. Und die sie, als Fremde bei uns um Überanpassung bemüht, nie zu hinterfragen wagten. Die Explosion erfolgte in der zweiten Generation, die den elterlichen Erwartungen nicht genügen konnte; aber die Tötung der Eltern brach die Marmorschicht des Schweigens nur für kurze Zeit auf, führte in der noch bestehenden Großfamilie zu keiner Klärung. Der offenbar durchaus sprachfähige Osman verfiel im Gefängnis wieder dem alten Mechanismus der Verdrängung. Nur einmal antwortete er auf die Frage nach dem Warum der Tat mit dem erschütternden Satz: »Es wäre mir wohler, wenn ich es wüßte.«[12]

Die Geschichte der Familie Keskin hätte gewiß einen spannenden, ja reisserischen Kriminalroman ergeben können (man will ihn sich lieber nicht vorstellen). Laure Wyss dagegen erweist sich als eine Anti-Kriminal-Autorin; sie befreit die Geschichte von allem Spektakulären, vermeidet jede äußere Spannung und gewinnt dafür die innere. Der Fall Keskin ist aber auch ein Gerichtsfall; auch diesem Aspekt scheint die Autorin eher auszuweichen. Der Prozeß, die Szene vor Gericht wird von ihr – überraschend – knapp, fast stiefmütterlich behandelt, Akten und Schriftstücke »interessieren sie nicht«. Um die Bedeutung von Gericht und Urteilsspruch, die sie natürlich nicht übersieht, zu erhellen, ohne selber davon zu reden – dazu verhilft ihr ein glänzender Einfall. Wie einst als Redaktorin überläßt sie auch hier die Fachfragen einem Fachmann: Das letzte Kapitel (es ist nicht nur ein Pro-Forma-Nachwort) schreibt Osmans Verteidiger, der Rechtsanwalt Bernhard Gehrig. Mit einer glänzenden psychoanalytisch-juristischen Analyse erhellt dieser noch einmal den ganzen Fall; er kritisiert den Gerichtsentscheid (wiederholter Mord aus verwerflicher Gesinnung; zwölf Jahre Zuchthaus und anschließend ebenso viele Jahre Landesverweisung), und vor allem auch die Urteilsfindung und -begründung durch Richter, die sich mit »hausgemachter Psychologie« begnügten und offenbar noch nie etwas von psychoanalytischen Erkenntnissen gehört hatten.

Dieser Aufsatz bereichert das Buch um eine interessante Perspektive, eine andere Argumentationsart – und läßt uns im Vergleich deutlicher erkennen, wie Laure Wyss vorgeht. Ihre Ermittlungen in Istanbul, in Niederösterreich (wo Osman strafweise in ein Internat verbannt war), bei Schweizer Freunden der Keskins fördern vieles zutage; aber alles, was sie findet, führt auch wieder zu neuen Fragen. »Alles bleibt in der Schwebe«[13], heißt das Fazit langer Arbeit; zu diesem Ergebnis kann die Autorin desto besser stehen, weil sich vieles von dem, was sie ausläßt, in den Ausführungen des Rechtsanwalts findet. Aber ihre offenen Fragen führen nicht ins Unverbindliche. Wie in keinem anderen Buch betont Laure Wyss gerade hier, daß der scheinbar exotische Fall in Wahrheit unser aller Fall ist. Aber was bedeutet das?

Ein kurzer Rückblick auf *Mutters Geburtstag* ist hier hilfreich. Früh im Buch liest A. einen Satz von Robert Morgan: »Das Leiden zugeben, heißt die Schöpfung von Freiheit beginnen«[14] – und findet einen wegweisenden Gedanken. Denn das ist es, was sie im Zusammenhang mit dem Prozeß als Fehler erkennen muß: daß sie sich in der Rolle der alleinstehenden Mutter alles zutraute – und nie richtig zugab, wie schwierig dies ›alles‹ war; daß sie dem Partner und Kindsvater nicht unmißverständlich zeigte, wie nötig er in der kleinen Familie gewesen wäre. »Daß ich nie zugab, wie unerträglich schwer es gewesen ist und oft zum Ersticken, das ist mir als Fehler anzurechnen«[15], sagt sie, nun auch in Hinblick auf ihre eigene Anpassung an die Gesellschaft. Das Schwere, das Leiden, und damit auch die eigene Schwäche nicht zugeben können – ein Fehler? Oder eher die geheime Tragik, das Leiden einer so leistungsfähigen Frau (wie A. es ist, wie die Autorin es ist)?

Die blutige Familientragödie in *Ein schwebendes Verfahren* scheint von dem subtilen Nachdenken der A. unendlich weit entfernt. Aber auch sie, die Keskins, gebildet und durchaus fähig zu small talk und Reden über Erfolge, sie konnten über ihr Leiden, über das drohende Scheitern der Kinder nicht einmal unter sich reden und blieben, als Fremde, in ihren Verdrängungsmechanismen gefangen.

Ist – frage ich – dem Buch von Laure Wyss bei seinem Erscheinen vielleicht deshalb die Rezeption verweigert worden, weil es schmerzhaft an unser eigenes Nicht-Reden-Können rührt?

Liebe Livia oder: Schreiben und Handeln

Dem Stoff von *Liebe Livia* fehlt es an sensationsträchtigen Elementen ebensowenig wie demjenigen zu *Ein schwebendes Verfahren*. Und noch einmal ›verschenkt‹ Laure Wyss die sich anbietenden Möglichkeiten, einen landläufig spannenden Roman zu schreiben; und noch einmal gewinnt sie dabei. Sie verwandelt ein Thema, das, vereinfacht gesagt, mit dem schweizerischen Terrorismus zu tun hat, in eine Freundschaftsgeschichte zwischen zwei Frauen, einer für Jahre inhaftierten jüngeren und einer überall in der Welt sich bewegenden älteren. Und – ein wichtiger Aspekt – diese Freundschaftsgeschichte findet nicht nur im Buch, sondern auch im Leben statt.

Die Frau, die unter dem Namen ›Livia‹ im Buch von Laure Wyss auftritt, hat es in Wirklichkeit fast spiegelgleich gegeben; sie galt als die ›einzige Terroristin der Schweiz‹ und befand sich schon in Untersuchungshaft, als ein Artikel von Laure Wyss über Reformen im Frauengefängnis Hindelbank erschien; die Gefangene schrieb daraufhin der bekannten Journalistin, weil ihr der auf einem Interview basierende Bericht zu ausgewogen und blauäugig vorkam. Daraus ergaben sich Kontakte, Briefe, Besuche – eine Freundschaft. Das Buch *Liebe Livia* dokumentiert dies in Form eines in Monate eingeteilten Tagebuchs, geführt über ein Jahr hinweg, veröffentlicht im Einverständnis mit ›Livia‹.

Kein Buch von Laure Wyss ist so unmittelbar dem Leben entlang geschrieben, in Wechselwirkung mit der unmittelbaren Erfahrung entstanden wie dieses. Das gibt ihm einen besonderen Stellenwert in ihrem Werk; Schreiben und Handeln fallen hier auf einmalige Art zusammen. Sind vielleicht auch gewisse Schwächen, die sich im Rückblick zeigen, so zu erklären? Es ist, als ob das Leben das Buch noch nicht ganz freigelassen hätte; und die Rücksicht auf die Briefpartnerin mag ein Grund gewesen sein, einiges von dem zu verschweigen, was die Bewunderung der Älteren für die junge Freundin den Lesenden ganz nachvollziehbar gemacht hätte (etwa deren politische Überzeugung, die sie auf Kollisionskurs mit dem System brachte und der sie auch im Gefängnis treu blieb).

Aber das Buch muß von einer anderen als der persönlichen Seite betrachtet werden. Sein Schauplatz ist wirklich ein Schloß, nicht als Gerichtssitz, sondern als Gefängnis (es spielt also nicht ›vor Gericht‹, sondern ›nach dem Gericht‹): das Frauengefängnis Hindelbank, in dessen Sicherheitstrakt ›Livia‹ nach der Untersuchungshaft inhaftiert war. Das Thema Strafvollzug hat Laure Wyss journalistisch schon viel früher intensiv beschäftigt; dem nachzugehen wäre ein zweiter Aufsatz nötig. Als repräsentative und eindrückliche Beispiele seien die Artikel *Protokoll eines Falles* (1976) und *Mauern und Ruhe und Ordnung* (1980)[16] erwähnt, deren Kenntnis, wie mir scheint, zum Verständnis von *Liebe Livia* unerläßlich ist. Der erste beschäftigt sich mit dem nie geklärten Tod einer asthmakranken jordanischen Strafgefangenen in Hindelbank (eingesperrt wegen Diebstahls im Wert von 300 sFr.!); der andere mit Walter Stürm, der lange Zeit als Ausbrecherkönig durch die Medien ging, als Gefangener freilich alles andere als ein König war: ein durch die strafweise verhängte Isolationshaft fast zerstörter und entsprechend immer mehr auf Ausbruch sinnender Mann. In Interviews mit dem Bruder Stürms, mit einem Psychiater und einem Rechtsanwalt, klärte Laure Wyss in diesem Artikel die Wirkung der Isolationshaft ab, und wie immer in der Rolle der Interviewerin verwandelte sie das eigene Sachwissen in gezielte Fragen.

Diese beiden Artikel bilden den geistigen Hintergrund von *Liebe Livia* – wie Schloß Hindelbank den räumlichen. Auch wenn die Bedingungen, die ›Livia‹ in der Sicherheitshaft in Hindelbank vorfand, weniger extrem waren als die (strafweise) Isolationshaft Stürms – auch sie war, als sensibler und bewußter Mensch, der zerstörenden Wirkung der Gefangenschaft ausgesetzt. Dem tritt Laure Wyss entgegen, indem sie den früh gefaßten Vorsatz, »Mauern zurückzustoßen, Stein um Stein abzubauen«[17], nie aufgibt. Die Konsequenz, mit der sie an Besuchen, Briefen festhält und damit der Freundschaft (die man ja nicht bewußt schaffen kann) die Chance des Entstehens gibt, ist auch zu verstehen als ein Akt des Widerstands gegen die Ausgrenzung jener, die mit dem Recht in Konflikt gekommen sind. Es bedarf keiner langen Erklärung, warum in diesem Buch und in Kontakt mit ›Livia‹ die Frage nach der Schuld, ja auch nur nach dem Haftgrund weggeschoben, ja ignoriert wird. Die Schuldfrage stellen wäre ein Bruch mit der (unbedingten) freundschaftlichen Zuwendung gewesen, eine Angleichung an das richterliche Verhalten, dem doch durch die Freundschaft, die gelebte, die geschriebene, Widerstand geleistet werden soll. Nicht ohne Wirkung. ›Livia‹ hat noch Jahre später in einem offenen Brief bezeugt: »Damals bewirkten Deine Briefe und die anderer FreundInnen, daß ich nicht bloß überlebte, sondern lebte.«[18]

Die Gerichtsreportagen oder: das Tribunal als Bühne

Vor dem Gericht: in drei Büchern ist das Thema bei Laure Wyss untergründig vorhanden, ein Impuls und Unruheherd. In den Gerichtsreportagen nun kommt es an die Oberfläche, konkret, mit Händen zu greifen. Wollte Laure Wyss sich dem Thema einmal so hautnah stellen, wie dies in der Beobachterrolle überhaupt möglich ist?

Die Gerichtsreportagen sind zwischen 1986 und 1991 entstanden und unter dem Titel *Menschen vor Gericht* in der »Züri Woche« erschienen, jede dicht zusammengedrängt auf rund 150 Zeilen. Als Ganzes stellen sie ein erstaunliches Werk dar. Ein Werk? Ich zögere nicht, dieses Wort zu brauchen, auch wenn die Texte leider bisher nur in einer kleinen Auswahl in Buchform erschienen sind[19] (der Buchdeckel verhilft einem Werk nicht zu literarischem Rang). Sie sind ein eindrückliches Beispiel für einen Journalismus, bei dem sich die Frage nach der literarischen Qualität gar nicht erst stellt. Er hat sie einfach. Die Autorin konnte offenbar die Fälle weitgehend selber

147

auswählen, und sie wählte auf entschiedene, für sie bezeichnende Art. Also nichts, was ins Sensationelle schillert wie die beiden Fälle, die sich ihr in *Ein schwebendes Verfahren* und *Liebe Livia* gewissermaßen aufgedrängt hatten, sondern, von sehr wenigen Ausnahmen abgesehen, die Welt der kleinen Leute, die ›kleinen Fische‹, den Gerichtsalltag. Es gibt unter den Personen, deren Prozesse sie im Laufe der Zeit beobachtete, auffallend viele Frauen, viele Ausländer, bedrückend viele Drogenabhängige, kleine Dealer; viele Bagatellfälle, bei denen man die Angeklagten oft laufenlassen möchte. Aber die Welt dieser kleinen Fische ist nicht einfach eine kleine Welt.

Es gibt Dramen, in denen die Bühne zum Tribunal wird; in den Gerichtsreportagen geschieht das Umgekehrte: das Tribunal wird zur Bühne. Nur, was heißt das? Wer die Bühne zum Tribunal macht, konzentriert das Geschehen auf Schuld und Sühne, Verbrechen und Strafe, spitzt das Leben zum Gerichtsfall zu. Laure Wyss tut das Umgekehrte: sie führt den Gerichtsfall zurück in die Komplexität des Lebens; was sie interessiert, ist auch hier, wie schon in den früheren Büchern, nicht einfach das Urteil. Worum geht es ihr denn? Was ist ihr Thema? Es ist – ich kann es nicht anders sagen – das Ganze. Alles! Das Tribunal wird in diesen knappen Texten zu einem kleinen, aber nicht harmlosen Welttheater. Alles kann da zum Thema werden, alle Protagonisten im Gerichtssaal, sogar im Warteraum; auch Heiteres findet Erwähnung, etwa wenn der Richter den versöhnten Gegnern rät, nun zusammen »einen trinken zu gehen«[20].

Diese Bühne aber ist keine beiläufige Kulisse, das Tribunal hat seine bestimmte und eine den Ablauf des Stückes, das heißt der Urteilsfindung – bestimmende Struktur. Und diese ist fast immer gleich! Auch im banalen modernen Gerichtsraum sitzen die Richter in einer hierarchischen Stufung, als befänden wir uns im schönsten Feudalstaat. Laure Wyss muß diese Struktur als eine ungeheure Provokation empfunden haben; sie beschreibt sie immer neu, und wenn sie sie nicht beschreibt, läßt sie sie fühlbar werden. »Der Gerichtspräsident sitzt zuoberst, links und rechts von ihm, eine Bank tiefer, zwei Richterinnen, zwei Stufen tiefer, in der Mitte nebeneinander, Gerichtsschreiberin und Gerichtsschreiber – eine mustergültige Musterkarte der Rechtssprechung.«[21] Das liest sich wie eine Satire, könnte Anlaß sein, die große Revolution auszurufen, welche die Richter auf den Boden hinunterbringt. Laure Wyss macht etwas Raffinierteres, vielleicht langfristig Wirksameres. Sie beschreibt. Sie vertraut, wie immer, der Macht des Konkreten, vertraut auch auf die Fähigkeit der Lesenden, ihre eigenen und die richtigen Schlüsse zu ziehen. Sie beschreibt die Anordnung – und läßt keinen Zweifel, wie sehr diese sie stört. So hält sie erfreut fest, wenn einmal (im bernischen Obergericht), die Erhöhung fehlt, und sie weist beiläufig auf das Entscheidende hin: »daß in unserem Land ja nur Gerichte urteilen, die wir selber gewählt haben«[22] – und daß es also wichtig und in aller Interesse sei, daß unabhängige Beobachter deren Arbeit verfolgen: eine Aufgabe, der sie sich während Jahren stellt.

Und damit nähern wir uns dem lebendigen Zentrum dieser Texte: es heißt Laure Wyss. Sie ist als Person gegenwärtig, auch wenn sie kein Wort über sich verrät; und sie ist etwas anderes und viel mehr als eine Reporterin, beansprucht die Rolle einer unabhängigen, völlig souveränen Beobachterin. Nicht einfach die einer Kritikerin der Urteile oder einer Supervisorin der Urteilsfindung; ihr Anspruch ist umfassender. Sie sieht die ganze Bühne, das ganze Stück. Zwar sitzt auch sie unten, auf der Zuschauerbank, muß zum Richter hinaufsehen. Aber man hat den Eindruck, sie schaue immer geradeaus, ohne jeden Respekt, was die Hierachie angeht – und dennoch sofort bereit zu ehrlicher Achtung, wenn die Richter in der Ausübung ihres Berufes überzeugen und dadurch über die Hierarchie hinauswachsen. Und mit dieser ›demokratischen‹, respektlos-respektvollen Betrachtensweise läßt sie vorstellbar werden, was jenseits von Hierarchie und Herrschaftsanspruch (und ohne Absturz in anarchistische Zustände!) möglich wäre, sogar möglich ist: an Ernstnehmen der Gestrauchelten, an Aufmerksamkeit. An Menschlichkeit? Laure Wyss gibt dem Wort eine strenge, nüchterne Bedeutung, wenn sie einmal den Ton eines Richters rühmt, weil er »halt eben sachlich, und deswegen menschlich«[23] sei. Das bemerkens- und erinnernswerte Wortpaar beschreibt auch den ihr eigenen Stil und Ton. Gibt die Beobachterin dem Gericht also gute Noten? Nein und ja. Sie beobachtet scharf, aber ohne Häme; sie kann tadeln (es braucht dazu nur die Zitate), sie kann leidenschaftlich werden (»es zerreißt mich, ich muß sofort schreiben«[24]), – weil sie eben beobachtet hat, wie man dem Angeklagten die Handschellen anlegte, noch ehe er sich von seiner aus Italien angereisten Familie verabschiedet hatte. Aber sie kann auch herzlich loben (das fällt, da heute selten, besonders auf). Vergnüglich war es nicht, wenn ein Richter in der »Züri Woche« lesen mußte, sein Ton sei »eher hämisch als schlechtgelaunt«[25] gewesen. Ein anderer mag sich gefreut haben, daß doch einmal jemand es nicht für selbstverständlich hielt, daß er von acht Uhr bis gegen zwölf Uhr »seine freundliche Aufmerksamkeit zu wahren, genau hinzuhören, ruhig auf jedes Hin und Her einzugehen, Gestürm nur leicht zu belächeln«[26] vermochte. Man begreift, daß ein Anwalt sie einmal bat, bei einem schwierigen Fall ins Gericht zu kommen: man gebe sich dort, wenn sie da sei, mehr Mühe!

Eine Instanz also? Und zwar in mancherlei Hinsicht! Die Gerichtskritik, die Laure Wyss übt, ist häufig Sprachkritik, eine unvoreingenommene, ganz und gar unideologische Beobachtung der Art, wie vom Richterstuhl herab gesprochen wird. Wer, wie die Autorin, gewöhnt ist, mit einer Werktagsstimme zu reden, hat auch Sinn für die Werktagsstimme der anderen. Und wie immer steckt der Teufel oder der liebe Gott im Detail. Der eine Richter sagt zu einer jungen Drogensüchtigen: »Stehen Sie bitte, damit wir Sie besser sehen können«[27], der andere dagegen bittet die neu Eintretenden, sich so zu setzen, »damit wir uns gut se-

hen«[28]. Ein winziger Unterschied der Worte – und ein Abstand
von Welten!

Sprachkritik also. Und zwar eine, die den Gegenpol des
Sprechens miteinbezieht, und das ist nicht einfach, monologisch
gedacht, das Schweigen, sondern, dialogisch eben, das Zuhören,
in dem sich am stärksten das Ernstnehmen der angeklagten Personen zeigt. Ob ein Richter zuhören kann oder ob er immer
nur aufnimmt, was er hören will, was ihn in seinen Vorurteilen
bestätigt – ein entscheidendes Kriterium! Aber wie soll man es
fassen, bewerten, beschreiben, ohne Tonbandgerät und raffi-
niertes Zählverfahren? Laure Wyss wagt es, sie traut ihrer Intui-
tion und dem gesunden Menschenverstand.

Es ist kurios. Während uns nun schon seit Jahren in den großen Medien eine neue Gesprächs-Unkultur demonstriert wird,
in der alles nur darauf ankommt, daß man das Wort ergreift und
behält, daß man dem anderen ins Wort fällt, das man sich anschließend nicht mehr entreißen läßt – wird in Gerichtsreportagen sorgfältig darauf geachtet, ob die Richter, diese Stützen der
Gesellschaft, die bescheidene Kunst des Zuhörens noch kennen
und üben! Und sieh da, nicht wenige kennen und üben sie besser als die Talk master der Nation!

Die Gerichtsreportagen oder: »Wer kennt ihre Seele?«
Die Gerichtsreportagen behandeln einen realen, wiedererkenn-
baren, in Gerichtsakten dokumentierten Lebensstoff. Diesen
hier umfassend zu beschreiben ist unmöglich (die Texte als Ganzes in einem Band vereinigt zu sehen, deshalb so überaus
wünschbar!). Hier galt es, Akzente zu setzen, auszuwählen,
ging es vor allem darum, die Perspektive der Autorin zu zeigen.
Man hätte gewiß anders gewichten, zum Beispiel ausführlich
von der Rolle des Verteidigers reden können, mit dem die Autorin sich wohl am ehesten identifiziert. Ohne daß sie übrigens zu
jenen Blauäugigen gehörte, die im Verteidiger einen Ritter ohne
Furcht und Tadel sehen, der jeder verfolgten Unschuld, aber nur

der echten Unschuld, zu Hilfe kommt! Sie weiß (und es sei an dieser Stelle auf das beachtliche, aber nie zur Schau gestellte Fachwissen hingewiesen), sie weiß, daß die Legitimation des Verteidigers letztlich eine pragmatische, im Rechtsstaat begründete ist. »Jeder hat das Recht, verteidigt zu werden, und der Verteidiger muß alle ihm tauglich scheinenden Mittel einsetzen, um die Strafe von ihm abzuwenden oder herabzumindern.«[29]

Was die Angeklagten angeht: sie scheinen in meiner Darstellung entschieden zu kurz zu kommen. Aber wenn es wichtig ist, die Tätigkeit der Gerichte beobachtend zu kontrollieren (und darauf wurde in dieser Analyse Gewicht gelegt), dann in erster Linie um ihretwillen; die Art der Urteilsfindung betrifft vor allem sie. Was Laure Wyss in der Darstellung der angeklagten Menschen – dieser Drogenabhängigen, kleinen Veruntreuer, dieser vom Einkaufsparadies Europa verlockten Ausländer, leistet, ist bewundernswert. Anders als viele es von ihr erwarten, identifiziert sie sich nicht einfach mit ihnen, bemitleidet sie nicht als Opfer der Gesellschaft. Sie nimmt sie und die Situation, in der sie sich befinden, ernst (das ist mehr wert als blinde Identifikation). Sie betont immer wieder die immense Bedeutung, die es für jeden hat, vor Gericht zu stehen, sie trägt dem durch den Ton ihrer Darstellung Rechnung. »Für den angeklagten Menschen ist die Stunde, in der entschieden wird, was jetzt mit ihm passiert, immer von allergrößtem Gewicht. Den Bagatellfall gibt es für den Betroffenen nicht.«[30] Mit souveränem Management des knappen ihr zur Verfügung stehenden Raumes rafft sie wirre Lebensläufe in wenigen Sätzen; sparsam und wirkungsvoll werden Einzelbeobachtungen eingesetzt, Glanzlichter, die man nicht mehr vergißt: eine Geste, ein Wort, eine winzige Episode: »Sie stiefelt zum Urteil auf eleganten Schuhen, eine verzweifelte Frau. Nach zehn Minuten erscheint in der Türe ein total veränderter Mensch. Noch immer geschäftig, aber frei atmend, das Gesicht hell [...] Wie eine neue Hoffnung einen Menschen in ein paar Minuten schön macht!«[31]

Da ergeben sich aus Beobachtungen plötzliche Einblicke ins Innere, wie wenn ein Fenster sich öffnete. Aber nur für wenige Augenblicke! Auch wenn man vieles über die Angeklagten vernimmt – sie bleiben dennoch Unbekannte. Da wird kein Anspruch erhoben, sie festzulegen, sie als Menschen, nicht als Gerichtsfälle, beurteilen zu können. Und gerade dies, das Nicht-alles-Sagen, das Nicht-alles-Wissen-Wollen, das Andeuten und Aussparen, läßt die Personen lebendig werden!

»Wir notieren ihre Unternehmungen, wir sehen ihre Gestalt und ihr Gesicht, doch kennen wir ihre Seele?«[32] – die Frage bezieht sich auf Christina von Schweden; sie gilt aber nicht nur für königliche Hoheiten, sondern auch für all die namenlosen, die seltsamen, tragischen, komischen Menschen, die da vor Gericht stehen, sie alle dem Blick der Richter und den voyeuristischen Neigungen des Publikums ausgesetzt bis auf die Knochen. Daß sie für die Beobachterin und für die Lesenden dennoch Unbekannte bleiben dürfen, daß ihre Seele nicht erfaßt und seziert, sondern vorausgesetzt und respektiert wird, das gibt ihnen, im Text wenigstens, ihre Würde zurück. Das Wort ›Seele‹ freilich würde da nicht passen, es ist auch nicht nötig. So endet ein Bericht über einen Fall, der »gut ausgeht«: »Der Staatsanwalt packte rasch seine Akten ins Köfferli, ein erleichtertes Lächeln ging über das Gesicht des Verteidigers, und die Angeklagte, war sie glücklich? Man sah es ihr nicht an.«[33]

1 In: Zwischenzeilen. Schriftstellerinnen der deutschen Schweiz, hg. v. Elsbeth Pulver und Sybille Dallach. Bern 1985, S. 186

2 Laure Wyss: Lesen oder vom Umgang mit Büchern. In: Was wir nicht sehen wollen, sehen wir nicht. Journalistische Texte, hg. v. Elisabeth Fröhlich. Zürich 1987, S. 271

3 Ebd., S. 273

4 Laure Wyss: Mutters Geburtstag. Notizen zu einer Reise und Nachdenken über A. Ein Bericht. Frauenfeld 1978, S. 117

5 Laure Wyss: Lascar. Zürich 1994, S. 25

6 Setzen Sie sich so, damit wir uns gut sehen. Züri Woche 6.4.89

7 Laure Wyss: Mutters Geburtstag (Anm. 4), S. 119

8 Ebd., S. 104

9 Laure Wyss im Gespräch mit Astrid Deuber-Mankowsky. WoZ 18.6.93

10 Laure Wyss: Weggehen ehe das Meer zufriert. Fragmente zu Königin Christina von Schweden. Zürich 1994, S. 210

11 Laure Wyss: Ein schwebendes Verfahren. Mutmaßungen über eine Familientragödie. Eine Dokumentation (1981). Frankfurt/M. 1983, S. 12

12 Ebd., S. 113

13 Ebd., S. 131

14 Laure Wyss: Mutters Geburtstag (Anm. 4), S. 24

15 Ebd., S. 34

16 In: Laure Wyss: Was wir nicht sehen wollen (Anm. 2), S. 197f. bzw. und 201–215

17 Laure Wyss: Liebe Livia. Zürich 1985, S. 50

18 WoZ 18.6.93

19 Insgesamt zwölf Reportagen, alle aus den Jahren 1986–87, in: Was wir nicht sehen wollen (Anm. 2)

20 Qualitätsarbeit eines Einzelrichters. In: Was wir nicht sehen wollen (Anm. 2), S. 231

21 Der Staat verdonnert – und kassiert. In: Was wir nicht sehen wollen (Anm. 2), S. 227

22 Sind wir Objekt der Rechtsprechung und der Juristen? Züri Woche 14.3.91

23 Nicht immer wird beim Rechtsprechen das Leben, wie es wirklich ist, ausgeschaltet. Züri Woche 8.3.90

24 Ist ein schlechtes Ende oft vorprogrammiert? In: Was wir nicht sehen wollen (Anm. 2), S. 235

25 Ebd., S. 236

26 »Setzen Sie sich so, damit wir uns gut sehen.« Züri Woche 6.4.89

27 Der Staat verdonnert – und kassiert. In: Was wir nicht sehen wollen (Anm. 2), S. 227

28 »Setzen Sie sich so, damit wir uns gut sehen.« Züri Woche 6.4.89

29 Sind wir Objekt der Rechtsprechung und der Juristen? Züri Woche 14.3.91

30 Sensation anderer Art. Züri Woche 18.2.88

31 Warten in der Eingangshalle des Bezirksgebäudes. Züri Woche 16.5.91

32 Weggehen ehe das Meer zufriert (Anm. 10), S. 8

33 Keine Gemeinschaft. Züri Woche 26.7.90

Ansprachen an Laure Wyss

NIKLAUS MEIENBERG
Anstelle eines Nachwortes

Rede anläßlich der Buch-Vernissage zu »Was wir nicht sehen wollen, sehen wir nicht« (Journalistische Texte von Laure Wyss, hg. v. Elisabeth Fröhlich, Zürich 1987), gehalten am 20. Oktober 1987 im Hotel Elite Carlton, Zürich.

Ich hätte ein Nachwort schreiben sollen, habe dann tagelang daran herumgefuhrwerkt und am Schluß gefunden, daß es zu schlecht ist für eine Publikation, zu sentimental, zu nostalgisch, das heißt, daß also eigentlich Heimweh nach der guten alten Zeit darin zum Ausdruck kommt – kam mir auch zu paternalistisch vor, sie braucht mein Lob ja nun wirklich nicht. Es ging mir in dieser Zeit auch schlecht, Arbeit abgeschlossen, flaues Gefühl und also in der letzten Minute mitgeteilt, daß ich nichts schreiben könne. Darauf wütender Brief, persönlich vorbeigebracht, aber auch drei Flaschen Wein im Milchkasten, damit es mir besser ginge. –

Nostalgisch, verflossene Zeit – keine Zustände mehr getroffen, keine Redaktorin mehr, die *liest*, reist und Sprachen kann, italienisch, französisch, englisch, schwedisch ... und wenn man mit einem Vorschlag kam, war sie kompetent (man mußte nicht erklären, daß Sartre ...), die *streiten* kann, weil sie eine Meinung hat, und die deshalb Artikel verbessern, nicht zensurieren, kann, und von einer kultivierten Redaktorin läßt man sich denn auch gern verbessern ... eine Redaktorin, vor der man *Respekt* hat, manchmal fast zu viel – also damals in Portugal, zwei Monate an einem Artikel herumgeschrieben, weil ...

und eine Redaktorin, die nichts gegen *Leidenschaft*en hat, also zum Beispiel auch nichts gegen eine leidenschaftliche Auflehnung gegen entwürdigende Zustände, die aber zugleich darauf dringt, daß leidenschaftlich genau argumentiert wird, und die deshalb auch versteht, daß die Sprache etwas mit dem Inhalt zu tun hat und also gegen den Einheitsbrei der genormten Sprache kämpft; und eine, die den oberen Etagen, also den Bürokraten und Direktoren, je nach Bedarf die kalte Schulter zeigte und sich nicht einschüchtern ließ, sondern diese Leute zum Argumentieren zwang, wenn sie etwa einem der bequemen Hinterteile, also der Gemütlichkeit und Denkfaulheit, einen Riegel geschoben.

Und darum war sie eine große Redaktorin, wenn ich so sagen darf. Sie hat einen Journalismus gepflegt und gefördert, der nicht den Trends nachhüpfte und nicht der Oberflächen-Aktualität verhaftet war, sondern durch seine Qualität jeweils eine neue Art von Aktualität hervorbrachte, und obwohl sie eine feste Anstellung beim »Tages-Anzeiger« gefunden hatte (oder Studer: zur großen Tagi-Familie gehörte), traf man bei ihr nie auf jene infernalische Corporate Identity, welche die Wahrheit den Interessen eines Unternehmens oder den Vorurteilen opferte, welche in jedem großen Betrieb das ideologische Unterfutter ausmachen, und darum, wie gesagt, war sie eine große Redaktorin (nicht zuletzt auch deshalb, weil sie den Feminismus avant la lettre entdeckt hatte).

JOSEF ESTERMANN

Zur Verleihung des Werkjahres der Max-Frisch-Stiftung an Laure Wyss

Rede vom 9. November 1993 an der ETH *Zürich*

Liebe Frau Wyss
Lieber Adolf Muschg
Meine sehr verehrten Damen und Herren

Hier an der ETH, im Hörsaal D 7.1, einen Preis zu verleihen, weckt möglicherweise den Verdacht, man habe etwas zu verstek-ken. Es gibt ein paar Äußerlichkeiten, die sich für die Wahl dieses Ortes anführen lassen. Der Sitz des Max-Frisch-Archivs und somit auch der Max-Frisch-Stiftung, die diesen Preis verleiht, befindet sich in der ETH. Max Frisch fühlte sich dieser Schule ja sehr verbunden. Eine Preisverleihung hier deutet auch die Möglichkeit an, in Zürich quasi exterritorial präsent zu sein, zu Zürich gleichsam auf beobachtende Distanz zu gehen. Max Frisch eignete beides, die hohe geistige Präsenz und eine kritische Distanz.

Aber solche Spielereien spielten bei der Wahl dieses Ortes keine wesentliche Rolle. Sie würden kaum zur Preisträgerin passen, und vielleicht ist ihr auch das Wort ›Preisträgerin‹ schon zu prunkvoll. Ihr Wunsch war, so wenig Aufhebens wie möglich zu machen, und es wird ihr recht gewesen sein, daß die ihr zugedachte Auszeichnung als ›Werkjahr‹ daherkommt, als ›blue collar‹-Literaturpreis sozusagen.

Laure Wyss hat, was sie schrieb, nie als abgehobene Literatur verstanden. Wenn sie Bücher veröffentlichte, geschah dies nicht mit einem Seitenblick auf die Gesamtausgabe. Ihre Bücher sind, was man in der ehemaligen DDR »eingreifende Literatur«

nannte. Ihren Stoff fand Laure Wyss in den Telexapparaten der Redaktionsbüros, wo Schicksale vom Ticker buchstäblich am laufenden Band ausgespuckt werden. Sie rannte nicht der großen Story nach; ihre Aufmerksamkeit galt der knappen Agenturmeldung, die das Entsetzliche in die elliptische Form von Schlagzeilen bannte:»Doppelmord in Z« steht da, und»Türkisches Ehepaar in Silvesternacht umgebracht«. Wen geht das etwas an, wer denkt nach zwei Schlucken Kaffee noch an eine Tragödie, die wie zur Unterhaltung des Lesepublikums veranstaltet zu sein scheint. *Was wir nicht sehen wollen, sehen wir nicht*, so lautet der Titel eines Bandes, der journalistische Arbeiten von Laure Wyss versammelt.

In der Tat: Wir wollen vieles nicht sehen, und die Medien machen es uns leicht, darüber hinwegzusehen, wenn sie das Schreckliche als Kurzfutter anbieten. Aber die Journalistin Laure Wyss hat nicht für die Medien geschrieben, sondern für die Öffentlichkeit. Nicht das Medium war ihr wichtig, sondern die Botschaft. Sie liegt in den wenigen Zeilen der Agenturmeldung nur verstümmelt vor, erschließt sich nur denen, die hartnäckig und geduldig nachfragen. Weil das Schreckliche sich nicht genügsam in eine Zeitungsspalte füllen läßt, entstehen eben Bücher wie zum Beispiel *Ein schwebendes Verfahren. Mutmaßungen über die Hintergründe einer Familientragödie.* Wo die Nachbarn lieber wegschauen, hakt die Journalistin ein, selber Nachbarin des ermordeten türkischen Ehepaars. Aus Opfern und Tätern werden Menschen, weil die Journalistin ihre Mitmenschlichkeit nicht verweigert, weil sie das beredte Schweigen der Medien bricht, um auch die Geschichte des Täters zu erfahren.

Es ist»eine Geschichte, die das Leben schrieb«, wie alle unsere Geschichten. Vielleicht ist das die treffliche Übersetzung für den Begriff ›Biographie‹. Jeder hat sich dem Faktum seines Lebens zu stellen, wenn er nicht nur Text sein, sondern Autor seines Lebens werden will. Im Vorwort zu ihrem Buch *Frauen erzählen ihr Leben. 14 Protokolle* schreibt Laure Wyss:

»Frauen erzählen von sich. Am liebsten hätte ich diesen Berichten den Titel gegeben ›Stimmen, die ich hörte‹ oder ›Worte, die sie brauchen‹ oder ganz einfach ›Ich‹. Dieses Wort aber meint dann schon das, was durch diese Auskunft über sich selbst herausgekommen ist, nämlich das Bemühen um ein Stück eigenen Bodens, auf dem, endlich, aber nur halb gesichert geschrieben steht: das bin ich.« In den Büchern, die fremden Biographien nachgehen, sieht sich die Autorin oft als Protokollantin, als Chronistin, als Aufnahmegerät, das die Aussagen der Interviewten sachlich aufzeichnet. Aber ist da nicht ein blinder Fleck? Geht die Wahrheit nicht erst auf, wenn die Chronistin sich selber in Frage stellt? Laure Wyss hat das getan in ihrem Buch *Mutters Geburtstag*. Sie unternimmt darin, wozu sie sonst ihre Gesprächspartnerinnen und Gesprächspartner anleitete: sich an das eigene Leben zu erinnern. Hier wird eingreifende zu ergreifender Literatur; für ihre Glaubwürdigkeit spricht nicht zuerst die getreue Sachlichkeit, sondern das eigene Zeugnis, fern von jeder Nabelschau und ohne modisches Bekenntnis der Betroffenheit.

Daß Sie, Frau Wyss, sich selber nicht von der Befragung ausgenommen haben, macht Ihre Kritik glaubwürdig. Wir brauchen solche Kritikerinnen gerade heute – in einer Zeit, wo viele Menschen ihre Verunsicherung wieder einmal mit verstärkten polizeilichen Maßnahmen auffangen wollen; wo wir geneigt sind, Fremde, die nicht im Hotel absteigen, als Bedrohung zu empfinden und jede Quartierstraße während 24 Stunden von Polizeipatrouillen bewachen zu lassen, – während wir Gebiete, in denen täglich Menschen wegen ihrer nationalen oder religiösen Zugehörigkeit verfolgt werden, zu sicheren Zonen erklären, nur um unsere Ruhe zu haben und sie mit niemandem teilen zu müssen.

Es ist mir eine besondere Freude, Frau Wyss, Ihnen in einem Alter, in dem die meisten nichts anderes als ihre Ruhe haben wollen, ein Werkjahr überreichen zu dürfen: ein Werkjahr wohlverstanden, das Ihnen bei der Unruhestiftung behilflich sein soll.

Laudatio zur Verleihung des Werkjahres der Max-Frisch-Stiftung an Laure Wyss

Laudatio vom 9. November 1993 an der ETH *Zürich.*

Verehrte Frau Wyss,
liebe Laure,
an dieser Veranstaltung wird dir allerhand zugemutet. Ehrung, Verehrung stimmt das für dich? Damit laufen wir schon in unser erstes Paradox. Denn: würde das mit der Verehrung bei dir glatt aufgehen, würden wir dich nicht so verehren; und vielleicht hätte die Max-Frisch-Stiftung dich dann, im Sinne ihres Stifters, gar nicht ehren dürfen. – Sie ist ja auch ein Kuriosum, diese Stiftung. Ihre Räte haben nicht körperlich, sondern körperschaftlich etwas von der Persönlichkeit des Stifters fortzusetzen – fünf Mannshoch auf einen Max Frisch, das sind die Relationen – ja, Laure, die Räte sind wieder einmal ein rein männliches Gremium. Und gäbe es hier nicht dich, die Frau; und wäre dies bloß ein Preis, und nicht auch ein Werkjahr, also etwas Unpathetisches, Arbeitsbezogenes: wir hätten noch mehr Mühe mit dir und der Ruhmredigkeit.

Ein Werkjahr also – aber da stutze ich schon wieder. Fünf Männer, die einer Frau bestätigen, wie gut, wie unentbehrlich sie sei: das kann wahr sein wie es will, es hängen auch bittere Erinnerungen daran. Prima, Frau Wyss, wir haben Arbeit für Sie, wir wissen ja, wie gut Sie das machen! In deinen Schriften kann ich lesen, wie du auf solche Sätze gewartet hast. Das sage ich ohne Ironie. Anerkennung für die ausgescherte und ausgewanderte Tochter, die stellensuchende Frau, die alleinerziehende Mutter, die mutige Journalistin, die Buchautorin: du hast auf diese Anerkennung nicht nur gewartet, du hast dafür gekämpft, und nicht nur für dich. Aber sie war nicht alles. Dafür *gelebt* hast du nicht. Du hast nicht für den Kampf gekämpft, er war nur nötig. Aber im Innersten kämpftest du für etwas, wofür man nicht kämpfen kann; nicht zu kämpfen braucht. Was es ist – nein, jetzt kein großes Wort. Soviel darf ich vermerken: nur im Kampf dafür lernt man es kennen, und zwar nicht abseits dieses Kampfes, sondern in seinem Herzen: da, wo es keinen Streit geben darf. Erst durch Kampf erwirbt man den Mut zum Geständnis, wie nötig man es hätte: das Kampflose. Vor diesem Widerspruch verblassen die Ehrungen. Denn er ist das Leben; er war dein Leben, und in seiner Mitte darf er auch bleiben, was er ist: unlösbar, lebensmächtig, liebenswert.

Nun also nach so vielen Werkjahrzehnten der Laure Wyss ein Werkjahr; geschenkt daran ist ja nichts, außer dem Geld. *Immerhin*, höre ich dich sagen. – Aber im Grund sind wir der Stationsvorstand in einem automatisierten Bahnhof. Wir senden dich feierlich ab auf einen Weg, auf dem du dich ohnehin befindest und den du auch ohne Preisgeld gehen würdest. So etwas nennt man einen *acte gratuit*. Schlimmer: in jeder Ehrung steckt eine Anmaßung. Wer sind wir eigentlich, daß wir dich loben dürften? Noch deutlicher: wie kommen wir dazu, uns mit ein paar tausend Franken, die wir nicht verdient haben, loszukaufen vom Skrupel darüber, daß du, eine berufstätige Frau in dieser unserer Gesellschaft, es schwer gehabt und dennoch gut gemacht hast? Viele leben ja nicht lange genug, daß ihnen ihre Leistung in dieser Form attestiert werden kann. Und es wäre ganz dein Stil, lieber an die leer Ausgegangenen zu erinnern, als dir zu deinen Büchern gratulieren zu lassen.

Ja, es ist vieles nicht *richtig* an dieser Ehre, und du bist die Frau, es einem Publikum bewußt zu machen. Daß es für etwas Nichtselbstverständliches Preise gibt und für das Selbstverständliche keine, ist nicht gut; daß das Selbstverständliche so genannt wird, ist noch weniger gut. Denn an einem gelebten Leben, auch dem sogenannten einfachen, versteht sich nichts, aber gar nichts von selbst, sowenig wie an einem starken Text; und eben aus diesem Bewußtsein sind deine stärksten Texte entstanden. Sie handeln vom Nichtselbstverständlichen des nackten – und erst recht des gesellschaftlichen – Auf-dieser-Welt-Seins; vom noch weniger Selbstverständlichen eines weiblichen Lebens, wo das sogenannte Selbstverständliche geladen ist mit Ideologie, Lüge, Selbsttäuschung und erdrückender Erwartung; mit Heldentum, unnötigem, trostlosem, tieftraurigem. Aber auch, mitten im Grundfalschen, durchgestanden mit wirklichem Heldentum, nur: es nennt sich dann nicht so. Heldinnentum, ein Wort, das es nicht gibt. Aber für das, was es an dieser Stelle gibt, von Wörtern zugedeckt und veruntreut, hast du eine Sprache gesucht. Nichts ist selbstverständlich am Leben, außer allem, was daran geschenkt ist und bleibt; blutwenig, und die Hauptsache. Dafür zu sorgen, daß sie in keinem Lebens-Kampf untergeht: wie viele Opfer sind nötig, aber auch: welche Verweigerungen des Opfers. »Welche?« ist hier ein wirkliches Fragewort. Man dürfe Opfer nur dann bringen, wenn man die Kraft habe zu verschweigen, daß es Opfer seien; das hat eine ältere Kollegin von dir gesagt; ich glaube, das wäre dir zu nobel. Und noch zu wenig radikal. Denn wie viel Faules steckt gerade im verschwiegenen Opfer; wie leicht können dabei Redlichkeit und Mut, die nötige Offenheit zwischen Menschen mitgeopfert werden. Wir haben viel Selbsttäuschung nötig, um es mit uns und andern auszuhalten. Nur *eine* Notwendigkeit hast du, glaube ich, nie anerkannt: die zur Lüge. Denn auch über das Lügen und die echte oder vermeintliche Not dazu ist Wahrhaftigkeit möglich. Es ist möglich, auch wenn es weh tut, die Lüge beim Namen zu nennen.

Diese Wahrhaftigkeit, als unveräußerbare Chance, finde ich in deinen Texten. Die Frau, die da schreibt, macht sich soviel vor wie jeder andere Mensch, und, da sie zur Phantasie, also zur Angst fähig ist, eher noch mehr. Aber: sie will es wissen, wenn sie sich etwas vorgemacht hat, und warum; wie nachträglich immer: sie will es wissen.

In diesem Wissenwollen steckt die Freiheit, der starke Atem deiner Texte, die fast alle – oder alle – von gesuchten, versuchten Bindungen handeln; zu Nächsten und Fernsten, zum eigenen Sohn und dem Kind einer ganz fremden Mutter; zu einer Reisegesellschaft; zu einer möglichen Freundin, ob sie eine Wirtin am Atlantik sei, eine Kosmetikerin in Zürich oder eine als Terroristin verurteilte Frau in Hindelbank. Oder: ob du selbst diese Freundin für dich bist. Wenn die versuchten Bindungen nicht tragen, und warum wohl: die Autorin will es wissen; ohne Rechthaberei, ohne Nachtragen und Nachtreten, ohne die Spur von Richterlichkeit. Sie will es wissen, um besser lieben zu lernen; das ist ihre Freiheit, und damit stellt sie die Leserin, den Leser frei: zur immer neu versuchten Wahrhaftigkeit aus dem Herzen des Widerspruchs.

Der Preis, von dem heute abend die Rede ist, würde auf englisch mit z geschrieben; er entschädigt nicht für den *price* mit c, den du für dein und für unser Leben in dieser Gesellschaft bezahlt hast, als Frau, als Journalistin, als Autorin: immer ohne zu markten. Wenn du in einen Prozeß verwickelt wurdest, hast du dir selbst einen stärkeren gemacht: das war dein Stolz. Ach nein: was du von der Max-Frisch-Stiftung bekommst, deckt keine Lebenskosten; noch weniger soll es sie *ver*decken. Schön, wenn es dir ein paar Mieten bezahlt, die Telefonrechnungen, eine Reise ohne andere Verpflichtung als da, wo du bist, sein zu dürfen zu *deinen* Bedingungen. Soweit hat es seine Richtigkeit mit diesem Werkjahr. Und daß es im Namen Max-Frischs verliehen wird: nein, hier soll auch das Wort ›Engagement‹ nur kommen, um wieder zu gehen. Du bist von keiner Redaktion mehr engagiert: wozu solltest du jetzt ein Programm an ihre Stelle setzen, wo es die Augen auch tun, die Phantasie, die Empfindlichkeit, das Gewissen? Man braucht einer Laure Wyss nur ihre eigenen Bedingungen zu erleichtern, damit etwas herausschaut auch für die andern.

Frisch war, wenn ich recht gelesen habe, keine Instanz, auf die du dich berufen hast; daß auch er einer war, der es wissen wollte, auch über unsere Lügen, habt ihr gemeinsam mit aller Literatur von Gewicht. Ein Glück für den Stiftungsrat, und doch nur: ein glücklicher Zufall, daß du, die Frau aus Biel, wie vor dir der Bündner Reto Hänny oder der St. Galler Niklaus Meienberg, auch die Zürich-Klausel erfüllst, die noch an dieser Ehrung hängt und die wir mithilfe der Stadt, des materiellen Preisgebers, ändern möchten. Nicht daß du für *Zürich* besonders wichtig bist – daß du an diesem Ort wie an jedem, wo du gelebt hast, etwas bewegst, und zuerst dich selbst: das wollte der Stifter Frisch ausgezeichnet wissen; so hat es mit der Verbindung zwischen euch seine Richtigkeit. Aber auch mit dem deutlichen Unterschied zwischen dem schreibenden Mann und der schreibenden Frau. Beide wollen es wissen. Aber sie verwenden ihr Wissen nicht gleich.

Ich möchte den Unterschied auf einem kleinen Umweg illustrieren: über eine Geschichte von Herrn Keuner, Brechts Modellfigur eines Mannes, der »länger leben wollte als die Gewalt«.

»In der Wohnung des Herrn Egge«, erzählt Herr Keuner, »der gelernt hatte, nein zu sagen, kam eines Tages in der Zeit der Illegalität ein Agent, der zeigte einen Schein vor, der ausgestellt war im Namen derer, die die Stadt beherrschten, und auf dem stand, daß ihm gehören solle jede Wohnung, in die er seinen Fuß setzte; ebenso sollte ihm auch jeder Mann dienen, den er sähe.« (An die Frauen hat die Herrschaft offenbar nicht gedacht.) »Der Agent setzte sich in einen Stuhl, verlangte Essen, wusch sich, legte sich nieder und fragte mit dem Gesicht zur Wand vor dem Einschlafen: ›Wirst du mir dienen?‹

Herr Egge deckte ihn mit einer Decke zu, vertrieb die Fliegen, bewachte seinen Schlaf, und wie an diesem Tage gehorchte er ihm sieben Jahre lang. Aber was immer er für ihn tat, eines zu tun, hütete er sich wohl: das war, ein Wort zu sagen. Als nun die sieben Jahre herum waren und der Agent dick geworden war vom vielen Essen, Schlafen und Befehlen, starb der Agent. Da wickelte ihn Herr Egge in die verdorbene Decke, schleifte ihn aus dem Haus, wusch das Lager, tünchte die Wände, atmete auf und antwortete: ›Nein‹.«

Liebe Laure, auf den ersten Blick sieht das aus wie deine Geschichte: die Geschichte einer Frau, die keine Mühe gescheut hat, damit nicht nur sie, sondern auch ihre tiefste Überzeugung überlebt. Aber in deiner Geschichte wäre sie nicht unberührt geblieben von dem, was ihr zustößt. Du hättest kein Nein gehabt, das du sieben Jahre hättest aufs Eis legen können, um es danach unverändert wieder aufzutauen. So lange hättest du dein Leben nicht hinter taktische Rücksichten zurückgestellt, auch nicht in Lebensgefahr – dort, glaube ich, am allerwenigsten. Ich frage mich bereits, ob du für den Agenten eine Decke geholt hättest; wenn aber, hättest du deine Hände nicht daran hindern können, einen Menschen zuzudecken. Du hättest etwas von ihm wissen wollen – genug, um über ihn nicht nur recht behalten zu müssen. Diesem Urteil hättest du nicht getraut. Dafür hättest du nicht erst nach seinem Tod aufatmen wollen. Du hättest das Wort – ja oder nein – früher gesprochen, dafür wäre es nicht das *letzte* Wort gewesen. Aus deiner Unsicherheit hättest du eine Kraft geschöpft, von der du jeden Tag gehofft hättest, daß sie diesen Menschen, der die Schwäche seiner Macht nötig hatte, eines Menschlicheren belehre.

In deiner Welt hätte es nichts ein für allemal gegeben, ein Nein so wenig wie ein Ja. »Das Abenteuer«, heißt es in *Mutters Geburtstag*, und gemeint ist das Abenteuer des Abschieds von einem erwachsenen Sohn, »das Abenteuer hat sie verändert. Sie weiß nun besser als vorher, daß nichts sicher und verläßlich ist und daß die Stube des Alters nicht mit Kindern ausstaffiert werden darf.«

Am Anfang des Lernprozesses dieser Figur – im Buch heißt sie »A.« – stand eine Realitätsvermutung zu ihren Ungunsten:

»Die Außenwelt hatte andere Konventionen, Absprachen nach anderen Regeln als denjenigen, die sich A. aufgestellt hatte.« Und da stehen Sätze wie:»Ich würde so gern irgendwo unterkommen, ich möchte irgendwohin, wo man nach mir schaut.« Die Ungehörige möchte *gehören*, als alleinstehende werdende Mutter. Und ein Leben später, als Mutter eines erwachsenen Sohnes, als alt gewordene Frau, schreibt sie, diesmal in der Ich-Form:»ich schwamm im Unbestimmten, war nirgends festzulegen: ohne Rang, ohne Ring und soweit zufrieden aussehend, wie reimte sich das? Aber ich trugs ja auf mir, daß ich selbst nicht wußte, nie wußte und es auch nie wissen werde, wohin ich gehöre und zu wem.«

Nein, es »reimt sich nicht«, daß sie »soweit zufrieden« aussieht; aber es braucht sich auch nicht mehr zu reimen.»Soweit« ist sie gelangt, daß sie jetzt auch ungereimt zu sich selbst steht – und dieses»Soweit«, ein kleines Wort, geht sehr weit, so weit ein Mensch menschlicherweise gehen kann. Zwischen dem einen Satz und dem andern, fast gleichlautenden, liegt ein Leben der Treue zu sich selbst, von dem Herr Egge, mit seinem absolut feststehenden Nein, nichts wissen will, nichts wissen kann.

Treue zu sich selbst: das muß man bei Laure Wyss in kleine Wörter übersetzen. Abhängigkeit ist nicht nur eine Schande oder ein Skandal, es ist auch eine Wahrheit; da die Wahrheit unter Menschen nicht größer sein kann als die Menschen, muß man sich enttäuschen lassen können, ohne die Menschen preiszugeben. Man kann sie nicht in Gute und Böse auseinanderfallen lassen, sonst fiele man selbst heraus. Laure Wyss' Figuren sind unsicher, und sie wissen – gegen alle Wünsche – daß sie es bleiben müssen; ja daß sie ihre Unsicherheit sogar zu schützen haben vor ihrem natürlichen Sicherheitsbedürfnis. Keine einzige Erfahrung, die sie in ihrer widersprüchlichen Welt machen, können sie sich durch ein Koordinationssystem erleichtern; sie *machen* sie, das muß gut genug sein. Meist haben sie nicht einmal einen Namen dafür – geschweige denn einen wie»Treue zu sich selbst«. So, nur so, kommt die Erfahrung zur Sprache; aus dem Ungereimten zieht sie auch ihre sprachliche Kraft; nur so berührt sie diejenigen, die keine Sprache haben, geschwisterlich. Und so trifft sie diejenigen, die das Privileg der Sprache haben und vergessen durften, was es kostet; was dahintersteht an Ungedecktem, das in der gekonnten Sprache verschwindet; dabei ist es unser Fleisch und Blut.

Du sagst es schöner, und kleiner, wenn du deine A. sagen läßt: »Ich schreibe, weil es mich wundernimmt, wie es geschrieben aussieht.«

Hier redet A., als wäre sie Alice im Wunderland, und man darf vergessen, eine wie weise Frau sie ist. Denn was wäre Treue zu sich selbst ohne Freude am Kind in uns. Dann kann man endlich über sie lachen.

»Weil es mich wundernimmt, wie es geschrieben aussieht« – ich kenne keine graziösere Antwort auf die tiefste und dümmste Frage, die man einer Autorin, einem Autor stellen kann: warum schreiben Sie? Noch schöner sind die wirklich direkten Antworten, die in Geschichtenform. Ich schließe mit der Geschichte, die Laure Wyss von der jungen A. aus England berichtet, wo sie schwanger sein durfte, auch ohne einen Mann, und ihren Gastgebern dafür kleine Hausdienste leistete wie diesen:

»Sie spazierte oft über die Hügel, mußte aber auf Asphaltstraßen bleiben, denn sie führte an einem Strick Chloe mit sich, eine störrische Ziege, Liebling der Nurse, die ihrer Chloe die Zehen nicht abfeilen lassen wollte, da half nur eins, Chloe mußte sich selber die Zehen wetzen, bei Spaziergängen auf Asphalt. Bisher hatte sich niemand gefunden, der auf diese tierpflegerischen Vorschläge eingegangen wäre, aber A. war begeistert.«

Andere schreiben für die Katz; du schreibst für die Ziege Chloe, der die Zehen nicht abgefeilt werden sollten und doch mußten. Und das heißt, du schreibst für Menschen, die nicht vergessen, daß man auf alles verzichten kann außer auf das eine – und in einem langen Leben erfahren, daß man von dem, was man hergibt, nichts verliert. Dann haben sie weniger als je einen Namen dafür – und darum schreiben sie. Es nimmt sie doch wunder, wie es geschrieben aussieht. Gut sieht es aus, Laure – aber endgültig ist es noch nicht. Immer besser weißt du, was du immer weniger weißt, so daß dir immer mehr zu entdecken bleibt. Du wirst also nicht immer weiterschreiben, sondern jedesmal von frischem; dafür möchten wir dich gerne ehren, aber wenn dir das immer noch kurios vorkommt, gratulieren wir eben *uns* zu dir mit diesem Blumenstrauß. Einstellen aber mußt du ihn dann schon selbst.

HEINER SPIESS
Wie Autorin und Verlag sich finden

Rede anläßlich der Feier zum 80. Geburtstag im Restaurant
»Zum Grünen Glas« am 20. Juni 1993.

Vor diesem Fest habe ich überlegt und versucht, mich zu erinnern, wann ich zum ersten Mal Deinen Namen gelesen habe. Das war sicher zu den Zeiten des alten »Tages-Anzeiger-Magazins«: Zu den Zeiten, als der Samstag der Magi-Tag war, als wir, jene meiner Generation, die sich für das interessiert haben, was um uns vorgeht, am Samstag aufs Magazin gewartet haben, um dann am folgenden Montag mit Freunden darüber zu reden. Wenn ich versuche, mich genau daran zu erinnern, waren es weniger Deine einzelnen Beiträge, sondern Deine Themen, auf die Du immer wieder zurückgekommen bist: ›Frauenfragen‹ natürlich, Strafvollzug. Und das Magazin an sich, in dem für die Schweiz zum ersten Mal nicht mehr unterschieden wurde zwischen Literatur und Journalismus, in dem Hugo Loetscher über das Ristorante Cooperativo schrieb, in dem Niklaus Meienberg seine großen Reportagen veröffentlichte und wo Kolumnen von Federspiel, Bichsel und anderen erschienen.

In dieselbe Zeit fiel, wohl nicht zufällig, auch die Gründung des Limmat Verlags.

Bereits nach unserem ersten Buch begannen wir, wie das sicher auch andere Verlage tun, so etwas wie einen Wunschzettel zu führen, auf dem wir Autorinnen und Autoren auflisteten, die wir gerne betreut und deren Bücher wir gerne veröffentlicht hätten. Du warst, ich hab's nachgeschaut in den Sitzungsprotokollen, erstmals am 9. September 1978 Thema an einer unserer wöchentlichen Verlagssitzungen. Und zwar heißt es im Protokoll: »Laure Wyss: Frauenkursbuch (Dossier Texte zur Emanzipation). Goofy nimmt Kontakt auf und macht Termin ab.« Jürg Zimmerli und Du habt euch dann getroffen, im Café Fröhlich im Seefeld. Und wie sich Goofy erinnert, sei es ein ziemlich gequältes Gespräch gewesen. Vermutlich bist Du nicht so recht drausgekommen, was wir eigentlich wollten. Und Goofy seinerseits wagte offenbar nicht zu sagen, was wir gerne gehabt hätten, nämlich ein Buch von Dir und mit Dir.

Unser Problem war, daß wir als newcomer und wenig erfahrene Verleger nicht so recht wußten, wie man sich Wunsch-Autorinnen und -Autoren nähert, um ihnen unsere Gefühle mitzuteilen, ohne dabei den schicklichen Weg zu verlassen. Es gibt andere Verlage, die das natürlich besser können, und auch wir haben in der Zwischenzeit dazugelernt ... Aber damals taten wir uns damit sehr schwer.

Im Protokoll der Sitzung vom 29. November 1978 heißt es kurz und bündig: »Wyss: Goofy hält Kontakt.« Es gibt dann noch einen Brief an Dich, ohne daß sich noch etwas getan hätte.

Ich habe aber auch versucht festzustellen, wie es dann zum entscheidenden, von uns über Jahre hinweg sorgfältig vorbereiteten Gespräch und Durchbruch gekommen ist – und hab nichts gefunden. Vielleicht weißt Du es noch.

Ich vermute, Du hast uns schlicht und einfach Dein Manuskript geschickt, *Liebe Livia* war's, und es uns angeboten. Denn im Protokoll vom 30. Mai 1985 heißt es nämlich: »Laure Wyss: alles begeistert.« »Alles« gewissermaßen als Superlativ von alle.

Daß aus diesem ersten Buch nun sieben geworden sind, dafür möchte ich Dir hier und an diesem Tag herzlich danken. Wir vergessen im Verlag ob der technischen Fragen der Herstellung, des Vetriebs, der Werbung und des Alltagkrams sehr oft, daß Bücher immer Herzblut der Autoren und Autorinnen sind. Wir nehmen Deine Arbeit einfach als selbstverständlich an.

Aber Du hast es heute nachmittag sicher gespürt, daß alle im Verlag stolz darauf sind und sich darüber freuen, daß Laure

Wyss ihre Bücher im Limmat Verlag veröffentlicht. Und wenn wir es dann morgen oder später wieder einmal vergessen sollten, mußt Du uns halt heftig auf die Füße trampen.

Liebe Laure, wir danken Dir herzlich für den schönen Sonntag nachmittag an der Winkelwiese und hoffen, daß wir mit dir noch viele solche Tage verbringen dürfen. Dazu wünschen wir dir Gesundheit und Kraft und Zuversicht.

Bilder

Mit Schwester Hilde Wyss in Magglingen, 1924

Als Studentin in Berlin, 1935

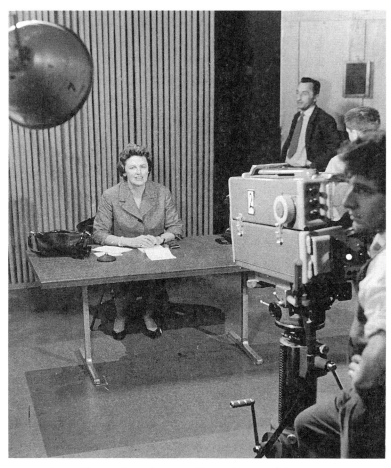

Im Studio Bellerive des Schweizer Fernsehens vor der Sendung
»Magazin der Frau«, 1960

Als Moderatorin einer Modeschau am Pferderennen in Aarau, 1962

In der Mettage des »Tages-Anzeigers«, 1962

Begegnung mit der Mutter Anna Bertha Wyss bei einer Recherche für eine Reportage im Altersheim »Seelandheim« in Worben, 1976

Lektüren

INGEBORG KAISER
Störschreiben als Lebenspassion

Erkundungen zu Lascar

Ortung

»Bin ich eine Störschreiberin?«, lautet die erste Zeile des Gedichts
Auf die Frage: was tust du? Die Autorin vergleicht darin die Wort-
arbeit, gegen Zeilenhonorar, mit der Arbeit einer Störschneiderin,
die zum Wäscheausbessern ihre Kunden aufsucht, also gebraucht
wird, doch mit ihrer Geschäftigkeit deren festen Tagesverlauf
stört. »Nun ist zu fragen: / Gehen auch Wörter zu den Kunden
ins Haus / und bringen ihn durcheinander, / den wohlgeordneten
Tag? / Wie nachhaltig die Schreibstör?« (*Lascar,* 1994, S. 70)
     Antwort gibt das Material der Schreibenden, die Sprache, mit
der sie vermeintliche Wirklichkeiten nachformt, dabei ihre Lese-
kunden an eigene Erfahrungen erinnert und für andere Lebens-
entwürfe sensibilisiert. »Ich schreibe, wenn man mich holt, auf
Abruf. / Ich schreibe auf was die Leute sagen, aber / selber nicht
zu Papier bringen können. / […] / Das ist ein gutes Handwerk.«
(S. 69)
     Mit den Lesenden verwandelt, vervielfacht sich der Text,
eine »wahrhaft wunderbare Vermehrung« nennt Laure Wyss
diese Erfahrung. Also keine Grundformel, die beliebig zu übertragen wäre, nichts Austauschbares, die Sprache, »ein Training
in Wahrhaftigkeit« (Hilde Domin).
     In *Lascar* reist die Autorin durch gelebte Zeit, im Dialog mit
dem Ich, Du, Wir. Die Bilder, Horizonte, Gesichtsfelder wech-
seln, es entstehen poetische Skizzen, Momentaufnahmen, Aufzeichnungen von Geschehnissen. Keine Ablichtungen, sondern
Wasserbilder, die einfangen, widerspiegeln, zurückleuchten. Ein
poetisches Logbuch zu einer Reise ohne Halt, vergleichbar dem

Fließen der Flüsse zum Meer. Bei der Reisenden nachzulesen, Flüsse und Meer aufgezeichnet, Aare, Amazonas oder der Atlantik, Indus und Inn als Erinnerungsgeographie, aber nichts festzuhalten. Ufer und Dünen am Wegziehen, die Stimmen vom Ufer, die gesammelte Zeit, es sei denn, »ihr Rauschen drang in die Träume«. Aber Träume sind eine Flüchtigkeit mehr, ein Luftort, »kein Haus, kein Zelt, kein Ort«. Wohl deshalb der lebenslange Dialog mit der Sprache, Anrufung und Beschwörung, im Gedächtnis der Sprache die Überlebensformel, Wirklichkeit und Poesie.

Übergänge

Vom Früher ins Heute, auf den Hauptlinien Südnordsüd und Südwest, nicht ohne Turbulenzen, Richtungsänderungen, Zäsuren. Der Urboden ist Bern. Die sprachgewordene Lebenserfahrung als verwandelte Wirklichkeit, Begegnungen mit Menschen, Texten, Orten. In monologischer Selbstbefragung der Versuch, den eigenen Standort im Kontext zur Zeit und ihrer Gesellschaft zu klären, ein Bilanzieren ohne festen Abschluß, denn: »Immer / ist da das Mutze und Strikte«, lautet eine Zeile in *Wasserscheide*, und das Gedicht endet: »An den Norden gezurrt, blieb nach Süden die / Sehnsucht. / Wer weiß es so sicher obs gut war.« (S. 29) Auch das Gedicht *Heute* ist Erinnerung und Fazit. Früher das Sehnsuchen nach dem männlichen Partner, dem erlösenden Märchenprinzen. Aber »nach vielem Verwirrten« weiß das weibliche Ich: »die Minuten müssen gelebt werden / eine und eine / und immer / muß man durchhalten, aufmerksam / und keinen töten.« Im letzten Abschnitt der Blick in den Spiegel, die Warnung, auch sich nicht umzubringen, »durch / einen Fußtritt / weil man nicht / aufpaßte auf das / was dalag / am Wegrand – / und blühte.« (S. 27) Das autonome Ich wäre selbstzerstörerisch ohne seine Aufmerksamkeit auf das, was sich randnah zeigt.

Die Reisende auf dem Asphaltband *Autobahn*, unterwegs nach Westen, nimmt alles auf, was an ihr vorübergleitet, die

Landschaft im Abendlicht, einen Wagen, der übers Feld fährt, den Hund, das Haus, korrespondiert damit, alles schon gesehen, vertraut, Lebenssplitter, die Einzelreisende repetiert, macht es sich neu bewußt, ist weniger allein. »Die Dinge gehören zu meinem Leben / [...] / sie machen mich aus.« (S. 30) Lapidar wie umfassend gesagt.

Tulegata, eine Straße in Stockholm, ihr Name erinnert an Gespräche mit Freunden, schon verstorben oder verloren, aber nicht die Begegnungen, die Worte klingen nach, werden klarer, verständlicher, die Zeit zwischen damals und jetzt scheint aufgehoben, der Dialog bleibt Gegenwart, »wenn es wahr war und / kam aus der Mitte.« (S. 31)

In *Klassenzusammenkunft* bleibt das Ich in der Außenseiterposition, es zeichnet ironisch auf, woran es ihm vergleichsweise mangle, an Schmuck, Meriten, den besseren Kleidern, eine fragwürdige Existenz, durch die längsten Beine auf dem Erinnerungsfoto scheinbar aufgewertet. In die Zeche der zwanzig teilen sich vier, zuwenig diskret für das beobachtende isolierte Ich. Plötzlich der Blick auf einen anderen Außenseiter, im Garten des Hotels, Insasse eines nahgelegenen Heims. Erkennen und Nähe, Lebensimpulse für das Ich. Im Raum der Gesellschaft die Vorsicht, das gegenseitige Abgrenzen, keine Stimme »aus der Mitte.« Deutlich sagt das Ich, was es bei der Zusammenkunft vermißte, immer neu vermißt, wenn die Du-Sprache ohne Antwort bleibt, Wahrheit und Humanität hinter der perfekten Maske bürgerlicher Ideale ersticken.

Das Stimmungsbild *Ein Nachmittag in Schwamendingen* scheint ein leichthin gepinseltes Stilleben aus mürben Blättern, Brot, Käse, Wein, leichtfüßig kommen die Sätze, »tanzen her und hin«, sind Nahrung im nahenden Winter. Ausgespart bleibt, ob mehr als zwei am Tisch sitzen, entscheidend ist das offene Sprechen, das rasche Pingpong der Worte, die ungefiltert passieren, sich verselbständigen.

»Buchstaben sind tauglich« für Laure Wyss, ein ihr gemäßes

Material, mit dem sie lebt, arbeitet, aus dem sie schöpft, die Identität einer Wortfrau, Wortgläubigen vielleicht, die engagiert das Kredo ihrer Erfahrungen teilen will, auch die Verluste, Enttäuschungen und Zweifel. Buchhalterisch genau der Titel *Jessye Norman singt am Sonntagmorgen*, denn es bleibt nicht beim privaten Ereignis, via Radio oder Platte eingespielt, die Stimme der großen Sängerin, ihre Musikalität löst parallel einen Gedankensound bei Laure Wyss aus: »jeder hat seine Stimme, / auf sie muß man hören.« Einige Zeilen später: »Aber aufrecht mußt du gehen auf allen Gängen, / die du im Kreis unternimmst.« Dabei bleibt es nicht, der Text weitet sich vom Du ins Wir: »Abgestorben der Baum, / die Luft verdorben, / das Wasser rar. / Wofür dir danken, Franziskus, / und dem, den du anrufst? // Der Mensch verdarb es. // Doch wie fangen wirs an / und bringens zuende, ein Leben? // Somehow we have to live. / Der große Tag kommt nie.« (S. 38f.) – Ein junger Text, ohne Distanz und Abgeklärtheit, der sich bloß zeigt, verletzlich.

Doch keine Resignation, *Der kleine Widerstand*, ein Schlüsselgedanke bei Laure Wyss, hier eine Freitagsdemonstration, fünfzehn Minuten lang, und beim Am-Ort-Stehen das Gefühl einer Urverbundenheit mit dem Boden unterm Asphalt, der Erde. Entsprechend konsequent ist es, den Stein auf ein Küchenbord zu legen, »er sagt: / Niemals Gewalt.«

Laure Wyss setzt auf die Kraft der Worte, ständig im Dialog mit der Sprache, Befragung und Antwort. Ihr Gegenschreiben nie ohne die Farben der Hoffnung: »rot springt es und / gelb radelt es« um das Denkmal des schwedischen Naturforschers Linné, im ersehnten Frühling. Aber kein lyrisches Mandelblütenrosa und kein Rückzug aus der Wirklichkeit. Die Dichtung von Primo Levi oder Robert Antelme löst bei der Lesenden neue Betroffenheit aus, Mensch und Zeitproblematik ist in allen Texten gegenwärtig, zentral. Das Ich, Du, Wir ist angesprochen, aufgefordert, denn ohne Verstehen keine Verständigung, ohne die Verweigerung von Gewalt keine menschliche Welt.

»Vergeßt nie die Worte / die euch gegeben / schickt sie zu den andern / benennt, was ihr seht / laßt nichts aus / nie / gesagt muß es werden.« (S. 55)

Grenzwechsel

Traum oder Wirklichkeit, das Ich in *Tramfahrt* ist orientierungslos, erkennt weder die Häuserzeilen noch die Plätze ohne Schilder, dennoch seine Erinnerungsreise, durch die Stationen der Abschiede, des erzwungenen Verzichts, die ersten Schritte des eigenen Kindes, alles zeitunterworfen, auch Erinnerung kann sich verändern, in der späten Zeitzone namenlos werden. »Verlust der Benennung«, sagt das Ich, und setzt ihn auf seine Habenseite, was sich verflüchtigt, läßt sich neu erfinden. Das Ich sagt »Wolkenspringer« – ein Verwandter des Wolkenschiebers? –, ein Traumwort, das Wirklichkeit entgrenzt, erweitert, neu erfindet, ein Raum der Poesie. Literatur und Leben osmotisch, ständig im Austausch, an der Figur des Wolkenspringers gezeigt. Gegenposition zum zerstörerischen Alltag, der bei einem »Umbau« den Lebensraum, Denkraum zersägt, die Erinnerung wegrenoviert.

Abschied und Verlust als kleiner Tod, zu üben wie die Annäherung an den eigenen Tod. Das Ich im Gedicht *Der Tod* gebraucht das vertraute Du, zu oft hat es durch ihn Zäsur erfahren, Trennschnitte durch Lebensstränge. Immer zu früh, nie vollendet, ein Leben, »nur grausam, / ein Zufall, von dem niemand weiß / wohin es zurückfällt. / Ins Nichts.« (S. 61) Ins Leben geworfen und zur Todesstunde ins Nichts, das Ich stellt es fest, sein Reden mit dem Tod ist ein Reden fürs Leben. Aber keine Augenwischerei, Leben ist endlich, und das Ich, längst mit dem Gedanken ausgesöhnt, bittet vertraut um einen schwesterlichen, einen weiblichen Tod. In der letzten Zeile der kleine Flirt, die Sehnsucht, der Ruf nach ihm, würde er einer sanften Schwester gleichen.

Traumnah wieder der *Liebesbrief*, ein Monolog, der als einziger Text in Berndeutsch an ein imaginäres Du gerichtet ist, ein vertrautes Du, schon verstorben, dennoch da, zwischen Nacht und Morgen zu erahnen, ein Schutz gegen die dunklen Kräfte, was zählt, ist die Nähe und der hörbare Atem. Traum und Wirklichkeit vermischen sich, in wenigen Wortstrichen wird das geliebte Du, die geheimnisvolle nächtliche Stimmung skizziert. Begegnungen, traumnah oder geträumt, scheinen in der bildhaften Beschwörung den Tod für eine kleine Dauer zu entmachten.

Lascars Gewässer

Lascar ist ein Plüschbär, einer von 235 in der Sammlung von José, aber dabei bleibt es nicht, denn Lascar ist schlau, ein durchtriebener Kerl, also ziemlich lebendig, wie geschaffen für die Hauptrolle im komödiantisch schrägen Text *Lascar*, dem prosanahen zwölfseitigen Titelgedicht, die Sprache von der Leine gelassen, Luftcharakter im Konversationston bei raschem Szenenwechsel. Den Einsatz gibt die Regie, in der Regel nach der Suppe, nach dem Fisch, denn außer den Bären besitzt José ein Restaurant und reagiert freundlich auf die Bärenneugier seines weiblichen Gastes, gewöhnlich nach dem Essen die Bärenfabel, monatelang weitergesponnen, so vergnüglich wie Lascar im Kanal von Plordonnier, »Schlaues im Sinn«. Seine Gattin Anemone mit Strohhut, rosa Seidenband, schwimmt gegen die Strömung, taucht, ihr Hütchen bewegtes Kontra auf den Wellen, alles klar, ganz klar.

»Monsieur, sage ich, / im Kanal von Plordonnier, wo ich soeben / vorbeiging, / sah ich Bären schwimmen, braune, sie amüsierten / sich / und johlten. Ist sowas möglich in dieser Gegend? // Und José sagt: / Es sind meine, die Racker, / entronnen heute morgen«. (S. 77)

Die fröhliche Anfangsdramaturgie bald am Ausufern, rasche Auf- und Abtritte, das Frage- und Antwortspiel vorangetrieben, beschleunigt, die Karten durch den weiblichen Gast ständig neu gemischt, mit Stichworten aufgerufen, zitiert. Zuerst der Schützling, flüchtiger Dissident aus dem Bärengraben in Bern, im Verlauf eine Ansammlung illustrer Namen aus der Kulturszene, quere Begegnungen wie J. S. Bach mit Jessye Norman und Josefine Baker, die Zeitfolge ignoriert, nicht das Zeitgeschehen, fließend die Übergänge, Zitate zu Matisse, Cézanne. Dürrenmatt und Frisch werden als Frédéric-Max eingeführt, bärenvertraut auch Jean Ziegler oder Miss Taylor und auf der hölzernen Gartenbank Dostojewskijs Brüder Karamasow. Ein Namensroulett, Geschichtenroulett mit Rede und Gegenrede zwischen José und seinem weiblichen Gast, in den Pausen die nächste Suppe. Lascars Gattin unterwegs nach Monza, »trotz Strohhut / verachtet sie nicht schnelle Rennen / mit Methusalem an der Seite, / doch sie am Volant, / sie siegt immer, verstanden, und / das Seidenband flattert.« (S. 81)

Sohn Nestor, ein geschichtsschwerer Name, heiratet demnächst Nelly Pepsodent, und die Bären vermehren sich, belegen das Revier Josés. »Ja, die Bären sind üppig.« Der Dissident aus dem Bärengraben beginnt im neuen Domizil zu schreiben, dazu die Stichworte Tagi und WoZ. Die Anzahl der Bären bald auf 237 gewachsen, noch ein Bär aus Bern, seltsamer Büßer elterlicher Sünden, »trägt die Pelerine, die Muschel, die Kordel«, und pilgert von Dietlikon via Genf, Lyon zum spanischen Wallfahrtsort Santiago de Compostela, »das sind Täler und Hügel hinauf / und hinunter.« Aber über die Pyrenäen im roten Auto einer Studentin der Kunst. José ereifert sich deswegen: »zu bequem für einen Büßer«, aber sein Gast kann ihn umstimmen, und er nennt den Neuen, der Bildhauer werden soll, Jacot. Das Gespräch geht über Monate, »delirieren« nennt es die servierende Mireille und lacht zustimmend. Lascarlesern wäre empfohlen mitzudelirieren, mit den Bären im Kanal zu tümmeln, denn die Sicht vom Ufer könnte sie verprellen. Lascar, Verursacher und Musenbär, quartiert sich bei der Autorin ein. »Monsieur, / Lascar kommt später zurück in Ihr Haus. / Er wohnt jetzt bei mir, mit Mütze und / Brille und dem Pulli mit L. / Er ermuntert mein Schreiben. / Darf er bleiben? // José sagt: / Der tut immer, was er will.« (S. 87) Die Phantasie etabliert in der Figur eines schlauen, durchtriebenen Plüschbären, und es funktioniert.

Bei Goethe nachzulesen, daß alles Lyrische im Ganzen sehr vernünftig, im einzelnen ein bißchen unvernünftig sein müsse, eine genaue und furchtlose Verirrung. Die Reisende Laure Wyss weiß davon, kennt die Welten von Anemone oder Mireille, hat wie sie viele bereist. Und »der Blinde« ist immer dabei, nicht nur auf der Strecke *Von Agno nach Genève*:

»Versteckt nun in der / Tasche des Mantels. / Dort kann ich ihn rausziehn, wann immer ich möchte. / Vor der Schalttafel im Airport, zum Beispiel, / [...] / Viele Grenzen haben wir überschritten, der Polizei / getrotzt, die Papiere waren in Ordnung. Aber / keiner fand dich heraus, treuer Begleiter, der immer / noch da ist. Bei mir. Nicht zu konfiszieren.« (S. 25)

Vorstellung. Erinnerung. Traum. Bildnis. Maskottchen. Blinder Passagier?

Poesie bedient nicht die gewohnten Begriffe, lebt vom Ungesagten, eine Geographie mit Wasserzeichen, der Hintersinn im Fundus.

Wer liebt eine mächtige Frau?

Laure Wyss' Plädoyer
für Königin Christina von Schweden

Alles beginnt mit einer Frage, schreibt Laure Wyss. Sie hat sich von Königin Christina fesseln lassen, der Tochter des großen Gustav II. Adolf. Als er 1632 bei Lützen starb, wurde Christina im Alter von sechs Jahren Königin; sie wurde zur Herrscherin erzogen und regierte zwischen ihrem 18. und 28. Lebensjahr. Dann dankte sie zu Gunsten ihres Cousins Karl Gustaf ab, verließ Schweden, konvertierte zum Katholizismus und ließ sich in Rom nieder, wo sie im Jahre 1689 starb.

Ein Rätsel, diese Christina. Warum wollte sie nie heiraten? Weshalb verließ sie ihren Thron und ihr Land? Warum wurde sie Katholikin – aus religiösen oder praktischen Gründen? Unzählige Historiker, aus Schweden und aus anderen Ländern, haben diese Fragen auf unterschiedliche Weise zu beantworten gesucht.

Laure Wyss hat deren Bücher gelesen, sie hat die seriösen, aber auch die phantastischen Theorien und die böswillige Verleumdung zur Kenntnis genommen, die immer an der eigensinnigen Königin haften blieb. Sie hat in Stockholm und in Rom nach ihren Spuren gesucht. Und sie hat gehört, wie die jungen Fremdenführer in Stockholm, der Guide in der Peterskirche in Rom über sie sprechen: kurz, uninformiert, abweisend.

Ihre Frage, der Ausgangspunkt ihres Buches über Christina, lautet: Warum diese bis heute anhaltende Feindseligkeit? Warum haben die Schweden ihre Barockkönigin nicht geliebt? War es, weil sie abdankte und damit ihre Pflicht vernachlässigte? Weil sie ihr Vaterland verließ? Oder war es, weil sie die Konfession aufgab, für die ihr Vater gekämpft hatte und gestorben war? Auch ich merke schon beim Formulieren der Fragen, wie der alte Widerwille erwacht. Woher habe ich ihn, weshalb erscheint er mir so selbstverständlich? Stammt er aus den Geschichtsbüchern der Kindheit?

»Ohne Not, ohne vielleicht tragische Gründe verläßt man eine so wunderbare Stellung im wunderbarsten Land nicht, sagt sich das Schweden mit chauvinistischer Färbung, bis ins 20. Jahrhundert beleidigt«, meint Laure Wyss (*Weggehen*, 1994, S. 147). Genügt das vielleicht schon? Es erklärt aber die Tatsache nicht, daß auch der italienische Guide wie eine allgemein akzeptierte Wahrheit verächtlich »Questa pagana!« schnaubt, als man ihn bittet, das Grab der Königin in der Peterskirche zu zeigen.

Vielleicht ist die Ursache für die allgemeine abweisende Haltung sowie auch für die der Historiker eine andere, nämlich jene, auf welche Laure Wyss zuerst hinweist: daß Christina eine Frau war *und* gleichzeitig unabhängig?

»Ich bin frei geboren
Ich lebte frei
Ich werde befreit sterben.« (S. 28)

Dies steht auf einer Plakette im Palazzo Corsini in Rom, dem früheren Palazzo Riario, an der Wand des kleinen Alkoven, welcher das Sterbezimmer der Königin gewesen sein soll. Was für ein Stolz! »Welchem weiblichen Wesen gegenüber ich auch immer das Zitat erwähnt habe«, schreibt Laure Wyss, »es wurde nachdenklich oder warf mir einen leuchtenden Blick zu oder sagte: Da hast du's ja, schreib über diese Person.« (S. 28)

Das hat sie nun also getan. Sie hat sich mit Hilfe der vorhandenen Zeugnisse mit der Königin auseinandergesetzt. Sie hat die Orte besucht, an denen Christina gelebt hatte, sie hat selbst dort gewohnt. Sie ist sehr engagiert vorgegangen und hat ihre

eigenen Erfahrungen eingebracht, während sie gleichzeitig stets
versucht hat, die ungeheure zeitliche Distanz und den Abstand
zwischen ihren Lebensläufen zu korrigieren. Über diese Distanz hinweg stellt sie Christina ihre eigenen Fragen, die Fragen
unserer Zeit: Wie konnte eine Frau im 17. Jahrhundert so
schreiben? Woher nahm sie ihre Stärke?

Natürlich stellte Christinas Schicksal eine Ausnahme dar. Sie
war das einzige Kind von Gustav II. Adolf und Maria Eleonora
von Brandenburg; bevor ihr Vater im Jahre 1630 erneut ins Feld
zog, sicherte er die weibliche Thronfolge und vertraute ihre Ausbildung den hervorragendsten Männern des Reiches an. Sie war
sechs, als sie Königin der Großmacht Schweden wurde, Königin
des führenden protestantischen Reiches, das damals auch Finnland, Estland, Karelien und Ingermanland umfaßte. Sie war 16,
als sie zum ersten Mal an den Verhandlungen des Rates teilnehmen durfte, und 18, als sie die Regierung selber übernahm. Sie
war zur Politikerin erzogen worden, wenn man ein so modernes
Wort in diesem Zusammenhang überhaupt gebrauchen kann.

Und ihr erster großer politischer Erfolg – noch ein Punkt,
den Laure Wyss betont und mit dem ersten, also dem Faktum,
daß dieser Herrscher eine Frau war, in Zusammenhang bringt –
ist, daß es ihr gelingt, mit dem Westfälischen Frieden im Jahre
1648 den Krieg zu beenden. Man sagt, daß Christina die Verhandlungen zielstrebig und mit großem Geschick führt. So
gibt es endlich Frieden im zerschlagenen Europa, nach dreißig
Jahren mit verheerenden Feldzügen.

Anstatt auf dem Schlachtfeld in die Fußstapfen ihres Vaters
zu treten, widmet sich die junge Königin dem kulturellen Wie-
deraufbau ihres Landes, nachdem ihr Großvater Gustav Vasa
die hauptsächlich in den Klöstern verankerte Kultur seiner
Zeit gründlich zerstört hatte. Sie begnügt sich nicht mit der rie-
sigen Kriegsbeute in Form von Kunstwerken und kostbaren
Büchern, die nun nach Stockholm geführt wird; unermüdlich
läßt sie auch neue Kunstwerke, Manuskripte und seltene Bü-

cher kaufen, um sie den prachtvollen Sammlungen anzugliedern. Sie versucht auch, die kulturellen Verbindungen mit dem Kontinent wiederherzustellen, vor allem mit Frankreich, das sie bewundert und liebt. Fremde Gesandte, auch Katholiken, werden wohlwollend empfangen. Fremde Gelehrte werden an ihren Hof berufen – darunter Descartes, der nach dem ersten harten Winter an einer Lungenentzündung erkrankt und stirbt. Die strenge Kriegernation, über die sie regiert, findet natürlich, daß sie *verschwenderisch* ist.

Laure Wyss, die Pazifistin und Feministin, sieht dies selbstverständlich anders. Mißtrauisch untersucht sie sowohl zeitgenössische als auch spätere Zeugnisse und findet heraus, daß sozusagen alle, die über Christina geschrieben haben – und das sind viele! – Männer sind. Ist in ihrer Art, die Königin zu beschreiben, nicht der männliche Blick spürbar?

Es stimmt, daß Christinas Zeitgenossen angesichts ihrer Gelehrtheit und intellektuellen Interessen in Staunen versetzt wurden. Sie nannten sie ein »Wunder des Nordens« und eine »Minerva im Land der Skythen«. Einiges muß man natürlich der gewohnten untertänigen Schmeichelei der Fürstin gegenüber zuschreiben. Aber hat das Lob nicht immer auch einen Nebenklang, einen Unterton des Erstaunens darüber, daß dieser Fürst auch eine *Frau* ist? Warum sollte man sonst auch Dinge betonen, die für einen Alleinherrscher zu jener Zeit als normal und angemessen gelten konnten. Man vermerkt ihr willensstarkes Auftreten, ihr Interesse für künstlerische und politische Sachfragen, ihre unsentimentale Verachtung von Dummheit, Geschwätz, Schmeichelei. Nie auch nur eine Spur von einer Bitte. Sie folgt ihrem eigenen Willen.

Ihre Stimme, schreibt der französische Botschafter Chanut, konnte bisweilen ihre normale, mädchenhafte Lage verlassen und plötzlich stark, grob und gebieterisch werden. Sie zeigte »in ihrem Rat eine unglaubliche Macht«. Und sie war nicht nur sprachkundig und belesen, sie verfügte laut Chanut auch über die körperlichen Fertigkeiten, die von einem (männlichen) Fürsten gefordert wurden:

»Sie ist unermüdlich, wenn sie sich auf dem Land befindet, und kann während einer Jagd ganze zehn Stunden ohne Unterbruch im Sattel sitzen. Weder Hitze noch Kälte fechten sie im geringsten an. Ihre Kost ist einfach, nachlässig und ohne Finesse [...] Es gibt keinen anderen im Lande Schweden, der sicherer als sie einen Hasen mit einer einzigen Kugel aus seiner Flinte im Sprung stoppen kann.«[1]

In diesem Betonen von Christinas männlichen Fürstentugenden (und dazu gehört auch »die glühende Liebe, die sie für die Ehre und für *la vertu*« hegt) gibt es etwas Beschwörendes, einen Verdacht, der jederzeit in sein Gegenteil umschlagen kann – und der es auch tut. Zunächst flüsternd, und als sie die Regierungsmacht nicht mehr innehat laut: War sie nun wirklich eine *richtige* Frau?

Ihre Zeitgenossen beschreiben die Königin als *häßlich*. Zwar ist sie wendig und schnell, eine geschickte Reiterin, körperlich kühn, unerschrocken und unermüdlich (keine Spur von ›weiblicher‹ Zimperlichkeit!), aber auch kleingewachsen und schief, mit scharfen Zügen und brüsken Bewegungen. Die Augen sind schön, darin sind sich alle einig, aber was aus ihnen leuchtet, ist – wiederum – nicht ›weibliche‹ Sanftmut, sondern rasche Auffassungsgabe und hungrige Intelligenz. Und ihre Kleidung, natürlich abgesehen von der zeremoniellen Pracht bei feierlichen Anlässen: vernachlässigte Perücken, selbstkreierte praktische Alltagsanzüge, niedere Männerschuhe.

Hat jemand sie so dargestellt, wie sie wirklich ausgesehen hat? Wir müssen bei den Bildern aus den Tagen ihrer Macht selbstverständlich mit Schmeichelei und Beschönigung rechnen: Immer steht sie so, daß man die schiefe Schulter nicht sieht, und ihre kleinwüchsige Statur fällt nicht ins Auge, da sie entweder alleine steht oder hoch zu Roß dargestellt ist. Trotzdem erkennen wir sie durch alle Entstellungen und Metamorphosen hindurch. Auf den Kinderporträts sehen wir sie mager, ernst und aufrecht, mit großen Augen: reiner Wille. Sebastien Bourdons Porträt von 1652 zeigt einen offenen, spöttischen, ungeduldigen, durch und durch wachen Menschen. So muß sie ausgesehen haben, als sie nach der Abdankung durch Dänemark südwärts geritten ist, verkleidet als »Graf Dohna«, im Männersattel, mit dem Degen an der Seite, noch benommen und jubilierend über ihre neugewonnene Freiheit. Auf späten Porträts, als es nicht mehr nötig war, die *prachtvolle* Königin darzustellen, steht sie breitbeinig in bequemen Schuhen, in eine Art halblangen, vorne geknöpften Mantel gekleidet, das Haar an der Seite in unschöne Zöpfe gebunden. Aber der Gesichtsausdruck ist belustigt, leicht ironisch (selbstironisch?), und die Gesten sind noch immer gebieterisch.

»Man will den männlichen Charakter an ihr«, erinnert sich Laure Wyss, als sie die zeitgenössischen Porträts der Königin betrachtet und sieht, wie das Hervorheben ihrer scharfen Züge und unschönen Gestalt dazu dient, diesen männlichen Charakter zu betonen, eine Häßlichkeit, »die einer Frau nie verziehen wird«. (S. 11) Man wollte ihn so stark, daß der Wunsch richtiggehend den Blick des Volkes verzerrte, nicht nur jenen der Porträtmaler: Als die Königinmutter Maria Eleonora endlich einem gesunden Kind das Leben schenken konnte, sah die Hebamme in Christina im ersten Moment einen Jungen, und erst nach einigem Zögern wagte Gustav Adolfs mutige Schwester das Versehen aufzudecken.

Vielleicht spürt man hier auch so etwas wie einen Klassenunterschied. Es ist die Hebamme, die *falsch* sieht; der König, und in seiner Nachfolge Axel Oxenstjerna, der Rat und die Stände, wählen *davon abzusehen*. Auf dieselbe Art und Weise ist es auch in der Folge die eher populäre Geschichtsschreibung, welche die gröbsten Gerüchte verbreitet: daß Christina unzählige Geliebte gehabt habe, daß Monaldeschi einer davon gewesen sein solle und sie ihn hinrichten ließ, weil er ihr verleidet war. Umgekehrt interpretierte man ihre eigensinnige Weigerung zu heiraten (und sich unterzuordnen!), ihren Widerwillen gegen die Ehe und das Kindergebären als Ausdruck »unnatürlicher Neigungen« und verbreitete gefälschte pornographische Briefe an ihre Freundin Ebba Sparre. Es soll über tausend Bücher geben, insbesondere von französischen Populärhistorikern, welche die Königin auf diese Weise darstellen: als eine gewissenlose Abenteurerin, vergnügungssüchtig, pervers und grausam.

Aber auch seriösere Forscher wie Baron Carl Bildt, der Ende des letzten Jahrhunderts Minister in Rom war und dort eine große Menge unbekannten Archivmaterials über die Königin zutage förderte, interpretierte ihre Persönlichkeit im Licht seiner viktorianischen Frauenverachtung:

»Eine Frau, die in die Weltpolitik eingreifen wollte, die mit den berühmtesten Wissenschaftlern ihrer Zeit Kontakt aufnahm, die sich in ein kühnes Abenteuer nach dem andern stürzte, war für ihn ganz einfach eine Hysterikerin«[2] – so wird sein Standpunkt von Christinas bedeutendstem schwedischen Biographen, Sven Stolpe, zusammengefaßt.

Nach all dem, welche Erleichterung, was für ein Vergnügen, Laure Wyss' von Anfang an sympathisch eingestelltes *Befragen* der Geschichte zu lesen! Ihr *Weggehen ehe das Meer zufriert* ist allerdings bei weitem keine richtige Biographie (obwohl alles vorhanden ist: Fakten, Daten, die ganze tradierte Geschichte). Sie arbeitet mit Fragmenten, Bildern, die sie dreht und wendet. Sie ist sich eindringlich der vorhandenen Fallgruben bewußt: unsichere Quellen, eine fast unüberbrückbare Distanz, was Zeit, Lebensschicksal und Denken betrifft. Aber in den Ritzen zwischen den verschiedenen Dokumenten, an den Orten, wo Christina gelebt hat, bei Punkten, an denen die Erfahrungen der Autorin sich in gewisser Hinsicht mit denjenigen der Königin überschneiden mögen, läßt sie uns flüchtige Eindrücke ihrer Gestalt erblicken: eine enthusiastische, ungeduldige, intelligente, lebenshungrige und willensstarke junge Frau, der für ihre Zeit einzigartige Möglichkeiten geboten wurden, und die ihr Bestes tat, um ihr Schicksal zu überwinden.

Aber *Weggehen ehe das Meer zufriert* handelt ja nicht nur von Christina, und auch deshalb liegt mir so viel an diesem Buch. Laure Wyss weiß, »daß jede und jeder sich beim Schreiben sehr genau orientieren, nämlich den Ort, wo sie, wo er stehe, genau ansehen müsse, bevor er nach links und rechts aushole.« (S. 210) In ihrem Buch untersucht sie ihr eigenes Leben genauso wie jenes der schwedischen Königin, und sie richtet die Fragen auch an sich selber. Sie weiß, daß man andere nur durch sich selber versteht, indem man (sich aller Unterschiede erinnernd) seine eigenen Erfahrungen zur Verfügung stellt, und sie weiß, daß man auf die gleiche Weise sich selber nur verstehen kann, indem man sich in andere einlebt. So ist ihr Buch über Christina auch ein Stück Autobiographie geworden, ein Selbstbefragen, ein Text, der während der Arbeit immer mehr Bilder, Erinnerungen, Erzählungen und Menschenschicksale aufgenommen hat, bis er schließlich eine Art Summe, eine persönliche Lebenserklärung darstellt. Fragmentarisch, unsicher, wechselhaft, gewiß, genau wie das Bild von Christina. Aber im Verlauf der Erzählung (bisweilen unterbrochen, korrigiert, ermuntert oder von der *dritten* Stimme des Buches, die einer Psychoanalytikerin gehört, in Frage gestellt), treten auch die Züge der Autorin immer deutlicher hervor. Ihre Offenheit, nicht zuletzt gegenüber anderen Menschen. Ihr ständiges Infragestellen, nicht zuletzt ihrer selbst. Und schließlich ihre Liebe zum Wort, dem wirkenden.

Aus dem Schwedischen übersetzt von Susanna Flühmann

---

1 Zitiert nach der schwedischen Christina-Biographie von Sven Stolpe: Drottning Kristina. Stockholm 1966, S. 27
2 Ebd., S. 34

SABINE WEN-CHING WANG

Ich hatte etwas abgekriegt

Ein Leseerlebnis
aus Laure Wyss' Enkelinnengeneration

»Ich hatte etwas abgekriegt, die Augen brannten, ich hustete.
Da faßte mich ein Unbekannter hilfreich am Arm, sagte:
›Kotz es aus!‹« [1]

Sagen wir, Anna sei jung. So jung, daß sie in manchen Nächten das Dreifache der angegebenen Baldriandosis schlucken kann, ohne ruhig zu werden. Unruhe, wenn die Wörter »wie Hundeherzen schlagen«[2] in der Dunkelheit. Jene, die sie gelesen hat, und jene, die angestoßen wurden in ihrem Kopf.

So jung, daß sie L.W.'s Enkelin sein könnte, so jung, daß die meisten von L.W.'s Texten für Anna Geschichte sind. Die Geschichte vom Krieg; die Emigrantenschicksale aus Schweden, die geschmuggelten Flugblätter, das zerstörte Warschau. Eine Geschichte der Frauenbewegung. Der Isolationshaft einer politischen Gefangenen, im Hintergrund der 8oer Unruhen.

Alles in allem ein Protokoll der Auflehnung. Geschichten von Menschen, exemplarische Biographien, die in, und nicht selten gegen jene Masse stehen, die sich Gesellschaft nennt.

L.W.'s subjektive Wahrnehmungen, stetig im Willen, diese einzubringen in einen größeren Zusammenhang, führten hier zu Annas eigenem Schreibverfahren. Ein Schreibverfahren, das nicht zurückgreifen konnte auf das Fachwissen eines Studiums, die persönliche Bekanntschaft mit der Autorin oder die Teilnahme an Ereignissen, an denen L.W. als aktive Zeitgenossin und Chronistin mitgewirkt hat. Ausgehend von deren Texten, literarischen und journalistischen, schrieb Anna ihre eigenen

Wahrnehmungen auf, suchend nach dem, was diese mit L.W.'s Werk verbindet.

Ihr erster Gedanke allerdings war: »Warum fragen die nicht eine andere junge Autorin, geübt in solchen Aufgaben«, um Tage später in den *Frauenprotokollen* das Votum einer porträtierten Journalistin zu lesen, es (was immer »es« auch sein mag) selber zu vertreten, »*obwohl eben die erste Regung ist, es zu delegieren*«[3]. Wie hätte sie sich da noch drücken sollen, zwanzig Jahre nach Erscheinen dieses Buchs? Zwar hätte sie es wohl an eine Geschlechtsgenossin delegiert, und das ist gewiß ein gutes Zeichen, aber hat sich wirklich so viel verändert seit 1976? Ging sie *Mutters Geburtstag* wirklich nichts an?

»Daß ich es nie zugab, wie unerträglich schwer es gewesen ist und oft zum Ersticken, das ist mir als Fehler anzurechnen, nicht, daß ich das Kind allein aufzog.«[4]

Beim Lesen fällt Anna eine Begegnung im Theater ein, wo vor Jahren eine Bekannte das Aussehen ihrer Mutter gelobt hatte. Das Aussehen ganz im Gegensatz zu früher. Und die Mutter darauf antwortete: »Ja, damals stand ich in Scheidung.« Wie die Mutter dies sagte; leise, langsam, nachdenklich.

Anna hatte das rasch wieder weggesteckt, wie die ganze Scheidung überhaupt. Untrüglichstes Zeichen dafür war wohl noch das schwarze, sogenannte ›Strubbelimeersäuli‹ gewesen, das die Neunjährige nach dem Weggang des Vaters bekam. In ihrem Gedächtnis pflegte die Jugendliche dann, diese Scheidung immer um zwei Jahre zu früh anzusetzen, weil die Erinnerung verschüttet war. Erst mit den Worten, mit dem Versuch, schreibend zu begreifen, kehrte sie wieder. Ein Text, in dem sie klagte über den Schlüssel unter dem Teppich, die alltäglichen Kämpfe mit der Türklinke, die nicht nachgab; die Haustür, die verschlossen war. Zeilen, in denen sie sich eine Mutter wünschte hinter der Tür, mit einer Schürze und feuchten Händen vom Kochen.

Mutters Geburtstag hat ihr nun von der andern Seite erzählt: Wie schwierig, wie erschöpfend es für die Mutter gewesen sein muß, heimzufahren zwischen Arbeit und Arbeit, anzukommen nach den Kindern, in Windeseile zu kochen über Mittag. Diese Mutter, die sich keine Schwäche erlauben konnte, denn: *»Du mußt halt jetzt für jemand anderen sorgen, mußt dem Kind ein Nest bauen.«*[5] Die weinend geschrien hat: »Ich kann nicht mehr, ich kann nicht mehr«, bevor sie auf die nervige Kleine eingeschlagen hat, ein einziges Mal.

Dieses Eingeständnis, es erscheint Anna jetzt als eine Art von Größe. Schlug sie selbst zu, tat auch sie es weinend. Zum Beispiel, wenn die Hänseleien, ihres fremdartigen Aussehens wegen, zuviel wurden. Wohlweislich hatte sie einem der schmächtigsten aus der Bubengruppe eine gelangt, dennoch war sie stolz zu hören, wie die älteren Brüder der Spötter sich bewundernd zuraunten: »Ja, einige sind so, solche Mädchen gibt es halt!«

Ihre unbändige Lust, einzubrechen in die Bubenwelt; das Fußballspielen und Kriegführen (Löwen- gegen Tigergruppe), nachdem ihr das Wickeln von Puppenhintern in geblümte Taschentücher schnell einmal fad geworden war.

»Mein Vater ist sehr introvertiert. Drum konnte ich nie mit ihm reden, er ist einfach nicht da.«[6]

Annas erstes Bild vom Vater ist das seines Rückens. Ein Bild wie aus einem Film: Ein kleines Mädchen, das auf einem Grasweg niedergekauert ist, bei einer der letzten Blumen im Herbst; gelb könnte sie sein. Der Vater dreht sich um und ruft, geht dann weiter.

Später war es der Rücken am Pult in seinem Büro daheim (wo der Samichlaus partout nicht hineinschauen wollte, obwohl Anna beteuerte, der Papa habe auch eine Sauordnung). Schließlich ging der Rücken des Vaters fort, durch den nächtlichen Flur, mit verweintem Gesicht, nach einem lauten Streit der Eltern.

Es ist auch der Rücken, der sommers nach Hause fährt, 110 Längengrade gen Osten. Zurück in der Schweiz, öffnet er seine großen Schiebeschränke und reicht der Tochter grünen Tee heraus, getrocknete Pilze, Drachenaugen und Früchte ohne Namen. Sie zu benennen lernt Anna jetzt die Vatersprache. Manchmal möchte sie sich darin einspinnen, mit dem Vater, in diesem Kokon aus Fremde.

Der Vater, dem Annas Liebesgeschichten so zuwider sind, daß er ihr einmal das Wort ›Hure‹ aufgetischt hat. Der Vater, der nicht verstehen kann, wie sehr sie es liebt, einen zweiten Körper neben dem ihren.

»Wie wird sie mit den veränderten biologischen Fakten ihres Frauenlebens fertig? Wie mit ihrer sexuellen Situation? Fragen, die meistens nicht berührt und selbstverständlich nicht öffentlich besprochen werden, aber doch im vorläufig ruhigen Vulkan brodeln.« [7]

Der Grund, warum Anna auf das Thema Sexualität eingehen möchte, obwohl es in L.W.'s Werk weitgehend ausgespart bleibt (dies könnte am Alter, eingebunden ins zeitliche Umfeld, oder an persönlichen Prioritäten liegen), ist der, daß sie darin den unausweichlichsten Spiegel für die Geschlechterverhältnisse sieht. Das Fehlen sexueller (Vor)Bilder; die Vereinnahmung des Frauenkörpers, die in der Pubertät einsetzte.

Da gab's zum Beispiel in der Sekundarschule ein Jungenspiel. Die Flaumschnäuze holten sich Punkte, indem sie dem bestentwickeltsten Mädchen an die Brüste oder in den Schritt griffen (umgekehrt wäre dies undenkbar gewesen, und wann, wäre die Angreiferin bestimmt eine ›Sau‹ genannt worden). Anna schaute zu, lachte mit, froh, diesem Spiel durch ihre flache Brust enthoben zu sein. Dem andern Mädchen warfen die Jungen vor, sie hätte fette Oberschenkel. Sie kam dann nicht mehr ins Schwimmen, brachte die Mens zur Entschuldigung vor, was der Lehrer lachend und lediglich als biologisches Wunder zu quittieren wußte.

Später wurden die Filmbilder, zu 90 % von Regisseuren in Szene gesetzt, maßgeblich. Gängige Gauklereien von tendenziell aggressiven, jedenfalls hochaktiven Mannsbildern, die, keine Miene verziehend, die Frau unter sich, diese in greller Verzückung, in den Orgasmushimmel stießen. Herrgott noch mal, warum klappte das bei Anna nicht? Dreiviertel Jahre lang fühlte sie sich als Versagerin, oftmals weinend danach, ein amputierter Körper.

Nun, auch in den 90ern waren Verena Stefan und Svende Merian lehrreich. Dennoch, wider beßres Wissen, blieb ihr diese diffuse, eingefleischte Ursorge, es vor allem IHM recht machen zu müssen. Das ›weibliche‹ Schweigen. Die stille Unterwerfung unter das sexuelle Diktat eines Partners. Das plötzliche Akzeptieren einer Dominanz, die sie andernorts verweigert.

Ein individuelles Problem, losgelöst vom gesellschaftlichen Kontext?

Frauengespräche am WG-Tisch. S. versichert: »Mit dreißig kommst du auf den Geschmack des Bumsens«, und fährt fort: »Mit sechzehn gehst du zum ersten Mal mit einem in die Pfanne, dann rammelt der wie ein Bock; das machst du nicht sogleich wieder! Nein, mit dreißig erst weißt und sagst du, was du willst.« Eine Gleichaltrige pflichtet bei, auch sie habe solange gebraucht, bis sie es wirklich schön fand, vom Orgasmus her und überhaupt allem drum und dran. Eine dritte relativiert zwar diese Aussagen bezüglich des Alters, betont aber dennoch, wie mühselig der Prozeß des Findens einer eigenen Sexualität gewesen sei.

Anna hat die Schulstundenpolemik eines ihrer ehemaligen Lehrer im Ohr; die Feministinnen, mit ihren Kaffeekränzchen, seien doch alle bloß sexuell frustriert! »Und wenn schon …«, muckte sie auf, als einzige der Klasse. Dann und wann hielt sie später den Mund. Oftmals fiel und fällt es ihr schwer, lästig zu fallen, etwas, das L.W. so konsequent vorgelebt hat und tut, »*...heute, wo nicht nur jeder Mann, sondern bald auch jede Frau wünscht, daß die Frauen endlich Ruhe gäben!*«[8]

»*Denn die Frauenfrage ist völlig ungelöst.*«[9] (L.W. 1970)

Zuweilen erschreckt es Anna, wenn sie bemerkt, daß ihre und die Fragestellungen ihres Umfelds hinsichtlich der Emanzipation der Frau durchaus Parallelen zu solchen der 70er Jahre aufweisen. Gleichzeitig ist sie sich bewußt, daß positive Veränderungen, da zur Selbstverständlichkeit geworden, in geringerem Maße wahrnehmbar sind. Andererseits, was nutzt es, sich auf geernteten Lorbeeren auszuruhen? Um das Gegengeschlecht zu besänftigen, auf Knien um mehr zu bitten?

Anna lehnt eine allumfassende ›Sisterhood‹-Mentalität, verfährt sie plakativ und ungeachtet der »*Verschiedenheit der weiblichen Situation in unserer Gesellschaft*«[10], ab, jedoch genießt sie Rezeptionen von Büchern oder Theaterstücken, in denen es oft allzu leichtfertig heißt, die Autorin schreibe so, als hätte die ganze Frauenbewegung nie stattgefunden, mit Vorsicht. Dieses Phänomen, daß diejenige, die Zustände reflektiert und umsetzt, verantwortlich gemacht wird, ohne die Zustände selbst differenzierter zu betrachten, in der Annahme, die ›Frauenfrage‹ sei gelöst, weil sie breit thematisiert wurde.

Dieses Gefühl des Stillstands in der ›Frauenfrage‹, ein Wort, das bei Anna eine etwas einseitige Problematisierung evoziert, könnte es nicht auch Zeichen dafür sein, endlich von der ›Männerfrage‹ zu sprechen? (Sind sich Männer beispielsweise ihrer Sexualität so unvergleichlich sicherer, wie viele vorgeben, es zu sein?) Die Emanzipation der Männer aus ihren genauso festgefahrenen Rollenzwängen hinkt ja derjenigen der Frauen bekanntlich um Meilen hinterher (einer ihrer Freunde behauptet sogar, sie habe gar nie stattgefunden) oder beschränkt sich auf, häufig konservative, Reaktion.

L.W. hat in einem Beitrag zur »Friedenszeitung special« geschrieben: »*1995 gehen Mütter ihre Söhne suchen in Tschetsche-
nien, sie sagen, sie täten's, ›weil die Väter das nicht können‹.
Wann werden sie's? Wann wächst ihre Kraft, gegen den Krieg
zu sein?«* [11]

»*Immer denke ich an Livia. Und an ihre Einsperrung, der sie
sich zu entziehen versteht.*« [12]

Liebe Livia ist das Buch, welches Anna am meisten beeindruckt
hat. Beeindruckt wie das Gedicht einer politischen Gefangenen,
das sie mit vierzehn, fünfzehn Jahren in einem Amnesty-Inter-
national-Magazin gefunden hat. Es endete mit den Zeilen:
»Glücklich die Lebenden, / die ihre Träume verfolgen bis in
den Tod«. Oder beeindruckt wie Kresniks Stück über Ulrike
Meinhof, das in der Berliner Volksbühne getanzt wurde, wo
die Eintrittskarte immer noch fünf Mark kostet und das Haus
voll von jugendlichen Besucherinnen ist.

Ein Buch, das sie zurückgeführt hat in den Frühling 1990, in
den Widerstand gegen den geplanten Waffenplatzbau auf
Neuchlen-Anschwilen. Eine Bewegung, die sich insofern von
derjenigen der 8oer unterschied, daß sie von Menschen verschiedensten Alters, vom Jäger und Aktivdienstler über die
Bäuerin bis zu den Eltern, angestachelt von ihren Töchtern
und Söhnen, getragen wurde. Dennoch war die Jugend sehr
präsent, und sie fühlte sich stark und lebendig an, wenn an den
besten Tagen Lastwagen und Bagger durch Blockaden lahmge-
legt waren. Wenn auf orangen Entwässerungsrohren Alphorn
geblasen wurde, um diese danach weit verstreut in der Landschaft zu installieren. Wenn Transparente an Ballonen gegen
Helikopter, die Baumaterial herbeischaffen sollten, aufstiegen.
In den Umarmungen fühlte es sich lebendig an. An den Lager-
feuern, beim Kochen, Essen, Rauchen – und beim Streiten an
Vollversammlungen, wieviel an Gewalt in Aktionen zulässig sei.

So lebendig, daß ein bürgerlicher Herr mit Klassewagen, beinahe täglich, zu ihnen herauffuhr und, halb fasziniert, ausrief: »Ihr träumt doch, ihr träumt doch!« Ähnlich wie *»Frau A., vielleicht manchmal die gequälten Seelen, die ihre Not herausschreien, beneiden muß, weil sie ihre eigene Seele durch Konventionen und gutes Betragen in Zucht gehalten, kaum kennt und nicht aufschreien lassen kann.«* [13]

»Wo gibt's eine Brücke? Zwischen denen, die befehlen und erziehen und es gut meinen, und den Kindern, die nicht gehorsam waren, den Meitschi, wo nid gfolget hei? Wie lange muß man gehorchen, wie lange folgsam sein?« [14]

Es gab keine Brücke. Sie wurde abgebrochen, und Anna fand sich auf der andern Seite wieder. In der Metallkammer eines Kastenwagens der Kantonspolizei, der die Ungehorsamen ins Gossauer Amtshaus, ins Gefängnis bringen sollte.

Dieses plötzliche Herauskippen aus der Normalität, diese plötzliche Einteilung zwischen drinnen und draußen. *»Draußen helle Sonne, warmer Sommer«* [15], auch auf Neuchlen-Anschwilen an jenem Tag. Die Koteletts, die Livia auf dem Holzofen, unmittelbar vor ihrer Verhaftung, gebraten hat, konnten nicht mehr dieselben sein, wie die, die am gleichen Abend auf dem Menüplan der Kapo-Kantine standen.

Sich plötzlich ausgeliefert zu finden, dieser Männermannschaft auf dem Posten. Die für Annas Aufforderung, die Schranktüre zu schließen, nur ein Grinsen übrig hatte, die Bilder (von entblößten Brüsten und lächelnden Pin-up-Mündern) seien doch nicht so schlimm. In der Zelle die Pritsche, die Wolldecke, ein Lavabo, eine Toilette, die Bibel. Ein Fenster, das vergittert war, und ein zweites an der Tür, das sich nur von außen öffnen ließ.

Aber da waren die andern, draußen vor dem Amtshaus, die sangen, pfiffen, riefen und lärmten. Und ihr eigener Trotz, den

sie sich bewahrt hatte, als ein Polizist die Zelle betrat und ihr
befahl, die Wolldecke zu falten. Da hat sie nein gesagt, nein.
Ihr Trotz, der sich spiegelte im roten Gesicht des Mannes,
schwer atmend vom Treppensteigen. Der schwieg und einen
Moment lang zögerte, bevor er sie hinuntergeleitete, zur Entlas-
sung. Diesen Moment lang hat sie seine Lust verspürt, seine
Lust, jetzt zuzuschlagen.

Diese zwei Stunden Haft, ein winzigster Bruchteil von dem,
was L.W. in *Liebe Livia* so eindrücklich beschrieben hat. Aber
Anna scheint, es habe ihr für's Leben gereicht.

*»Kein Vorgeplänkel heute, daß Livia so gut aussehe, daß ihr
der neue Haarschnitt gut stehe, eigentlich besser als die Strähnen vorher, ja, ihre Gefährtin, die A., habe ihr das Haar ge-
schnitten, es sei auch A.'s Idee gewesen. Ob ich es wirklich
gut fände?«* [16]

Die Solidarität zwischen Schicksalsgenossinnen, den Trost einer
andern, hat Anna, stärker noch als auf Neuchlen-Anschwilen,
Jahre später in einer psychiatrischen Klinik erlebt. Lenas Zärt-
lichkeit; wie ihre Mitpatientin sie geschminkt hat, ihre Finger,
feucht von Speichel, über Annas Augenbrauen fuhren. Niemand hatte das je zuvor getan. [17]

Sie taten es, um in die Stadt zu fahren, an einem freien Nachmittag. Es hatte etwas Feierliches an sich, wenn sie in den Bus
stiegen, der die Baumreihe passierte. Die Baumreihe, die die
Grenze zwischen ›drinnen und draußen‹, der abgelegenen Heil-
stätte und dem nächsten Dorf markierte. Die Sehnsucht, eine
gewisse Autonomie und eine Art von Normalität aufrechtzuer-
halten: *»Zwei Kilo Maiskolben, die wünschte sich Livia zum selber Köcheln zusammen mit ihrer Gefährtin im Sicherheitstrakt.«* [18]

An Ostern mochten die Freundinnen auch nicht aus den Sil-
berdeckeltellern der Klinik essen; da ein Abteil für Karottenge-

müse, dort eines für kalte Nudeln an brauner Sauce. Und das nach dem Aufstehen! Nein, sie schliefen aus und hatten selbst Joghurts, Zopf und Eier in der Migros eingekauft.

Lena hat Anna die Haare gefärbt, eine blonde Ecke in den dunklen Schopf.

Die Geschichte der 8oer war auch ihre Geschichte.

Die ›Neuchler‹ beriefen sich darauf. Beispielsweise an der Sommeruniversität 1990, einer Veranstaltung, die Raum bieten sollte für Reflexion und Perspektiven, nach der ersten erfolgreichsten Widerstandsphase. Sie schauten sich damals in einer Scheune, wenn auch nur mit brennenden Augen, »Züri brännt« an. Den Schlußkommentar des Films, der lakonisch vom Scheitern der Bewegung und auch dem der einzelnen Beteiligten sprach, nahmen sie auf. Vielleicht bereits in der dumpfen Ahnung, daß auch Neuchlen-Anschwilen, ihre Realität und ihr Symbol zugleich, nicht zu retten sein würde. Ein Kampf, der immer mehr bedeutet hatte als der um ein Stück Land.

Anna erinnert sich an J., um wenig älter als sie selbst. J., von dem sie nie bemerkt hatte, daß er während ihres Widerstands oder jemals zuvor auf Drogen gewesen wäre. J., der erst fragte, bevor er vom besetzten Bagger pißte, da er dringend mußte. Der sich dann in der Nacht, in der das Golfkriegsultimatum ablief, den goldenen Schuß gesetzt hat.

Auf Annas Frage nach den Personen, die hinter den Figuren der *Livia* und ihres Freundes stehen, schloß M., ein Mitbewohner, dem die Hintergründe bekannt sind, seine Antwort mit: »Menschen, die sich selber treu geblieben sind.«

Das ist es, was Anna gesucht hat, in ihrem Zürcher Daheim: Menschen mit Geschichte. Ein Haus mit Geschichte: 1990 besetzt, 1993 von einer städtischen Stiftung erworben, nachdem der Spekulant Konkurs gemacht hatte. Seitdem als selbstverwaltete Großwohngemeinschaft erhalten. Dieses Daheim ist Anna auch zu einer Art geistiger Heimat geworden; mit Menschen zu wohnen, deren Geschichte Ähnlichkeit mit der eigenen aufweist, die sich vergleichbare Fragen stellen. Die auf den Namen Laure Wyss entgegnen: »Liebe Livia.«

In der Schule am Bodensee hatte sie sich oft allein gefühlt mit ihrem Hintergrund, ihrem Neuchlen-Anschwilen und ihrer Leidenschaft für die politischen Bewegungen, ihrem Interesse für Wohn- und Kulturprojekte wie das Wohlgroth, ihrer Faszination für militante Demonstrationen, zerbrochene Schaufenster. Aus einem fächerübergreifenden Projekt zum Thema Jugendkulturen, das von einem 68er und einem 80er Lehrer geleitet wurde, sind ihr zu bedenkende Erinnerungen geblieben. Die 21jährigen Schüler und Schülerinnen erläuterten ihre Gestaltungen, in denen sie ihren Standpunkt in der Welt dargestellt hatten. Einer hatte eine Insel gebastelt, die umgeben war von einer Collage farbigster Bilder aus Zeitschriften. Sein Standpunkt war auf der Insel, von draußen, von vielfältigen Möglichkeiten war die Rede, hole er sich, worauf er Lust habe. Eine andere durchquerte ein Labyrinth, entschied sich für Wege.

Ist diese Zeit vorbei; die Zeit, sich in die Dinge hineinzubegeben mit Leib und Seele, Haut und Haar? Die Zeit des Mauereinreißens, ist sie vorbei? (Und warum?)

Befremdend, wie die großen Politdemonstrationen der 68er und 80er in die Streetparade münden.

»Noch tragen wir Kleider, noch trinken und essen und atmen wir und haben zu schreiben. Die Schuldfrage jedoch ist gestellt. Die muß jeder für sich beantworten, murmelt Marianne.« [19]

Wie befremdend ist Anna die schleichende Entpolitisierung wirklich? Hat sie es nicht an sich selbst erfahren, den Rückzug ins Private? Als sie sich die Priorität setzte, eine Schule abzuschließen, nachdem sie die letzte, im Zuge von Neuchlen-Anschwilen, unbeendet verlassen hatte. Parallel dazu gab sie jegliche Mitarbeit in Basisgruppen auf, im Gefühl, politisch ausgebrannt zu sein. Ein Gefühl, das ihr bis heute geblieben ist.

K., eine weitere Mitbewohnerin, konstatiert: »Zuerst war da die Politik, die Sitzungen, von einer Aktion zur andern. Dann kamen die (Love)Stories, du hattest schon die nächste am Laufen, bevor die letzte beendet war.« K. hat heute ein Kind und holt ihre Matura nach. C. beklagt, daß nach ihrer Generation der 8oer keine mehr gekommen sei, mit neuen Ideen, neuen Inhalten. Und über ihre persönliche Situation heute, ihre Arbeit unter einem Chef und die zunehmende Individualisierung, auch innerhalb der WG, sagt sie: »Für mich sind das alles Rückschritte.« Andere wiederum fassen das Wohnen gar nicht als politisches Projekt auf. Das kollektive Wohnen, das einmal den Zweck gehabt hatte, die Vereinzelung der Leute aufzuheben, das Wohnpotential im Sinne gemeinsamer Aktionen zu nutzen.

Anna sieht es weniger schwarz als C., aus der Warte einer, die von den 8oern, wird von diesen Termini ausgegangen, höchstens noch gestreift wurde. Einerseits spürt sie, daß die Leute noch da sind; K.'s Schalk, der aufblitzt, wenn sie auf einen Spray zeigt und ausruft: »Der dort, der ist von mir!« Oder C., die unermüdlich den politischen Aspekt des Privaten in die WG-Diskussionen einbringt. Andererseits wird das Wohnpotential sehr wohl noch genutzt, auf anderen Ebenen, in ihrem Falle auf derjenigen der Kultur. R., die Theaterregisseurin, integriert beispielsweise eines von Annas Gedichten in ihr Stück, das den ›weiblichen‹ Magerkeitskult thematisiert.

Hier wird zudem deutlich, wie heikel es ist, politische und unpolitische Arbeit strikte zu trennen. Anna stellt fest, daß der Begriff des Politischen inzwischen sachgemäß auf alle Bereiche des Lebens ausgedehnt werden kann. Daß die Grenzen durchlässiger geworden sind. Daß sie sich nicht mit dem auseinandersetzen mußte, was Jörg Steiner in der Rubrik »Zeilenfälle« des »Tages-Anzeigers« über L.W. geschrieben hat: »Ein beunruhigender Gedanke: Laure Wyss hätte es lange Zeit nicht gewagt, die in dem Buch *Lascar* versammelten Texte zu veröffentlichen [...] Zwar hat sich die Autorin, nach eigenen Aussagen, nie darum bekümmert, wie, aber – als schreibende Frau – sehr darum, für wen sie schrieb: vielleicht doch zuerst für ein Publikum, das dazu neigte, Kunst und Leben ausschließlich an Engagement und Gesinnung zu messen.«[20]

»Wie soll man's anpacken, nützt es etwas, zu schreiben und mitzuteilen, den andern, daß die Welt nicht nur aus Siegern besteht, sondern aus Besiegten, aus Geschädigten, aus Angegriffenen«.[21]

In diesem Zitat hingegen kommt Annas eigener Widerspruch zum Vorschein. Mit einer Mischung aus Verständnis und Unbehagen liest sie eine Aussage, die sie in einem Porträt gemacht hat: »Kultur ist lustvoller als Politarbeit.« (Als ob es nur um Lust gehen könnte!). Soll sie sich organisiert politisch, jenseits ihres Schreibens, betätigen? Und wie? Schweigen für den Frieden oder Neonazis vertreiben im Niederdorf?

Kann Schreiben Widerstand genug sein? Oder bedingt es *»die Lage einer nur Betrachtenden, eines Menschen, der sich immer etwas außerhalb des Geschehens hielt, betroffen, beteiligt, aber nicht mitgerissen«*[22]? Eine der eindrücklichsten Textstellen, die Anna gefunden hat, ist die von der Befreiung der Stadt Warschau: *»Da allerdings fiel A. der Stift aus der Hand, Notizbücher wurden verschenkt, totale Inflation des Wortes, sie sang mit und umarmte Maciek, der noch am Leben war und sie auch umarmte.«*[23]

Das Fragen; es ist dies, worin ihr L.W. ein Vorbild ist, was sie immer wieder dazu brachte, auf die Menschen ihrer Umgebung zurückzugreifen. Diese Geisteshaltung, sich, im Verhältnis zur Welt, permanent in Frage zu stellen, mit Beharrlichkeit und Ausdauer. Sich weiterzuentwickeln, ohne das Gewesene zu verleugnen oder zu vergessen.

L.W.'s ungebrochene Aufmüpfigkeit, die sie 1987 im Alter von 74 Jahren formulieren ließ: *»Zürich ist etwas anderes geworden, seit man auf die Jugend einschlägt. Für mich war's die*

Demo Weihnachten 80, wir zogen mit hunderten von betroffe-
nen Eltern ruhig durch die Straßen, wir demonstrierten für die
Wiedereröffnung des Jugendhauses.

Da fuhren sie heran, die Wasserwerfer mit Gasgemisch, be-
schilderte Polizei sprang auf uns zu, wir flohen, einige durchs
Sihlwasser auf die andere Seite. Ich hatte etwas abgekriegt, die
Augen brannten, ich hustete. Da faßte mich ein Unbekannter
hilfreich am Arm, sagte: ›Kotz es aus!‹
Seither tue ich es.«[24]

L.W. wollte und war bereit, etwas abzukriegen. Und sie hat
zurückgeschlagen, mit der Waffe des Worts. Hellhörig für diejenigen, die ohne Stimme sind: Das Kind Clément[25], die Jorda-
nierin Rasmieh Hussein in Hindelbank, »*unserer Sprache nicht*
mächtig«[26], der Alkoholiker mit dem »*Kummer, für den er kei-*
nen Namen hatte.«[27] Die beiden Stummli, »*Taubstumme waren*
sie.«[28]

Die Auseinandersetzung mit L.W.'s Texten hat Anna eines
gelehrt: Stellung zu beziehen. Aussagen zu wagen, die nicht
mehrheitsfähig, nicht populär sind. Im Rücken die Menschen,
die sie zu ihrer Geschichte zählt: Die Mitbewohnerinnen, die
Freunde, – und, über deren Bücher, Laure Wyss.

1 Laure Wyss: Zürich. In: Was wir nicht sehen wollen, sehen wir nicht.
   Journalistische Texte, hg. v. Elisabeth Fröhlich. Zürich 1987, S. 84.
   Alle Hvh. der Laure Wyss-Zitate von der Verf.
2 Raymond Queneau: Das heiße Fleisch der Wörter. In: Harald Har-
   tung (Hg.): Luftfracht. Internationale Poesie 1940–90. Frankfurt/M.
   1991, S. 246
3 Laure Wyss: Frauen erzählen ihr Leben. 14 Protokolle. Frauenfeld
   1976, S. 54
4 Laure Wyss: Mutters Geburtstag. Zürich 1995, S. 33
5 Ebd., S. 59
6 Laure Wyss: Frauen erzählen ihr Leben (Anm. 3), S. 91
7 Laure Wyss: Zwischen Bazar und Höhenweg. In: Was wir nicht sehen
   wollen (Anm. 1), S. 92

8   Laure Wyss: Vorurteile. In: Was wir nicht sehen wollen (Anm. 1), S. 95
9   Ebd.
10 Laure Wyss: 756 Seiten brisanter Wahrheiten. In: Was wir nicht sehen
    wollen (Anm. 1), S. 151
11 Laure Wyss: Weil die Väter das nicht können. In: Friedenszeitung spe-
    cial: Interventionen zu einem beiseitegelegten Thema – 25 Schweizer
    AutorInnen schreiben zum 50-Jahr-Jubiläum des Schweizerischen
    Friedensrates. Zürich 1995, Nummer 169
12 Laure Wyss: Liebe Livia. Zürich 1985, S. 93
13 Laure Wyss: Endstation. In: Was wir nicht sehen wollen (Anm. 1),
    S. 61
14 Laure Wyss: Liebe Livia (Anm. 12), S. 82
15 Ebd., S. 74
16 Ebd., S. 76
17 »Zum erstenmal wäre sie nicht allein gewesen, sondern in eine Ge-
    meinschaft eingeschlossen, die keine andern Gedanken hatte, als zu
    überleben.« (Laure Wyss: Mutters Geburtstag , Anm. 4, S. 41)
18 Laure Wyss: Liebe Livia (Anm. 12), S. 65
19 Laure Wyss: Weggehen ehe das Meer zufriert. Zürich 1994, S. 209
20 Jörg Steiner: Sehnsucht, Ferne, Zerstörung. Tages-Anzeiger 10.2.96
21 Laure Wyss: Liebe Livia (Anm. 12), S. 78
22 Laure Wyss: Tag der Verlorenheit. Frauenfeld 1984, S. 25
23 Laure Wyss: Mutters Geburtstag (Anm. 4), S. 44
24 Laure Wyss: Zürich. In: Was wir nicht sehen wollen (Anm. 1), S. 84
25 Laure Wyss: Das blaue Kleid. Zürich 1989, S. 31–41
26 Laure Wyss: Was wir nicht sehen wollen (Anm. 1), S. 200
27 Laure Wyss: Tag der Verlorenheit (Anm. 22), S. 49
28 Laure Wyss: Endstation. In: Was wir nicht sehen wollen (Anm. 1),
    S. 60

Biographische Notizen
von Laure Wyss

LAURE WYSS

Wie es war – war es so?

Biographische Notizen

1913 20.6.: Laure-Elisabeth Wyss, geboren in Biel als zweites Kind von Werner Wyss, bernischer Notar, aus Mirchel im Amt Konolfingen und Biel, und der Anna Bertha geborene Uhlmann. Wohnort: im Pasquart in Biel.

Keine Erinnerung an die Wohnung im Pasquart, wo meine Familie wohnte, auch nicht an seine Platanenbäume. Erst später habe ich die Allee wahrgenommen als den glücklichen Weg, der zu den Großeltern Wyss führte. Sie wohnten fast am See unten, im »Römerhaus«, da gab's hohe alte Stuben, einen weißen Kachelofen, abends wurden die Gaslampen mit einem Docht angezündet. In der Küche hantierte die kleingewachsene, energische Großmutter am Holzherd, dem potager, geschickt mit außen tief geschwärzten Pfannen. Noch schöner, noch heiterer die lange Laube, die auf Hof und Garten ging. Die Großmutter nähte auf einer von Hand getriebenen Singer-Nähmaschine, hie und da durften wir Kinder den Hebel drehen, es war aber schwer, den richtigen Rhythmus zu finden. Der Großvater, »eine baumlange Erscheinung von soldatischer Haltung« (so beschreibt Robert Walser den Rektor Wyss im *Tagebuch eines Schülers*) trat manchmal aus seiner Studierstube auch auf die Laube, und wir durften auf seiner Gitarre die Saiten zupfen, überraschende Gnaden eines gefürchteten Gottes. So war es kaum zu fassen, daß einmal ein wunderschöner Krämerladen unterm Weihnachtsbaum stand, und es hieß, der Großvater habe ihn gelaubsägelt und bunt angemalt. Die Großmutter nannte die buchsbaumumrandeten Beete im Garten Boskettli, oder hörte ich das falsch? (denn bosquet meint eine Gehölzgruppe in Renaissance-

und Barockgärten) und die Tagetes, ihre Lieblingsblumen, die sie in die Beete gepflanzt hatte, hießen Stinkerli (stinketi oder stinkendi Hoffart nach von Greyerz' Berndeutschem Wörterbuch). Auf der Laube standen auch große Wäschekörbe. Einmal war einer gefüllt mit Fasnachtschüechli, wir sagten nie Chnöiblätz, obschon die Großmutter mit Hilfe ihrer Schwester Mina, die aus Twann gekommen war, vom See obenabe, den Teig über dem mit weißer Küchenschürze bedeckten Knie geschickt in die nötige Dünne gezogen hatte. Einmal war ein großer Korb gefüllt mit Kinderwäsche, Hemdchen, Jäckchen, gefältelten Blüschen aus weißer Baumwolle und Batist, alles hatte die Großmutter selber genäht für die armen Kinder im Krieg. Auf diese Weise war der Erste Weltkrieg nach Biel gekommen, und im Grippewinter 1918 trug die Großmutter kannenweise ihren gesunden Lindenblütentee ins Spital für die Grippekranken. Diese Großmutter setzte sich aber auch für uns Kinder ein, wir dauerten sie, weil wir immer im Laufschritt neben unserer Mama hergingen, sie gehe viel zu schnell mit zu langen Schritten, sagte sie. Und, fast erschrocken, erlebte ich ihre Liebe zu mir, als sie aufbegehrend erzählte, sie habe mir nicht helfen können, obschon ich laut »nimm my, nimm my, Großmueti« geschrien hätte, als die Drahtseilbahn nach Magglingen sich langsam vom Pasquart löste, was mir offensichtlich große Angst einflößte.

Das Attraktive bei den Großeltern Uhlmann waren die Gerüche und die Malztäfeli. Die Malztäfeli, welche die Großmutter selber herstellte, gingen nie aus, immer gab's eins zum Schlecken. Großmutter holte sie aus dem Buffet mit Glastüren. In die Wohnung an der Bahnhofstraße stieg man über ein dunkles Treppenhaus, die glatten Stufen waren hell, aus Jurakalk vermutlich. Schon hier roch es nach geröstetem Kaffee. Diese Großmama hatte in der Küche noch eine Kaffeeröstmaschine, grüne Bohnen wurden darin über offenem Feuer gedreht, bis sie braun waren. Die Maschine sei ein Überbleibsel vom eigenen Geschäft, sagte uns die Mutter, denn unten im Haus war die Epicerie fine und Bonneterie Uhlmann gewesen, hier hatte meine Mutter als junges Mädchen helfen müssen und hier wohl auch den freundlichen Umgang mit Leuten geübt, der ihr geblieben war ein Leben lang; und dann auch das ordentliche Päcklimachen und das Knöpfen der Einpackschnur. Die Mutter wurde ungeduldig, wenn wir Kinder darin ungeschickt waren, aber wir hatten halt nie so wie sie üben können. Der Großvater, der frühere Kaufmann, saß lieb und still im Lehnstuhl, heute würde man sagen, er sei stark abgebaut gewesen, manchmal fuhr er mit der Hand über die Plüschdecke des Tisches, gegen den Strich, mich schauderte jedesmal. Als er starb, bugsierte mich meine Mutter ans Totenbett, es war die erste Leiche, die ich sah. Nach seinem Tod war die Großmutter noch schwärzer angezogen als vorher, sie ging immer sehr aufrecht. Viel später, als wir in Leubringen wohnten und ich ins Gymi ging, traf ich sie, auf einem Felsbrocken sitzend, im Wald, sie weinte. Meine Mutter, ihre jüngste Tochter, sei nicht nett zu ihr, sagte sie mir. Mir zerriß es das Herz vor Kummer. Und es kam mir in den Sinn, daß man immer gesagt hatte, Großmama Uhlmann sei depressiv. Als kleines Kind hatte man mich zu ihr geschickt, um sie aufzuheitern und zu wärmen, ich sei ein so lustiges, unbekümmertes und spaßiges, hieß es. Was konnte ich jetzt tun mit der Großmama, die auf einem Stein saß und weinte?

1916–1918: in Magglingen wohnend. Herrliche Kinderzeiten.
Offenbar hielt der Arzt für unsere nervengeschwächte Mutter eine Erholung für angezeigt. Der Vater mietete eine Wohnung in einem Bauernhaus, dem Widmerhaus, in Magglingen oberhalb Biel. Für ein halbes Jahr, wir bleiben dann aber anderthalb Jahre dort.
Erinnerungen an die Eltern, die um zwei Jahre ältere Schwester, an das Haus, in dem wir wohnten, an Gleichaltrige, mit denen wir spielten, an fröhliche Besuche erst von der Magglinger Zeit an.

Der Vater, guter Berggänger, Hochtourist, geht jeden Morgen früh vor dem Haus steil den Berg hinunter, durch den Wald, in sein Büro an der Kanalgasse in Biel, kommt abends von Leubringen (bis dort benützte er die Seilbahn), zu Fuß heim und wurde als Held begrüßt. Zuoberst in Magglingen, im Grand Hotel, wohnten französische Internierte, sie waren in Uniform und sehr freundlich, obschon wir ihnen nachriefen:

D'Franzose
Mit de rote Hose,
Mit de gäle-n-Epolette
Ässe gärn e-n-Omelette.

Natürlich wußten wir Kinder nicht, daß dieser Spottvers aus dem vorletzten Jahrhundert stammte, als Napoleons Truppen in die Schweiz kamen. Andere sprachliche Erfahrungen: Hildi, meine Schwester, und ein etwas älteres Mädchen, das Johänni, lehrten mich die Aussprache des Buchstabens r und machten sich dann ein großes Verdienst daraus. R anstatt l gelang nach großer Anstrengung unten auf der Treppe im Widmerhaus, nun war ich dem Gespött nicht mehr ausgeliefert und froh darüber, allerdings ging auch die Belustigung flöten, wenn ich jetzt nach »Brot«, nicht nach »Blot« fragte. Matten vor und neben dem Haus, ein Stall, heuen, ein Sennenhund, das ist lebendig in der Erinnerung, eher als die freie Sicht übers Mittelland bis zur Alpenkette. Und im Winter das Schlitteln hinunter zur Combe, und die Schuhe mit Holzsohlen hießen Holzböden. Dann, eines Sommernachmittags, etwas Unfaßbares: ich erwachte in der Kammer oben vom Mittagsschlaf, die Mutter stand am Fußende des Bettes und fragte erzürnt, warum ich mir Haare abgeschnitten hätte. Ich sagte, ich hab nichts gemacht, die Mutter: »Du lügst, der kleine Finger sagt mir, daß du lügst.« Was, meine Mutter merkte nicht, daß ich die Wahrheit sagte? Sie sah dem Kind nicht an, daß es nicht log? Ich wurde bestraft, das störte mich wenig, aber eine Mutter, die nicht sieht, ob ein Kind sie anlügt ober eben nicht. Freilich lag das corpus delicti auf der Marmorplatte der Waschkommode, eine meiner blonden Strähnen, man sagte, »du hast Zapfenzieherlocken«, und daneben eine kleine Schere.

1918–1926 wohnen wir in Biel, an der Dufourstraße 140. Die Schwester geht jetzt in die Schule, nach 2 Jahren auch ich, 7jährig. 4 Jahre Primarschule im Neumarktschulhaus, 2 Jahre Sekundarschule im Plänkeschulhaus. 1926 zieht die Familie ins neu erbaute Einfamilienhaus nach Leubringen/Evilard – der Vater gehört zu den ersten Bielern, die das tun – an den chemin des ages (ohne accent circonflexe). Der Großvater väterlicherseits, der bald, nach dem Tode der Großmutter, in diesem Haus mit uns leben wird, betreibt jetzt Namensforschung, sagt, dieses age habe nichts zu tun mit Alter (âge), sondern mit Pflug und sei eine Flurbezeichnung. Der Vater wird das Haus 1944 wieder verkaufen.

Das Haus am Ende der langen Dufourstraße, die unser Schulweg wird, ragt hoch und vorläufig einsam, wir wohnen im obersten, im dritten Stock, unten gibt's ein Postbureau. Nicht weit entfernt die Uhrenfabrik Omega. Die Villa der Besitzer, einer Familie Brandt – der Name wird französisch ausgesprochen, und die Mutter redet respektvoll von einer Madame Brandt – steht neben dem Fabrikgebäude in einem etwas düsteren Garten. Auf der andern Seite des Hauses, in dem wir wohnen, eine kleinere Uhrenfabrik, dort im obersten Stock wohnt der Concièrge, verbotenerweise bleibe ich manchmal dort zum Zvieri. Es gibt Brot mit viel Konfitüre. Aber ganz nahe, grad über die Straße, die Schreinerei Zehnder, hohe Bretterbeigen auf dem Vorplatz, da darf ich drauf klettern mit dem Jüngsten der Zehnders, dem Buebi; manchmal darf ich auch auf seinem Trottinette ein paar Runden ziehen. Wie heftig habe ich mir selber ein Trottinette gewünscht, nie eins bekommen. Ich glaubte, Buebi sei mein Freund, wir trotteten auch zusammen in die Schule, die Dufourstraße lang (der schönere Weg der Schüss entlang wird den Kindern erst später erlaubt), da, plötzlich, ein Verrat: kurz bevor seine Schule, das Dufourschulhaus, in Sicht ist, bleibt Buebi zurück, er will sich vor seinen Kameraden mit mir nicht zeigen, er sei doch kein Buebemeitli, erklärt er später. Auch das Spielen auf den Bretterbeigen nimmt ein Ende, auch die kläglichen Versuche auf dem Velo des Vaters. Es gelingt nach langen Bemühungen, daß ich ein eigenes Velo kaufen darf, ein altes, gebrauchtes, es kostete 25 oder 30 Franken, ich übte im Regenwetter, in eine Pelerine gehüllt, ich landete in einem stacheligen Zaun. Einmal brach in der nahen Uhrenfabrik ein Brand aus, nachts, Feuerwehrhorn, die Mutter weckte mich, zeigte mir das Feuer aus pädagogischen Gründen, ich hatte Angst davor. Natürlich wurde die Angst nicht kuriert, der Schrecken war panisch.

Es muß noch früher gewesen sein, ich war im Spielen auf die Mitte der Straße gelaufen, um mit einem Stein die Linien eines Stein-Hüpfspieles in den Sand zu zeichnen, da geriet ich unter ein Pferdefuhrwerk, ein Rad lief über meine Schürze, es passierte nichts, nur überraschend Schönes. Meine Mutter hatte alles vom Fenster oben gesehen, weinte, daß ich noch lebte, trug mich die Treppe hinauf, und ich fühlte, sie hat mich doch gern. Denn sonst schimpfte sie eigentlich viel, nicht nur mit uns, sondern auch über die Roten in der Stadt Biel, die Schuld waren an Unruhen und auch, daß der Vater zu spät nach Hause kam, zu viel politisierte. Wenn sie dann aber abends – nicht immer, nur hie und da – gleich hinter der Wand, an der ich schlief, Klavier spielte, Chopin und Schumann, war ich glücklich, die Welt hörte doch noch nicht auf. Aber die Mutter nahm uns eigentlich nie in Schutz – später tat's der Vater auf stille gute Weise –, auch nicht, wenn die Bewohnerin unter uns, das Fräulein Boch, grau und bleich, heraufkam, zitterte, sie habe geglaubt, die Decke falle ihr auf den Kopf, dabei war ich nur, während eines Spiels, mit Schwung in unsern Kleiderständer gefallen. Aber allmählich sagte die Schwester, sie spiele nicht mehr mit mir, es sei ja alles gar nicht wahr, mit den Puppen, den Bären und so. Da fiel der Himmel ein. Aber endgültig dann, als Ami, mein Kapokhund, der Waschwut der Mutter zum Opfer fiel und ich seine entleerte Haut an der Wäscheleine im Estrich baumeln sah, zum Trocknen. Er hieß doch Ami. Und ich hatte ihn so getauft, weil Herr Morel, in dessen Laden am Wasenweg wir einkauften, zum Vornamen Ami hieß, Herr Ami Morel. Die Schule hatte aber ernsthaft begonnen, die Korridore im Neumarktschulhaus rochen stark, und das Fräulein Leuenberger trug eine schwarze Alpakaschürze, zu meiner Verwunderung sagte sie einmal, ich solle den andern nicht so viel vorphantasieren, als kluges Kind trüge ich ihnen gegenüber eine Verantwortung. Was meinte sie damit? Einmal strafte sie mich, weil ich in der Pause auf dem Schulhof das Läuten überhört hatte – es war Herbst, wir sprangen in die Laubhaufen der Kastanienbäume – und zu spät ins Klassenzimmer zurückkam, Fräulein Leuenberger sagte, es sei schlechter Wille von mir, das Läuten der Schulglocke könne man nicht überhören. Warum habe ich, in spätern Jahren, dieser Lehrerin nie dafür gedankt, daß sie mir das Abc beigebracht hatte, diesen Anfang von allem Wichtigen, vom Lesen und vom Schreiben? Merci, liebes Fräulein Leuenberger, merci vielmals. Aber es war halt sowieso Schluß mit vielem, der Buebi hieß jetzt Werner, und sein älterer Bruder Emil wurde jeden Morgen von einem großen Schulkameraden abgeholt, der rief laut »Emiiuu«.

Die Sekundarschulzeit ist blaß an mir vorbeigegangen, im ersten Jahr, dem fünften Schuljahr, gab's Französischunterricht, das machte Spaß, das mündliche Rechnen weniger. Und dann kam bald der Übertritt ins Untergymnasium Biel, die Sexta und das Lateinbuch. Das Schulgebäude an der Alpenstraße, Affenkasten genannt, im Rektorat ein Bild meines Großvaters, des ersten Rektors dieser Schule. Für mich verhängnisvoll, man erwartete von der Enkelin gute Leistungen, besonders, weil meine um zwei Jahre ältere Schwester diese erbrachte. Der Schulweg von Leubringen herunter, wo wir jetzt wohnten, durch den

Wald am Beaumont vorbei, war, wenn wir alle Abkürzungen hinunterrannten, in 20 Minuten zu schaffen, nach Hause fuhren wir mit der Drahtseilbahn. Das Beste an der Schule, so kommt es mir heute vor, war die gesunde Mischung, wir mußten alle einander ertragen: 6 Mädchen, 20 Buben in einer Klasse, Deutsche und Welsche, Griechen, Lateiner, Realisten, vier Konfessionen (Protestanten, Katholiken, Alt-Katholiken, Juden). Am nächsten standen mir die Welschen und die Auswärtigen (von Pieterlen, Erlach, Lyss). Störend, daß der Rektor elitäre Tendenzen zeigte, Akademikersöhne schienen ihm näher zu liegen als Söhne von Fabrikanten. Viele Jahre später hatte er das Bedürfnis, mir zu sagen, ich hätte meinen Weg trotzdem gemacht. Trotzdem? Weil ich nach einem schmalspurigen Studium keine Diss schrieb, ins Ausland floh, eine Ehe auflöste? Das Lob beleidigte mich sehr. Aber vorher hatte mir mein Schulkamerad Adrien, der aus Erlach kam, mit seinem schweren Ruderboot die Schönheiten des Bielersees eröffnet und André Gide geschenkt, die *Nourritures terrestres*. Und der Musikdirektor Arbenz hatte mit uns die Schuloper *Der Jasager* von Bert Brecht mit der Musik von Kurt Weill aufgeführt.

In die Gymizeit fiel der Tod des Großvaters. Es war im Hochsommer 1931, ich war beim Schwimmen am See, da wurde ich vom Haus oben von der Gärtnersfrau, Frau Krebs, mit lauter Stimme aufgefordert, sofort nach Hause zu gehen. Wieder ein Hieb meiner Mutter, ahnte ich, die hatte nicht gern, wenn ich während der Mittagszeit anstatt nach Hause mit Schulkameraden zum »Krebs« radelte, zum Schwimmen und Sünnelen unten in der Gärtnerei am See, wo es herrlich war, auf dem Mäuerchen zu sitzen, dann ins Wasser, dann naß in die Kleider und steil die Alpenstraße hinauf in die Schule, wo wir trocken und erfrischt ankamen. Es wurde aber nicht geschimpft, als ich zu Hause ankam, Bestürzung herrschte, der Großvater war gestorben während seiner Ferien bei seiner Tochter im Schaffhausischen. Das Wort Ferien schien mir fragwürdig. War der Großvater nicht auch ein bißchen abgeschoben worden, weil meine Mutter es mühevoll fand, daß ihr herzkranker Schwiegervater bei uns wohnte? In seinem Studierzimmer im ersten Stock empfing er manchmal einen früheren Schüler, und in sein Schlafzimmer, das daneben lag, mußte man ihm an einem Tag in der Woche, den er im Bett verbrachte, die ihm verschriebenen Portionen Milch hinauftragen. Gäste und Milchtag ärgerten meine Mutter gleichermaßen, auch ich ärgerte sie, weil ich, wie sie feststellte, im Aussehen dem Großvater nachschlug und überhaupt »so eine Wyss« würde.

Jetzt war also dieser Großvater gestorben, und ich sollte meinen Vater auf der Reise zu ihm begleiten. Wenn ich an diese Zugfahrt zurückdenke, fühle ich mich als hilfloses Kind, war aber, wie ich erst später feststellte, 18 Jahre alt. Während der ganzen langen Reise – die Züge fuhren damals langsamer, und wir mußten mehrmals umsteigen, bis wir im Schloß Laufen am Rheinfall ankamen – redete der Vater kein einziges Wort. Ich verstand seine Bedrückung nicht, der Großvater war ja alt gewesen, 75 Jahre alt und krank. Es war Nacht, als wir im Schloß Laufen ankamen. Die Hühner, im Schloßgraben untergebracht, schliefen, und die Werkstatt des von uns Kindern geliebten Onkels Emile – er war ein Welscher, deshalb das e – beim Eingang in den Schloßhof war geschlossen. Hier hatte er uns einmal, als ich mit meiner Schwester in den Ferien war, über Nacht Stelzen geschreinert. Jetzt kam uns die Tante, schwarz gekleidet, in trauernder Haltung, entgegen und führte uns ins Totenzimmer. Hier lag der Großvater, steif und bleich und wie ausgeleert, um seinen Kopf ein Tuch gebunden, damit der Kiefer nicht hinunterfiele. Den Gesprächen entnahm ich endlich, daß nicht ein Herzschlag das Leben meines Großvaters beendet hatte, er hatte es sich selber genommen, dezidiert abgeschnitten, mit scharfem Rasiermesser die Adern aufgeschnitten. Er habe, so die Tante, zwei große Waschschüsseln unter seine Hände gelegt, damit das Blut hineinfließe. Wegen des Rauschens des Rheinfalles habe man, nebenan im Schlafzimmer, keine Geräusche gehört, auch kein Stöhnen vernommen. Ich begriff jetzt, was meinen Vater auf der Bahnfahrt so stumm gemacht hatte und ihn auch später verstummen ließ. Das Wort Selbstmord kam im Familienvokabular nie vor, es wurde verschwiegen, daß Rektor Wyss Hand an sich gelegt hatte, er wurde in Biel in Ehren begraben, so wie es sich schickte. Insgeheim verbündete ich mich damals mit dem Großvater, fand, er habe sich in antikem Stil und elegant aus einem Leben davongemacht, das ihm verleidet war.

1932 Matura

1932/33 Paris
Ich weiß nicht, was ich studieren, was ich tun soll. Die Schwester studiert an der Uni Bern, Bern kommt für mich nicht in Frage. Aber fort, weit fort möchte ich, aus dem Elternhaus hinaus, weg von den Sorgen der Mutter. Es kommt mir zupaß, daß Musikdirektor Arbenz, der mit einer Französin verheiratet ist, für die Familie seiner Schwägerin ein Au-Pair-Mädchen sucht. Die Familie lebt in Tunis beziehungsweise Karthago. Ich sehe mich schon Briefe schreiben »Carthage, le …«, fahre per Velo zur Cousine Liny nach Twann, die Schneiderin ist, aus roter Baumwolle näht sie mir lange Strandhosen. Das Billet für die Überfahrt Marseille-Karthago liege für mich bereit auf einem Reisebureau an der Cannebière in Marseille. Im letzten Augenblick aber wird der Monsieur der Familie, ein italienischer Offizier, versetzt, das Kind Marie-Constance braucht keine Demoiselle mehr, die ihr bei den Schulaufgaben hilft, alles abgeblasen. Ich flunkere meinen Eltern vor, ich hätte eine Stelle als Au-Pair-Mädchen in Paris gefunden, man läßt mich ziehen, ich habe nämlich nur die Adresse eines Home pour jeunes filles in Paris angegeben, und als ich dann eines abends spät auf einer harten Holzbank im Zug nach Paris sitze, wird mir etwas bänglich zumute. Im Home pour jeunes filles lerne ich das Vater-

unser auf französisch beten, vor jeder Mahlzeit, wohne in einem Zimmer zu dritt oder viert mit andern jungen Dingern zusammen, jeden Morgen früh stürzen wir an den Kiosk, kaufen Le Figaro, lesen die Annoncen, ab per Métro, sich vorstellen gehen. Ich bilde mir bald ein, zu verhungern, unterzugehen, wenn ich nicht innert ein paar Tagen Arbeit finde. Endlich ein Angebot, ich muß Kleidchen bügeln für eine kleine Monique, sie spazieren fahren im Bois de Boulogne, es ist schon kalt, sie will sehr oft Pipi machen, auspacken, wieder einpacken, sie sagt mir »sale bête, Mademoiselle«. In der Küche meiner Arbeitgeber herrscht eine elsässische Köchin, bei ihr lerne ich alle Strophen der Marseillaise auswendig. So bleibt der Wortschatz beschränkt; ich bitte meinen Vater, ob ich mich an der Sorbonne immatrikulieren dürfe?

1932, Oktober: eingeschrieben für ein Semester an der Université de Paris, Faculté des lettres (und am Collège de France bei Prof. Bédier) für französische Literatur. Gleichzeitig Kurse am angegliederten Institut de Phonétique, als Abschluß ein »Certificat d'études pratiques de prononciation française«. Examen März 1933.

Studentenbude am Boulevard St. Michel 129 bei weißrussischen Emigranten. Da ist der Vater der kleinen Nadia, geschieden von Nadias Mutter, ein Russe, Parteimitglied der KP, er arbeitet nachts in einer Druckerei, kommt oft zu Nadia, diskutiert mit mir, der Schweizerin. Ich befreunde mich mit Sinaida aus Odessa, Weißrussin, die Nadia Nachhilfestunden gibt. Sie war verlobt mit einem Nachkommen des Generals Kutusov, den ich aus Tolstois *Krieg und Frieden* kenne, Sinaida ist immer traurig, sie war Tänzerin, wird später in Dornach Antroposophin und unterrichtet Eurythmie. André Gide im Radmantel bei einer Brecht-Aufführung gesichtet und vor Begeisterung schier ohnmächtig geworden. In der Salle Pleyel gibt Casals ein Solokonzert. Werke des Schweizer Komponisten Konrad

Beck werden uraufgeführt. Die Pitoèffs spielen Ibsens *Nora*.
Hingerissen bin ich vor allem von Tanzabenden der beiden
Sacharoffs, das Flüchtige des Tanzes bezaubert mich wie nie etwas zuvor, vielleicht werde ich deswegen später eine Arbeit
schreiben über Paul Valérys *L'âme et la danse*. Den großen
Louis Jouvet sehe ich zum ersten Mal in Jean Giraudoux'
L'Apollon de Bellac. Eine Aufführung von Rostands *Cyrano
de Bergerac* hinterläßt nicht den Eindruck großartiger Blank-
verse, sondern Hungergefühl, auf der Bühne wird viel gegessen,
mein Magen krümmt sich, da ich am Essen spare und mich
kläglich ernähre. Wegen Fieber lerne ich einen Arzt kennen,
der auf demselben Stock wohnt und der mir etwas Disziplin
beibringen will: Dr. Ong Sian Gwan, wissenschaftlicher Mitarbeiter am Institut Pasteur, ältester Sohn einer chinesischen
Kaufmannsfamilie in Batavia auf Java, also niederländischer
Staatsbürger. Mit Ong gehe ich in eine Vorlesung von Marie
Curie mit dem schönen polnischen Gesicht. Sie trägt eine
schwarze Alpakaschürze und schreibt eilig unverständliche
Formeln auf eine Wandtafel. Es muß ein Jahr vor ihrem Tod gewesen sein. Ich weiß nur, daß die kleine Professorin als erste
Frau an der Sorbonne Physik unterrichtet und daß sie das Radium und das Polonium zusammen mit ihrem Mann Pierre Curie entdeckte. Einige Jahre später lese ich in der von ihrer Tochter Eva geschriebenen Biographie, daß sie, 36jährig, den
Nobelpreis in Physik bekam, acht Jahre später den Nobelpreis
in Chemie und, vorstellbarer für mich, daß diese Marie Sklo-
dovska in Warschau politisch-revolutionär tätig gewesen war
und deshalb ihr Heimatland Polen hatte verlassen müssen.
Freund Ong flüstert mir im steil aufsteigenden Auditorium ins
Ohr, daß der amerikanische Präsident Harding dieser Frau da
vorn an der Tafel in der großmütterlichen Schürze 1921 ein
Gramm Radium in Anerkennung ihrer Verdienste um die
Krebsbekämpfung schenkte.
Ong zeigt mir chinesische Restaurants, wo gerülpst, aber

nicht geredet wird, er verläßt den Kinosaal, wenn Japaner in derselben Reihe sitzen, er lehrt mich markten und gratis in der Métro fahren, er pflegt chinesische Arbeiter der Autofabrik Renault ohne Entgelt, er bringt den Bunsenbrenner aus seinem Labor nach Hause – es ist der Bunsenbrenner Metschnikovs, der das Joghurt erfunden hat, sagt Ong –, weil er unter seinem Bett einen Gasanschluß entdeckt hat und wir nun Suppe kochen können in seinem Zimmer, er schimpft mit mir, wenn ich in der Bibliothek unkonzentriert lese, er bringt eines seiner gesunden Versuchskaninchen präpariert nach Hause, schickt mich aber sonntags in die Bäckerei vis-à-vis, damit sie es braten. Besonders gern besuche ich Verwandte, sie heißen Krebs, wie meine Großmutter, der Vorname des Cousins ist James, man nannte ihn in Neuenstadt am Bielersee den Jämsie. Er betreibt einen Blumenhandel mit Frau und zwei Töchtern (die Küche liegt unter dem Geschäft im Keller, man sieht durchs Kellerfenster und die im Trottoir eingelassenen Gitter nur Füße und Beine der Vorübergehenden). Gegen Abend gehe ich jeweils mit den Cousinen – eine heißt Alice wie meine Großmutter – in Häuser der Kunden, um Arrangements in den Vasen zu erneuern, die Tischdekoration zu machen und neben das Gedeck des Hausherrn die Blume für sein Knopfloch zu legen, der Stengel umwickelt mit Aluminiumpapier. Diese décoration à la boutonnière nennt Alice kurz la boutonnière. Es kommt auch vor, daß ich Blumen austrage, aber ich weiß nie, soll ich dabei die offizielle Treppe hinaufsteigen oder den Lieferanteneingang benützen. Als ich von Paris weggehe, verabschiede ich mich nicht von den Verwandten, was ich mir heute noch nicht verzeihe.

1933 Sommer. Praktikum im väterlichen Notariat an der Kanalgasse in Biel.

Der Vater wünscht sich sehr, daß ich Jus studiere, und will mich mit der Juristerei bekanntmachen. Bevor ich zu diesem Studium nein sage, muß ich ein Praktikum absolvieren und so auch meinen Pariseraufenthalt abverdienen. Im Treppenhaus fließt ein Brunnen mit frischem Wasser aus der Römerquelle, der Vater trinkt dort Wasser aus der Hand. Am ersten Tag begrüßt mich sein Compagnon, Herr Leu, mit Versen aus Don Carlos:»Die schönen Tage von Aranjuez sind nun vorbei.« Wie geahnt, werde ich diesen Ort, das Notariat, nicht heiterer verlassen. Für Markenkleben, Dienstgänge, Schreibarbeiten beziehe ich einen Monatslohn von Fr. 30. Ich habe für die Gesamtausgabe von André Gides Werken subskribiert und komme in Verlegenheit, wenn ein neuer Band, der 50 Franken kostet, innerhalb von zwei Monaten erscheint. Der Buchhändler Mägli übt keine Nachsicht. Aber mein Vater kommt mir näher. Er ist immer der erste im Büro, zieht, wenn er sich an seinen Schreibtisch setzt, die steif gestärkten Manschetten aus und stellt sie aufs Bücherbord. Er unterschreibt Akten und Briefe mit einer Tintenfeder, zum Trocknen derselben benützt er keinen Tintenlappen, sondern streicht die Feder an seinem Haar sauber. Das gefällt mir sehr. Den Stenographiekurs schwänze ich.

1933 Herbst – Oktober 1936. Immatrikulation an der Uni Zürich. Studium phil. I. mit Unterbrüchen, Deutsch und Französisch. (Dozenten: Emil Ermatinger, Theophil Spoerri. Ergiebiger, handfester die Linguistik bei Jakob Jud und Rudolf Hotzenköcherle. Pädagogik: Stettbacher, Philosophie: Grisebach. Am Poly lehrt M. Clerc. Aus Interesse: Russisch-Sprachkurs bei Leontieff, Theologie bei Emil Brunner, Kunstgeschichte bei Gantner.)

Als Abschluß – vorzeitig wegen Heirat ins Ausland – (und um dem Vater ein Schlußexamen vorzuweisen)»Patent als Fachlehrer auf der Sekundarschulstufe in den Fächern Französisch und Deutsch«.

Praktikum im Milchbuckschulhaus.

1934/35 Wintersemester in Berlin, Humboldt Universität. Vorlesungen beim Philosophen Spranger und Hölderlin-Vorlesung bei Romano Guardini. Ich fürchte einen Krieg.

Am 13.1.35 kommt das Saarland zum Deutschen Reich; in Dresden, an einem Beethoven-Klavierabend, steht Elly Ney vor Beginn des Konzertes am Flügel auf und läßt zu diesem Anlaß das Horst-Wessel-Lied singen. Der jüdische Cellist Silberstein darf mit seinem Klingler Quartett nicht mehr auftreten. Wir demonstrieren mit stundenlangem Klatschen in der Musikakademie, wo ein Stück des verpönten Komponisten Paul Hindemith aufgeführt wird. Mundpropaganda für Veranstaltungen der Bekenntniskirche in den großen Ausstellungshallen, Pastor Niemöller spricht.

1935 Sommer. Keine Testate im Testatheft. Es ist nicht herauszufinden, wo ich in dieser Zeit war, was ich tat oder nicht tat.

1937 Februar: Eheschließung in Biel mit dipl. Arch. E.Z., der seit einem Jahr in Stockholm arbeitet. (E.Z., in Zürich aufgewachsen als Sohn deutscher Eltern. Sein Vater, Professor für Tierheilkunde (Anatom) hat nach langem Wirken in Zürich eine Dozentur an der Tierärztlichen Hochschule in Hannover angenommen. Daß meine Schwiegereltern – kultivierte Menschen – Deutsche sind, bringt Konflikte für mich. Seit Hindenburg Hitler als Kanzler anerkannt hat, versöhnen sie sich mit ihm – besonders nach Ausbruch des Krieges.)

1937–1942 Stockholm.
Erlernen der schwedischen Sprache. Freundschaft mit dem emigrierten deutsch-jüdischen Soziologen Berthold Josephy, der auf schwedisch über Liberalismus und Sozialismus schreibt, Freundschaften mit Emigranten und Flüchtlingen, besonders mit sogenannten Doppelemigranten (Deutsche Intellektuelle, die vor Hitler in die Sowjetunion gegangen waren, dann aber, nach den Kirow-Prozessen, von Stalin als Trotzkisten rausge-

schmissen worden waren und nun, ohne Papiere und von der Polizei geplagt, in Stockholm lebten. Zusammen mit ihnen im April 1940 die Besetzung Dänemarks und Norwegens durch die deutsche Wehrmacht erlebt. Schweden ist durch den Ausbruch des Krieges im September 1939 aufgewacht aus seiner friedlichen Lethargie, aufgerüttelt dann vor allem durch den finnischen Winterkrieg – im November 39 hatte die Sowjetarmee Finnland überfallen, Kämpfe in Karelien, viele Freiwillige zogen als schwedisches Freiwilligencorps nach Finnland in den Krieg. Unruhige Zeiten, da auch wir Schweizer nicht wissen, wie lange wir die Arbeitserlaubnis von Schweden bekommen. Meine Rettung in diesen Zeiten: Dr. Arthur Frey, Leiter des Schweizerischen Evangelischen Pressedienstes in Zürich und Leiter des Evangelischen Verlages in Zollikon (Herausgabe der Barthschen Dogmatik) interessiert sich für den Kampf der skandinavischen evangelischen Kirchen Dänemarks und Norwegens gegen die Besatzungsmacht, wünscht Informationen von mir. Wahrscheinlich berichterstattete ich einiges, dann gelingt es mir, der Kanzelabkündigungen des norwegischen Bischofs Eivind Berggrav und anderer Kirchendokumente habhaft zu werden, sie ins Deutsche zu übersetzen, und Arthur Frey publiziert sie in seinem theologischen Verlag. Übersetzungen aus anderen skandinavischen Sprachen und Herausgabe anderer Titel (Thema Kirchenkampf) für denselben Verlag. Erste Begegnung mit der Macht der Worte gegen Panzer, der Glaube an Flugblätter wächst.

1942: Rückkehr in die Schweiz mit dem Ehemann Z., der zuerst auf einem Architekturbüro in Basel Arbeit findet, dann in Davos. Dumpfes Vegetieren meinerseits im Basler Gundeldingenquartier, keine Erinnerung. Dann in Davos, deutschfreundliche Umgebung, die Auseinandersetzungen werden heftiger, endlich, und dezidierter. Ich nehme den 13jährigen jüdischen Knaben Leo, der in einem Flüchtlingslager lebt, in meinen Haushalt auf. Prägend ist die Begegnung mit Jules Ferdmann, einem russischen

Juden, gebürtig aus Samara (heute Kuibischev), der als junger Revolutionär im Gefängnis gesessen hatte, nach Sibirien verbannt worden war, nach Jahren fliehen konnte, Ingenieur wurde, zu BBC in Baden arbeiten kam, dann aber lungenkrank nach Leysin kam und schließlich in Davos lebte. Ferdmann wird der Lokalhistoriker des Kurortes, gibt die Zeitschrift »Davoser Revue« heraus. In seiner Küche lerne ich das Redigieren und Korrigieren von Texten und die Sorgfaltspflicht einer Redaktion.

1945: Scheidung von E.Z. Ich ziehe von Davos nach Zürich und bekomme sofort das Wohnrecht – es ist noch Krieg, und der Zuzug in diese Stadt ist beschränkt –, da ich durch Heirat das Zürcher Bürgerrecht bekommen hatte und es bei der Scheidung nicht verlor, so wie ich den Namen des Ehemannes verlor. Beides ist mir recht.

1945–1948: Arbeit als Redaktorin beim Schweizerischen Evangelischen Pressedienst an der Stampfenbachstraße bei Dr. Arthur Frey.

1946 und 1947 vom Evangelischen Pressedienst zwei Polenreisen ergattert. Die Reisen in ein vom Krieg total zerstörtes Land erschüttern. Warschau noch in Trümmern, aus dem Ghetto steigt Leichengeruch, Breslau (Wroclaw) eine Totenstadt.

Dezember 47 bis Februar 48 im Spital wegen schwerer Infektionskrankheit.

Mitte 1948 verlasse ich, wegen Schwangerschaft, meine Stelle beim EPD und verbringe einige Monate in England (Dorset und Cornwall) als Haushalthilfe und Kindermädchen.

1949 Februar, Geburt eines Kindes. Von jetzt an freier Journalismus für verschiedene Tageszeitungen, Zeilenhonorar. Das Kind versorge ich zu Hause, nur kurze Zeit gebe ich es halbtägig in die Krippe. Noch mühsamer: Kampf um die elterliche Gewalt, die mir nicht gegeben wird, da ich den Namen des Vaters des Kindes nicht nenne und in schlechten finanziellen Verhältnissen lebe. Später Prozesse, bis vor Bundesgericht, gegen den Vater des Kindes wegen Alimenten und Besuchsrecht.

1950–1962: Redaktorin beim »Luzerner Tagblatt« (wird als Halbtagesstelle eingestuft), um eine wöchentlich erscheinende vierseitige Frauen- und Kinderbeilage zu machen, die als Kopfblatt von Luzern aus, matriziert, vier anderen freisinnigen Tageszeitungen beigelegt wird (»Aargauer Tagblatt«, »Schaffhauser Nachrichten«, »Zürichsee-Zeitung«, »Glarner Nachrichten«). Alle redaktionellen Arbeiten in Zürich, in einem Büro, das der Wohnung angegliedert ist, hier auch das Layout komponiert und geklebt, einmal pro Woche zum Umbruch nach Luzern, heitere Zusammenarbeit mit der Mettage der Druckerei.

1958–1967 freie Mitarbeiterin, Redaktorin, Programmgestalterin, Präsentatorin beim Schweizer Fernsehen, ohne Vertrag, was mir größte Freiheiten gibt. Aufbau eines Frauenressorts, dem »Magazin der Frau«. 1962–1967 zusätzlich die Sendung »Unter Uns«, Sozialreportagen. Im ganzen etwa hundert Live-Sendungen auf die Beine gestellt.

Ab Ende 1962 Redaktorin beim »Tages-Anzeiger«, zuerst zu 75 % angestellt, zeichnend für den 2. Bund »Leben heute« der Sonntagsausgabe des Tagi, genannt »TA 7«, und für das »Extrablatt für die Jungen«.

Ab 1969 Vorbereitung eines Magazins des »Tages-Anzeigers«, des TAM.

1970 Intensive Redaktionsarbeit mit den Kollegen Peter Frey und Hugo Leber, vom Verlag die Möglichkeit, neue Ideen zu entwickeln und die besten Schreiber für das Magazin zu interessieren. Februar: Die erste TAM-Nummer erscheint.

1975 Pensionierung als zeichnende Redaktorin.

1976–78 zur Aufbesserung der Rente redaktionelle Mitarbeit beim TAM, Reportagen geschrieben, z. B. »Kind und Stadt«, »Endstation Worben« etc.

1978–79 Betreuung der Rubrik »Journal« im TAM.

1979 Schluß der Mitarbeit am »Tages-Anzeiger«.
Gerichtsberichterstatterin, Kommentatorin am Radio und endlich Bücherschreiberin.

1976–1996: Zehn Buchpublikationen, diverse Veröffentlichungen in Anthologien und Zeitungen.

BIBLIOGRAPHIE

(Texte von Laure Wyss)

Die folgende Bibliographie umfaßt eigenständige Publikationen, Veröffentlichungen in Anthologien, Vor- und Nachwörter sowie Übersetzungen und Herausgaben von Laure Wyss.

Einzelpublikationen

Frauen erzählen ihr Leben. 14 Protokolle. Aufgezeichnet von Laure Wyss. Nachwort von Lilian Uchtenhagen. Huber-Verlag, Frauenfeld 1976 (Lizenzausgabe Ex Libris, Zürich 1978; 1981 unter dem Titel »An einem Ort muß man anfangen. Frauen-Protokolle aus der Schweiz« im Luchterhand-Verlag, Darmstadt/Neuwied erschienen)

Mutters Geburtstag. Notizen zu einer Reise und Nachdenken über A. Ein Bericht. Huber-Verlag, Frauenfeld 1978 (Lizenzausgabe Ex Libris, Zürich 1980; Luchterhand-Verlag, Darmstadt/Neuwied 1981; Limmat Verlag, Zürich 1990 und 1995; 1982 in französischer Sprache erschienen: L'anniversaire de Maman. Roman. Traduit de l'allemand par Gilbert Musy. Editions de l'Aire et Ex Libris, Lausanne)

Ein schwebendes Verfahren. Mutmaßungen über die Hintergründe einer Familientragödie. Mit einem Beitrag des Strafverteidigers Bernhard Gehrig. Kindler-Verlag, München 1981 (Fischer Taschenbuch-Verlag, Frankfurt/M. 1983)

Das rote Haus. Roman. Huber-Verlag, Frauenfeld 1982 (Lizenzausgabe Ex Libris, Zürich 1984; Limmat Verlag, Zürich 1992)

Tag der Verlorenheit. Erzählungen. Huber-Verlag, Frauenfeld 1984

Liebe Livia. Veras Tagebuch von Januar bis Dezember. Limmat Verlag, Zürich 1985

Was wir nicht sehen wollen, sehen wir nicht. Journalistische Texte, hg. v. Elisabeth Fröhlich. Limmat Verlag, Zürich 1987

Das blaue Kleid und andere Geschichten. Limmat Verlag, Zürich 1989

Lascar. Mit Tuschzeichnungen von Klaus Born. Limmat Verlag, Zürich 1994

Weggehen ehe das Meer zufriert. Fragmente zu Königin Christina von Schweden. Limmat Verlag, Zürich 1994

Veröffentlichungen in Anthologien

Mutters Erinnerung. In: Dieter Bachmann (Hg.): 98 Autoren der deutschen Schweiz. Artemis-Verlag, Zürich/München 1977, S. 495–499

Ein Milchkaffee mit Aussicht? In: Hedi Wyss/Isolde Schaad (Hg.): Rotstrumpf. Das Buch für Mädchen. Benziger Verlag, Zürich/Köln 1979, S. 116–120

Frau in der Presse. In: Die Frau in den Massenmedien. Referate an der Universität Bern. Universitätsdruckerei Bern 1979, S. 7–19

Die schwarze Frau. In: Der Kuß. Neue Geschichten und Gedichte. Eingeleitet v. Kurt Guggenheim. Sumus-Verlag, Feldmeilen-Zürich 1980, S. 112–114 (auch in: Laure Wyss: Was wir nicht sehen wollen, sehen wir nicht. Zürich 1987, S. 76f.)

Kein Traum. In: Jochen Jung (Hg.): Ich hab im Traum die Schweiz gesehn. 35 Schriftsteller aus der Schweiz schreiben über ihr Land. Residenz-Verlag, Salzburg/Wien 1980, S. 272–275 (Lizenzausgabe Ex Libris, Zürich 1982; auch in: Laure Wyss: Was wir nicht sehen wollen, sehen wir nicht. Zürich 1987, S. 175–177)

Die Trennscheibe. In: Risotto und Rote Geschichten. Schriftsteller lesen neue Texte am 7. und 8. Literaturfest, hg. v. Bildungsausschuß der SP der Stadt Zürich 1982, S. 35–38

So bekannt, so unbekannt: Hugo Loetscher und seine Bücher. Ein Gespräch. In: drehpunkt. Die Schweizer Literaturzeitschrift. 15. Jg., Nr. 57, 1983. Lenos-Verlag, Basel 1983, S. 62–65

Wir schweigen. In: Hedi Wyss/Isolde Schaad (Hg.): Rotstrumpf? Mut ist, auch mal nein zu sagen. Benziger-Verlag, Zürich/Köln 1983, S. 154f.

Mein Verhältnis zum Buchhandel ist gleichzusetzen mit meinem Verhältnis zur Buchhändlerin, zum Buchhändler. In: 100 Jahre ABS (Angestellten-Verband des Schweizerischen Buchhandels), 1883–1983. o.O., S. 7–9

In der Fremde. Ein Bericht. In: Streiflichter. Einfache Texte für die Oberstufe, Band 3. Lehrmittel-Verlag des Kantons Zürich, 1984, S. 96–98

Prozesse. In: Zwischenzeilen. Schriftstellerinnen der deutschen Schweiz. Dossier/Literatur 4. Redaktion: Elsbeth Pulver und Sybille Dallach. Zytglogge-Verlag, Bern 1985, S. 130–136 (1988 in frz. Sprache erschienen in: Je me demande quand même. Femmes écrivaines suisses de langue allemande. Editions d'en bas, Lausanne, S. 151–159)

Notizen zum ärgerlichen Mischmasch. In: Des Schweizers Deutsch. Beiträge zum Thema Mundart und Hochsprache. Hallwag-Verlag, Bern/Stuttgart 1985, S. 51–55

Juli. In: Die Geschichte des Monats. Fernsehen DRS, Zürich 1985, S. 56–61

Lügen Sie? Nein. Sie reden nicht:»Pas de chiffres!«. F.J. Burrus & Cie. SA, manufacture de tabacs et cigarettes, Boncourt (zus. mit Uri Urech). In: Fabrikbesichtigungen. Reportagen. Limmat Verlag/WochenZeitung, Zürich 1986, S. 47–62

Wir bitten um Ihr Verständnis. Rückkehr nach Z. In: Isabel Morf/Linus Reichlin (Hg.): Stadtzeiten. Zürcher Autorinnen und Autoren. Drachen-Verlag, Zürich 1986, S. 84–88

Serviertochter, Saaltochter geboren 1944. In: Ingeborg Quaas (Hg.): Erkundungen II. 42 Schweizer Erzähler. Verlag Volk und Welt, Berlin 1986, S. 346–357

Annäherungen an Gültiges sind unfertige Versuche, und sie sind die einzige Möglichkeit zur Freiheit. In: Richard Zangger. Sculture – Skulpturen. Katalog zur Ausstellung »L'Uomo imperfetto«, Rom–Zürich 1987, S. 32–37 (am gleichen Ort in ital. Sprache; auch in: Laure Wyss: Was wir nicht sehen wollen, sehen wir nicht. Zürich 1987, S. 188–190)

Zwischen Bazar und Höhenweg. Ein paar herbstliche Notizen. In: Martin Dahinden (Hg.): Zeitspuren. Essays und Reden. Ex Libris, Zürich 1988, S. 98–107 (auf russisch erschienen in: Die Alpen und die Freiheit. Die Schweizer Schriftsteller 1291–1991 über ihr Land. Progreß-Verlag, Moskau 1992, S. 366–372; auch in: Laure Wyss: Was wir nicht sehen wollen, sehen wir nicht. Zürich 1987, S. 86–93)

[ohne Titel] In: 35-Zeilen-Geschichten. Werd-Verlag, Zürich 1989, S. 134–138

Eine Ultraschnellbahn. In: Vom Schifflibach zum Roten Pfeil. Landi 1989. Katalog zur Sonderausstellung über die Schweizerische Landesausstellung von 1939 in Zürich (7. Oktober 1989 bis 18. März 1990). Verkehrshaus Luzern, 1989, S. 22–25

Oktobertage in der Sowjetunion. In: Forum der Schriftsteller, Forum des écrivains, 1989. Jahrbuch No. 3. Sauerländer-Verlag, Aarau/Frankfurt/M./Salzburg 1990, S. 7–12

Eher klettern Kamele aufs Matterhorn. Die Schweiz im Winter 90/91 – ein Journal. In: Jürg Fischer/Patrik Landolt (Hg.): Kamele auf dem Matterhorn und andere Ereignisse. rotpunkt-Verlag, Zürich 1991, S. 181–188

Freunde – Immer da und immer zahlreicher. In: Peter Keckeis/Jürg Zimmerli (Hg.): Bücher, nur Bücher! Texte vom Lesen und Schreiben. Zürcher Buchhändler- und Verlegerverein 1991, S. 25–27

Das verschworene Team. In: Nikolaus Wyss (Hg.): 21 Jahre TAM. Vom Nährwert einer Beilage. Bockler Press, Zürich 1991, S. 19–37

Esistono e basta. In: Heidi Widmer. Bilder und Zeichnungen. AT-Verlag, Aarau 1992, S. 28f.

Kluge und scharfe Kritik ist notwendig. Beobachtungen einer Naiven, die Strafverhandlungen besuchte. In: René Schuhmacher (Hg.): Geschlossene Gesellschaft? Macht und Ohnmacht der Justizkritik. Rio-Verlag, Zürich 1993, S. 19–30

Schreiben, mein Handwerk. In: Christine Tresch (Hg.): Schreibweisen. Autorinnen und Autoren aus der Schweiz über ihre Arbeit. WoZ-Verlag, Zürich 1994, S. 29–32

Vor- und Nachwörter

Vorwort zu: Hugo Loetscher: Die Entdeckung der Schweiz und Anderes. Gute Schriften Nr. 415, Zürich 1976, S. 5–7

Vorwort zu: Alice Vollenweider: Ein Stück Heimat im Kochtopf. Benteli-Verlag, Bern 1978, S. 6f.

Vorwort zu: Elisabeth Fröhlich: Les Schönfilles. Berichte zum Welschlandjahr. Lenos-Verlag, Basel 1980, S. 9f.

Vorwort zu: André Grab: 16 Kurzgeschichten. pendo-Verlag, Zürich 1981, S. 9–13

Vorwort zu: Luise Frei: Die Frau. Scherz-, Schimpf- und Spottnamen. Huber-Verlag, Frauenfeld 1981, S. 7–11

Nachwort zu: Dorothée Letessier: Eine kurze Reise. Aufzeichnungen einer Frau. Huber-Verlag, Frauenfeld 1983, S. 134–136

Vorwort zu: Martha Farner: Alles und jedes hatte seinen Wert. Limmat Verlag, Zürich 1986, S. 5–26

Vorwort zu: Tierquartett. Gezeichnet von Sascha Morgenthaler. Atelier Bachmann, Zürich 1986, o.S.

Nachwort zu: Salomé Kestenholz. Die Gleichheit vor dem Schafott. Portraits französischer Revolutionärinnen. Luchterhand-Verlag, Darmstadt 1988 (1984), S. 170–173

Vorwort zu: Ruth Mayer: Ansichtsseiten. Aphorismen, Gedankenschritte, Definitionen. Edition R+F, Zürich 1995, S. 9–14

Nachwort zu: Marcel Lévi: Das Leben und Ich. Limmat Verlag, Zürich 1996, S. 287–291

Übersetzungen

Hans Akerhielm: Schwert unterm Kreuz. Mit dem schwedischen Freikorps im Finnlandkrieg. Predigten und Andachten. Aus dem Schwedischen übersetzt von Laure Wyss. Evangelischer Verlag, Zollikon-Zürich 1941

Eivind Berggrav: Einsamkeit und Gemeinschaft im Christenleben. Aus dem Norwegischen übersetzt von Laure Wyss. Evangelischer Verlag, Zollikon-Zürich 1942

Norwegische Kirchendokumente. Aus den Jahren des Kampfes zwischen Kirche und weltlicher Macht 1941–1943. Gesammelt und aus dem Norwegischen übersetzt von Laure Wyss. Evangelischer Verlag, Zollikon-Zürich 1943 (zweite Auflage 1946)

Kaj Munk: Bekenntnis zur Wahrheit. Aus dem Dänischen übersetzt von Laure Wyss. Evangelischer Verlag, Zollikon-Zürich 1944

Patriarch Sergius: Die Wahrheit über die Religion in Rußland. Aus dem Schwedischen übersetzt von Laure Wyss. Evangelischer Verlag, Zollikon-Zürich 1944

Pierre Maury: Jesus Christus, der Unbekannte. Aus dem Französischen übersetzt von Laure Wyss. Evangelischer Verlag, Zollikon-Zürich 1949

Herausgaben

Carl Bernhard Hundeshagen: Calvinismus und staatsbürgerliche Freiheit. /Hubert Languet: Wider die Tyrannen, hg. von Laure Wyss. Evangelischer Verlag, Zollikon-Zürich 1946

Warszawa. Zwölf Polnische Gedichte auf Warschau. Übertragen von Nikolaus Boesch, hg. v. Laure E. Wyss. Lew Verlag, Zürich 1948

DIE AUTORINNEN UND AUTOREN

LOTHAR BAIER
Geboren 1942, lebt als freier Autor in Frankfurt am Main. Zuletzt von ihm erschienen: Ostwestpassagen – Kulturwandel. Sprachzeiten. München 1995 (Verlag Antje Kunstmann).

CORINA CADUFF
Geboren 1965, Literaturwissenschaftlerin am Deutschen Seminar der Universität Zürich. 1991 Promotion zu Elfriede Jelinek. 1992–94 Redaktorin Radio DRS 2. Publikationen zu den Themengebieten: Musik und Literatur; Geschlechterdifferenz; Theatergeschichte; Gegenwartsliteratur; Intertextualität. Herausgeberin von: Das Geschlecht der Künste. Köln 1996 (zus. mit Sigrid Weigel).

JOSEF ESTERMANN
Geboren 1947, aufgewachsen in Kriens. Studium der Philosophie und der Rechte in Zürich. Tätig als Lehrer, Flüchtlingsbetreuer, Bau- und Planungsjurist. Ab 1984 Gemeinderat, 1990 Wahl zum Stadtpräsidenten von Zürich.

MADELEINE GUSTAFSSON
Geboren 1937 in Schweden, aufgewachsen in Rom, Den Haag und Stockholm. Studium an der Universität in Uppsala (Romanistik und Literatur). 1972–73 in Westberlin. Kritikerin bei der schwedischen Tageszeitung »Dagens Nyheter« (schwedische, deutsche, französische und italienische Literatur).

Publikationen: Mes andras ögon (Kritiken 1978), Utopien och dess skugga (Essays 1978), Solida byggen (Gedichte 1979), Vattenväxter (Gedichte 1983), Berättelsens röst (Kritiken 1991), Fång-lada (Lyrische Prosa 1993). Übersetzungen aus dem Italienischen, Französischen und Deutschen (u. a. Hans Magnus Enzensberger, Botho Strauss, Marguerite Duras, Gianni Celati).

GRET HALLER
Geboren 1947, Dr. iur., Rechtsanwältin, Botschafterin. Aufgewachsen in Zürich. 1973/74 juristische Mitarbeiterin im Architektur- und Planungsbüro Metron in Brugg/AG. 1975–1977 Sachbearbeiterin für die Europäische Menschenrechtskonvention im Bundesamt für Justiz. 1978–1984 eigenes Advokaturbüro in Bern. 1985–1988 Gemeinderätin (Exekutive) der Stadt Bern. 1987–1994 Nationalrätin (1994 Nationalratspräsidentin). 1995 Schweizer Botschafterin beim Europarat, seit 1996 Ombudsfrau für Menschenrechte in Bosnien & Herzegovina.

TOBIAS KÄSTLI
Geboren 1946 in Biel; studierte Geschichte und Germanistik in Bern, Berlin und Paris. Lebt als freier Journalist und Buchautor in Bern. Publikationen zur Geschichte Biels im 19. und 20. Jahrhundert und zum Künstler Emil Zbinden; zuletzt eine Biographie über Bundesrat Ernst Nobs.

INGEBORG KAISER
Geboren 1935, aufgewachsen in
Süddeutschland. Nach dem Abitur
folgten einige Berufsjahre. Mit der
Heirat die Übersiedlung nach Basel.
Arbeit als freie Journalistin, Essays
für DRS. In der Theatersaison 1984/
85 als Hausautorin am Stadttheater
Chur. Verschiedene Werkaufträge,
Arbeitsstipendien, Auszeichnungen.
Seit 1969 literarische Veröffentli-
chungen: Prosa, Lyrik, Hörspiele
und Stücke, zuletzt: Regenbogen-
wahn, Novelle. Bern 1995 und Mord
der Angst, Roman. Bern 1996 (EFEF-
VERLAG).

HUGO LOETSCHER
Geboren 1929 in Zürich, Schriftsteller und Journalist. Redaktor »du«
(1958–1962) und Weltwoche (1962–
1970). Mitarbeiter NZZ und Tagesan-
zeiger-Magazin. Romanautor, u.a.:
Abwässer (1963), Der Immune
(1975), Die Papiere des Immunen
(1986), Saison (1995). Fabeln: Die
Fliege und die Suppe (1989) und
Kommentare zur Schweiz: Der
Waschküchenschlüssel oder Was
wenn Gott Schweizer wäre (1983).
Poetikvorlesungen: Vom Erzählen
erzählen (1988).

BEATRICE VON MATT-ALBRECHT
Geboren 1936, aufgewachsen in
Stans/NW. Germanistik-Studium in
Zürich, Paris und Cambridge. Dok-
torarbeit über die Lyrik Albin Zoll-
ingers. Theater- und Literaturkritik;
Lehrtätigkeit. Heirat, zwei Kinder.
Ab 1984 Feuilletonredaktorin bei
der »Neuen Zürcher Zeitung«
(deutschsprachige Literatur).

Ab 1995 feste Literaturkritikerin der
NZZ. 1995 ›Critic in residence‹,
Washington-University St. Louis.
Publikationen (Auswahl): Meinrad
Inglin. Eine Biographie. Zürich
1976; Unruhige Landsleute. Schwei-
zer Erzähler zwischen Keller und
Frisch. Eine Anthologie. Zürich
1980; E.Y. Meyer. suhrkamp
taschenbuch materialien, Frankfurt/
M. 1983; Antworten. Die Literatur
der deutschsprachigen Schweiz in
den achtziger Jahren. Zürich 1991.
Herausgeberin von: Meinrad Inglin.
Werkausgabe. Zürich 1981; Albin
Zollinger. Werke. Zürich 1981–84
(Mitarbeit).

NIKLAUS MEIENBERG
Geboren 1941, aufgewachsen in St.
Gallen, Klosterschule in Disentis
und Studium in Fribourg. Freier
Journalist und Schriftsteller, lebte in
Zürich und Paris. Während der
Redaktionszeit von Laure Wyss
regelmäßiger Mitarbeiter des
»Tages-Anzeiger-Magazins«. 1993
in Zürich gestorben.

ADOLF MUSCHG
Geboren 1934 in Zürich, lehrt deut-
sche Sprache und Literatur an der
ETH Zürich, dort beschäftigt mit
dem Aufbau eines interdisziplinären
Instituts. Erzähler und Essayist,
letztes größeres Werk: Der Rote
Ritter, eine Geschichte von Parzival,
1993. Mitglied der Akademien von
Berlin, Mainz und Darmstadt, lite-
rarische Preise u. a. Ricarda-Huch-
Preis 1993, Georg Büchner-Preis
1994, Vilenica Preis 1995, Premio
Antico Fattore (Florenz) 1996.

MONICA NAGLER
Geboren 1935 in Landskrona,
Schweden. Kulturjournalistin; Kul-
turberichte über viele verschiedene
Länder, unter anderem auch über die
Schweiz (dadurch Bekanntschaft mit
Laure Wyss). Auch als Literatur-
kritikerin tätig, mit dem Spezial-
gebiet Mitteleuropäische Literatur.
Arbeitete die letzten zwanzig Jahre
hauptsächlich für den schwedischen
Rundfunk; Veröffentlichung von
längeren Essays in verschiedenen
Zeitschriften. Seit Dezember 1995
Vorsitzende des schwedischen PEN.

ELSBETH PULVER
Geboren 1928. Studium der Germanistik und Geschichte in Bern und
Tübingen; Unterricht an einer ame-
rikanischen Universität, dann an
einer höheren Mittelschule in Bern.
Seit 1981 freiberufliche Literaturkritikerin.
Publikationen: Die deutschsprachige Literatur der Schweiz (in Kind-
lers Literaturgeschichte der Gegenwart 1974/80); Marie Luise Kasch-
nitz (Autorenbuch des Beck-
Verlags, 1984); Anthologien, u.a. zu
Robert Walser, Kurt Marti und Josef
Viktor Widmann.

IRENA SGIER
Geboren 1963, lic. phil., Soziologin.
Arbeitet bei der Schweizerischen
Vereinigung für Erwachsenenbil-
dung SVEB in verschiedenen Projek-
ten, Redaktorin der Zeitschrift Edu-
cation permanente.
Publikationen: Aus eins mach zehn
und zwei lass gehn. Zweigeschlecht-
lichkeit als kulturelle Konstruktion.

Zürich 1994; Erwachsenenbildungs-
Politik in der Schweiz: Strukturen,
Rechtsgrundlagen, Tendenzen. Ein
Forschungsbericht. Zürich 1995
(zus. mit Carl Rohrer); Herausgeberin von: Querfeldein. Beiträge
zur Lesbenforschung. Zürich 1994
(zus. mit M. Marti/A. Schneider/A.
Wymann).

HEINER SPIESS
Geboren 1948, Verlagslehre, zweiter
Bildungsweg, Studium in Zürich.
Mitbegründer des Limmat Verlags.

REGULA STÄHLI
Geboren 1965, Studium der Germanistik, Geschichte und Psychologie
in Zürich und München. Literaturwissenschaftlerin am Deutschen
Seminar der Universität Zürich.
Dissertationsprojekt zu Intertextualität bei Elfriede Jelinek.

SABINE WEN-CHING WANG
Geboren 1973, lebt als Sinologie-
studentin und Autorin in Zürich.
1992 Literaturpreis der Gewerk-
schaftlichen Bildungszentrale
Schweiz.
Publikationen: das land in mir.
Gedichte. Zürich 1995 (Verlag from
a to z and more Publikationen); aus
einer fischreuse – Gedichte und
Prosa. In: Kulturstiftung Appenzell
AR (Hg.): Wortmeldung. Texte jun-
ger Autorinnen. Herisau 1995,
S. 65–80.

Bildnachweis

S. 175: Liselotte Purger, Berlin.
S. 176: Rolf Spengler.
S. 177: Fred Mayer. S. 178: eclipse.
S. 180: Gertrud Vogler.